à
Catherine Vialle
bien confraternellement
Bernard Frank

UN SIÈCLE DÉBORDÉ

DU MÊME AUTEUR

Géographie universelle
Les Rats
Israël
L'Illusion comique
Le Dernier des Mohicans
La Panoplie littéraire
Un siècle débordé
Solde
Grognards et Hussards

BERNARD FRANK

UN SIÈCLE DÉBORDÉ

FLAMMARION

ISBN : 2-08-066035-7
Imprimé en France

« Je ne puis tenir registre de ma vie par mes actions : fortune les met trop bas ; je le tiens par mes fantaisies… Mais il devrait y avoir quelque coercition des lois contre les écrivains ineptes et inutiles comme il y a contre les vagabonds et fainéants. On bannirait des mains de notre peuple et moi et cent autres. Ce n'est pas moquerie. L'écrivaillerie semble être quelque symptôme d'un siècle débordé. »

MONTAIGNE.

Pour Marie-Odette

I

Ne trichons pas : lorsque J.-C. Fasquelle m'a remis, chez Calvet, entre la pièce de Charolais pommes boulangères — qui n'était pas si fameuse que ça, ce jour-là — et le café, l'un des premiers jeux d'épreuves du livre de Clara Malraux *Nos vingt ans,* aussitôt seul, je l'ai lu avec une avidité de vieille concierge.

On n'y peut rien, il y a des gens que la vie et les amours de Greta Garbo excitent encore — et je leur tire mon chapeau — et d'autres que seul un inédit de Vigny ou de Constant empêche de dormir. Que voulez-vous, c'est tout de même amusant, dussé-je décevoir Clara sur mon sérieux, de dévorer dix, cent anecdotes sur la période la moins connue de la vie d'André Malraux, de mieux connaître les vingt ans de celui qui est, depuis plus de huit ans, le ministre préféré du général de Gaulle. Dans ce livre, il ne s'agit pas de racontars ; ce n'est pas le récit d'une écervelée qui vend furtivement à quelque hebdomadaire bien parisien des souvenirs sur l'homme illustre qu'elle a croisé dans un lit ; celle qui nous parle fut la compagne durant vingt ans (1919-1939) du Malraux de la grande époque. C'est sa vie qu'elle nous raconte, c'est leur vie (j'emploie le mot vie par paresse, car c'est un mot qui ne veut rien dire. La vie, si l'on tient vraiment à la rencontrer, il faut se promener aux heures lourdes de l'après-midi du côté de Maupassant). Quand Clara raconte leurs vingt ans, c'est comme si elle avait oublié que l'on était en 1966 et qu'elle habite un petit appartement entre la rue de la Glacière et la rue de la Santé, que Malraux a été obligé d'expliquer à une tablée de ministres, pourtant présidée par un ancien professeur de lettres, que Diderot était toujours un auteur du programme. Elle a de nouveau chaussé, ainsi que son compagnon, les bottes de l'aventure, ces éternelles bottes du jeune Bonaparte ivre d'Italie et d'Orient secret. Ce que Clara nous restitue, c'est la fraîche image des irréguliers, de ceux qui, au lieu de toujours s'occuper d'appartements, de bagnoles et de situations, considèrent les villes, les forêts, les statues de cette terre comme autant de pépites, et ils sont pressés, car on perd toujours. J'avais craint un instant de découvrir le récit d'une rancune (Clara en Mme Jouhandeau métamorphosée) : j'ai lu une histoire presque exemplaire, que notre fameuse jeunesse d'aujourd'hui aurait tout intérêt à consulter — cela la changerait un peu de la musiquette dont elle se délecte. Il est vrai que, comme le disait Malraux à Julien Green : « A vingt ans, l'existence est une bourse où la plupart des jeunes gens n'achètent rien. »

Mon plaisir est d'autant plus vif, à la lecture du tome II des mémoires de Clara, que les très nombreux biographes de Malraux ne nous avaient pas gâtés : tous ces vieux jeunes gens de la Libération, tous ces serviles pasticheurs qui n'étaient pas lui, mais qui ne juraient que par lui, qui commentaient, sans talent, avec une fébrilité respectueuse, la moindre de ses phrases sur l'action, la mort, la révolution, l'érotisme. L'érotisme, c'était fabuleux ; vous ne pouvez pas imaginer, vous avez sans doute oublié ou vous n'étiez pas né. On aurait dit, à les lire, que les hommes et les femmes avaient inventé une nouvelle façon de faire l'amour. Je ne vois que le nouveau roman pour avoir un culot pareil. Inventer peineusement ce qui était déjà écrit, en comptant, non sans raison, sur l'ignorance du public. Seul peut-être, M. André Vandegans, dans sa *Jeunesse littéraire d'André Malraux,* publiée chez J.-J. Pauvert, il y a deux ans, nous apporte quelques éléments nouveaux. Sans doute Vandegans surcote-t-il beaucoup trop les premiers livres de Malraux, *Lunes en papier, Écrit pour une idole à trompe, Royaume farfelu,* où, comme diraient, j'imagine, nos professeurs : « Malraux ne s'est pas complètement dégagé des influences ambiantes, où il n'est pas totalement lui-même, où on n'entend pas, à travers ses lignes, le son de sa voix » ; mais comme c'est rafraîchissant d'écouter un essayiste qui ne vous postillonne pas au visage les dialogues « percutants » de *l'Espoir* ! Nous devrions d'ailleurs relire l'œuvre de Malraux et réviser certains de nos jugements. Le temps est venu. C'est peut-être à cela que songeait Malraux lorsqu'il confiait à l'un de ses amis, avant l'élection du président de la République, que la politique commençait à sérieusement l'ennuyer et, se pastichant lui-même, que tout ce qui n'était pas la littérature était pire qu'elle. Malraux, maintenant, a l'âge du doute. Comme Chateaubriand, il sait qu'il a écrit *Atala, René, le Génie du christianisme, l'Itinéraire de Paris à Jérusalem,* etc. Le rusé vicomte avait gagné et n'en était plus si sûr. Ce n'est pas tout de fasciner ses contemporains, quoi qu'en dise Simone de Beauvoir, qui se moque, dans ses *Mémoires,* des écrivains qui rêvent d'avoir leur statue dans un square. L'idée de postérité n'est pas si simple : c'est l'honneur du métier. Il y a un moment où il faut savoir jeter l'ancre et amarrer solidement le navire. Je ne pense pas que Malraux, qui est en train d'écrire, paraît-il, l'histoire de ses idées, qui pensait que le meilleur livre de Drieu La Rochelle aurait été ses mémoires, me contredirait.

Vandegans nous raconte comment, « un jour de 1919, un jeune homme d'allure distinguée, simplement mais fort correctement vêtu », se présenta « au 9 *bis* de l'obscure galerie de la Madeleine, entre la place de la Madeleine et la rue Boissy-d'Anglas, à l'enseigne de *la Connaissance,* modeste cabinet de lecture dont s'occupait René-Louis Doyon. Ce jeune homme, qui était bien entendu André Malraux âgé de dix-huit ans, proposa d'approvisionner le libraire en éditions originales. Celui-ci accepta et eut lieu de s'en féliciter ; Malraux écrivit, dans des petites revues aujourd'hui disparues, de rares articles, dont l'un sur Gide. Il édita les textes oubliés de Laforgue et de quelques autres écrivains, illustrés par Galanis. En 1920, il passe au service de Simon Kra (Le Sagittaire), en qualité de directeur littéraire et de maquettiste. Il ne semble pas du tout pressé de devenir un écrivain célèbre. Il rencontre, à peu près à la même époque, Clara, qu'il enlève et qu'il épouse, après un faux voyage de noces. Un dilettante, un amateur de belles choses, quelqu'un de très cultivé — ces terribles cultures d'enfant et d'adolescent amoureux de cartes et d'estampes —, quelqu'un qui dit un jour à Clara : « Je ne serai pas un écrivain. L'amateur est supérieur à celui qui crée. Les Chinois, eux, le savaient, qui mettaient plus haut que le jardinier celui qui est capable d'apprécier le jardin. L'homme qui sait comment il convient de jouir de la vie et des créations des autres hommes est l'artiste suprême. » Un jeune homme légèrement mythomane, qui cache sa famille, mais quel adolescent, un jour ou l'autre, devant ses camarades ou la femme qu'il aime, n'a pas eu honte de ses parents ? D'ailleurs, toujours d'après Clara, il est formel : « Je mens, mais mes mensonges deviennent des vérités. » La mythomanie à vingt ans, c'est une façon d'être pressé, de fouetter son présent pour qu'il arrive plus vite là où l'on voudrait qu'il soit. Une fois marié, Malraux traverse pratiquement toute l'Europe et joue à terme à la bourse. Je crains que Vandegans ne se soit un peu laissé « snober » sur les connaissances financières du jeune Malraux. Dans un certain milieu, en 1920, le fait de jouer à la bourse devait sembler si inouï en lui-même qu'on devait dispenser le boursier amateur de tous détails sur le bien-fondé de ses opérations. Malheureusement, tout n'était pas aussi gai : c'est l'époque du service militaire, et Malraux n'a aucune envie de jouer les petits soldats. Ici, il faut que j'ouvre une parenthèse : certains lecteurs pourraient croire que je souhaite, je ne sais comment, mettre en difficulté le Malraux d'aujourd'hui en parlant soit de son vol de statues, soit de son refus de faire son service militaire. Ce serait une erreur ; jamais Malraux ne m'a paru aussi charmant qu'à cette époque. Et le major qui a eu la bonne idée de le réformer à Strasbourg (même si ce major a été quelque peu aidé par la caféine qu'ingurgitait Malraux), se disant que, pour un garçon de ce genre, laver les latrines ou éplucher les pommes de terre pendant deux ans, c'était du temps perdu, ce major a bien mérité de la république des lettres. Malraux a démontré par la suite que le courage, ce n'était pas forcément l'abêtissement. Mes intentions sont si pures que je vais me mêler de ce qui ne me regarde pas et chercher querelle à Clara. Elle dit quelque part, assez drôlement : « Mon compagnon n'a jamais été antisémite et même ses différends avec moi ne sont pas parvenus à le rendre. Ils l'ont seulement renforcé dans sa misogynie fondamentale. »

On exagère beaucoup sur la misogynie des hommes. Moi, les hommes, je les trouve plutôt poires. Les malheureux ont affaire en général à des personnes qui, malgré les conseils des bons auteurs, « femmes du monde entier, prenez enfin votre destin en main », ne cherchent dans l'égalité qu'à leur jouer un tour de plus. Et puis, quand un homme n'est plus misogyne, c'est souvent qu'il n'aime plus les femmes. C'est qu'il est las et vieux (quel que soit son âge) et qu'il a envie d'avoir une paix royale, que toutes ces histoires de « bonnes femmes » ne l'intéressent plus. Autre chose ; j'ai vu de nombreux esprits libres se fâcher tout rouge quand des ennuis conjugaux ou extra-conjugaux se mêlaient de mettre à l'épreuve leurs farouches idées. On peut et on doit se moquer des mots « tromperie », « trahison », dire qu'ils appartiennent à un langage et à un temps désuets ; très bien, mais l'homme gentil, compréhensif, qui respecte en la femme la liberté et tout ce qu'il vous plaira, grattez-moi ça, et vous verrez, chez cette belle âme, un des égoïstes de la plus belle eau que la terre ait jamais portés. Peut-être.

Je me permettrai de reprendre Clara sur un second point : « A l'époque, écrit-elle, mon compagnon croit en une hiérarchie non pas sociale, mais établie en fonction de valeurs pour l'essentiel nietzschéennes. Avant de se révolter contre la condition humaine, la dignité de certains l'intéresse davantage que le bonheur d'un grand nombre. » On a bien envie de lui répondre ce que lui répondait Malraux : « Vous êtes de celles qui veulent tuer tout le monde pour le bien de quelques-uns. » Que son propos est un peu confus. Quarante ans d'histoire nous ont appris que, pour un écrivain, s'intéresser à la dignité de quelques-uns, ce n'était pas déjà si mal. A vingt ans, quand on est un jeune bourgeois, qui aime les livres, l'art et l'aventure, la souffrance du monde, c'est un peu lointain. Ce n'est que lorsqu'on est devenu un nom qui brille pour quelques-uns que les autres commencent à vous intéresser. Sont-ils pour autant plus proches de vous ? S'ils servent de sujet à votre prochain livre !

Un bon écrivain est généralement, quoiqu'il s'en défende, un monsieur très recommandable, presque bon, mais vous n'êtes pour lui que des mots. Et cette distinction entre les vilains hommes de lettres et les gentils écrivains humanistes m'a toujours paru une fumisterie. Cette découverte de la condition humaine dont parle Clara, Malraux l'a-t-il faite en passant devant les tribunaux ? Il n'y a rien de tel pour vous dégriser que de se sentir coincé.

Il avait perdu leur argent dans une fumeuse affaire mexicaine. Clara l'interroge sur leur sort futur et, avec sa superbe, Malraux lui répond : « Vous ne croyez tout de même pas que je vais travailler. » C'est là que l'aventure cambodgienne commence, le rapt des statues, l'arrestation à Pnom Penh, le procès, les démarches de Clara. Ils étaient partis pour le Cambodge comme des aventuriers qu'on aurait pu extraire des albums de Tintin : par exemple *les Bijoux de la Castafiore*. Quand, libre enfin de regagner la France, il retournera presque aussitôt avec Clara en Indochine, ce sera pour y diriger, avec Monin, son avocat, un journal révolutionnaire. Malraux avait compris que la seule morale de l'aventurier, c'était d'être son projet, plus autre chose que son projet, si on ne voulait pas perdre à coup sûr. Les quarante ans qui vont suivre ne seront que la confirmation de cet axiome.

Je demanderai à Élie Faure, qui fut cet historien de l'art à qui Malraux doit beaucoup, d'ajouter la note gaie. Élie Faure écrit à sa femme, huit ans après ces événements, alors qu'il se trouve sur les lieux : « As-tu lu *la Voie royale* de Malraux ? Moi, je l'ai lue à Tokyo. Il s'agit d'une entreprise d'enlèvement de statues dans un temple perdu dans la forêt vierge et entouré de tribus aux flèches empoisonnées. Quand on lit le livre, on a l'impression qu'ils sont restés deux mois en route et ont atteint des lieux horrifiques. Or, je suis allé à ce temple ; une heure d'auto par des chemins affreux, il est vrai, et j'ai vu les statues emportées par Malraux, puis saisies et remises en place. Le bougre avait bien choisi. Mais, s'il était gascon, que ne dirait-on pas de lui à propos de son livre ! »

Le livre est fini (I).

Dans la mesure où j'ai mon mot à dire, vous pourriez aussi bien commencer ce livre par le chapitre V. Les quatre premiers chapitres tournent autour de Malraux et font un peu l'effet de cheveux sur la soupe. Certains connaisseurs ne m'ont pas caché que ces chapitres auraient mieux trouvé leur place dans *Non* [1], ce recueil d'articles que j'avais l'intention de publier en même temps que *Un siècle débordé,* m'imaginant sans doute que deux wagons égalent une locomotive. Si vous voulez l'explication de cet entêtement, je vous dirai que les *Antimémoires* ont beaucoup compté dans ma décision de reprendre de l'active. En lisant Malraux, j'ai compris que l'existence que je menais ne pouvait plus durer. On se posait trop de questions sur mon cas. Pas beaucoup de gens certes, mais ceux que j'avais l'habitude de voir. Le monde est ainsi fait que l'on n'a pas le droit de boire, de jouer aux cartes, de faire l'amour, sans payer un impôt : me concernant, barbouiller des pages blanches de temps en temps. Le travail — même ce travail pour rire qu'est la littérature — inspire un respect que je n'imaginais pas. Quand je m'étais assoupi, j'avais cru que Marx ou Rimbaud nous avait changé la vie, va te faire voir ! Il faut être follement riche pour avoir le droit de ne rien faire. On prétend que, dans le monde d'aujourd'hui, les riches les plus riches sont tellement menacés, en sursis, sur le point de ne plus l'être que l'on peut bien leur

1. *Non* est devenu le tome I d'*Archives de la Mémoire* (à paraître).

accorder cette ultime grâce dont d'ailleurs ils se gardent bien d'abuser. Ils se ruineraient plutôt pour trouver une occupation, un vrai travail !

Après avoir lu Malraux, je m'étais dit : « Je vais publier dans la revue dont je m'occupe une suite d'articles étalée sur trois numéros et tournant autour des *Antimémoires*. Puis j'entasserai des pages inédites sur le même sujet. J'appellerai ça l'*Anti-Malraux*. En février, au plus tard en mars 1968, je publierai le tout chez Grasset. N'ai-je pas signé un contrat avec lui ? Je ferai ainsi une rentrée furtive, presque chafouine. Quand on s'est tu pendant longtemps, mieux vaut s'avancer sur la pointe des pieds. « Bonjour, messieurs, ne vous levez pas, ce n'est que moi. Comment allez-vous ? Mais oui, à mes heures perdues, je me suis permis d'écrire une étude sur Malraux. Non, non, je vous en prie, ne me félicitez pas, ce n'est rien. Une boutade. Un travail d'amateur. Ça ne va pas du tout au fond des choses. Parlez-moi plutôt de vos futurs travaux. Quelle bonne mine vous avez tous ! De mon village, je vous ai suivis, je vous ai lus, je me suis réjoui de vos succès. » Comme j'ai regretté, cher François, qu'avec ton *Maître de maison* tu n'aies pas eu le Goncourt. Tu t'en fiches, je le sais bien, mais tout de même, quel aveuglement chez ces gens. Note que j'ai moins aimé ce livre qu'*Un petit-bourgeois* et pourtant ton roman était diabolique de talent ! Tu sais, on fait des réserves sur un livre et puis si tu me demandais pourquoi je les ai faites, je serais bien incapable de te le dire... Mon cher Jean-François, toi ! Depuis si longtemps que je ne t'avais vu. C'est une façon de parler, parce que ta photo, j'ai pu la contempler presque chaque semaine dans *l'Express*. Ça me réchauffait le cœur de te regarder, toi et les autres mousquetaires, Servan-Schreiber, Giroud, Priouret. Avec l'ami Labro, le dimanche, je n'avais pas le temps de m'ennuyer. Tu travailles toujours chez Laffont ? Ça marche très bien Laffont, quel succès ! Un Goncourt, *Papillon, Piaf,* il a compris la chanson, l'humain, la tripe, la rue, on laisse aux nigauds la mort de l'homme. Tiens, puisque j'y pense, je tiens à te féliciter de ta *Lettre ouverte à la droite*. Je l'ai achetée, figure-toi. Oui, *achetée*. Achetée à Saint-Tropez. Tu te souviens, tu avais acheté mon

Dernier des Mohicans à Londres. C'est cocasse tout ça ! Très bien ta *Lettre ouverte.* Tu prends ton temps, mais c'est ce qu'il faut. Enfoncer le clou. C'est un livre courageux. Et la citation d'Alain, vieille comme le monde, garde toute sa valeur. J'oubliais. Merci, merci mille fois pour avoir eu la gentillesse de m'envoyer ton *Histoire de la philosophie.* J'aurais dû t'écrire un mot, mais tu le sais, je n'écris jamais de lettres. Je ne peux pas t'en parler vraiment, je ne connais rien à la philosophie, mais dans la mesure où je n'y connais rien, ça m'a paru très amusant. Et tu écris toujours dans l'*Œil* ? Je me demande comment tu fais pour trouver le temps d'écrire encore des livres, quelle organisation ! Ma petite Françoise chérie, j'ai fini par lire ton « gros » roman, *Un peu de soleil dans l'eau froide,* mais tu sais que ce n'est pas mal ? Que c'est presque émouvant pour une fois ? Juré. Et puis, dans le genre Anna Karénine, vite fait, la femme est plaisante. Cela dit, *Un peu de soleil...,* c'est moins rigolo que *le Garde du cœur.* Je ne sais pas pourquoi, celui-là, il a eu moins de succès que les autres. Parce que je l'ai aimé, peut-être. Pour une fois que, dans un de tes romans, tu étais moins au garde-à-vous, que tu n'avais pas l'air de retenir ton souffle, comme si tu craignais de faire tomber un bibelot. D'ailleurs, tu le sais, moi je n'aime vraiment que tes pièces de théâtre, au moins là, tu t'amuses, là, tu découvres cette évidence que la littérature est à vos ordres, qu'on peut en faire ce que l'on en veut. Remarque, il y a un siècle, tes pièces, tu les aurais rangées au fond de ton tiroir ou publiées dans *la Revue des deux mondes...* Mais c'est cet excellent Freustié, ma parole. On ne voit que toi dans *l'Observateur.* C'est dommage qu'ils ne sachent pas utiliser ton talent, qu'ils te fassent écrire sur n'importe quoi. Tu dois d'ailleurs aimer ça, maso comme tu es ! T'enfoncer dans des besognes subalternes ! Quant à ton dernier roman, *le Droit d'aînesse,* tu ne t'es pas foulé. Tu aurais dû laisser reposer ce récit et le publier dans trois ans, après l'avoir complètement transformé. Bien sûr, c'est la faute aux éditeurs. Ils sont toujours pressés de conduire un livre à l'échec. Aucune importance. Il n'y a plus d'éditeurs ; d'ailleurs, il n'y a plus d'écrivains. Il n'y a pas de littérature. Qui vois-tu ? Robbe-Grillet ? Le Clézio ? Butor ? Simon ? Nourissier ? Revel ? Sagan ? Toi ? Mais il n'y a personne, personne, personne, mon cher. Qui est-ce qui sait écrire un beau roman d'amour aujourd'hui, quelque chose comme *Tendre est la nuit, les Aventures de Jérôme Bardini, Pylône ?* Dis-moi un nom, un seul ? Tu vas me demander, j'en suis sûr, pourquoi je n'écris pas. Il y a mille raisons. La paresse. L'alcool. Mais la plus vraie, c'est qu'il n'y a personne. Tu me vois courant le 10 000 mètres tout seul ? Je m'étais raconté ça et d'autres histoires. Je m'étais cajolé de toutes les façons, mais Sitbon changea mes plans…

(A suivre.)

II

Avant les réserves ou les compliments, avant même toute lecture, disons notre plaisir qu'il y ait un nouveau Malraux en librairie, sur nos tables. Peu importe que ce livre soit un chef-d'œuvre ou pas ; après dix ans de silence, comme c'est plaisant qu'un homme intelligent nous donne de ses nouvelles, consente à monologuer pendant vingt-quatre heures devant nous. Ce n'est pas tous les jours qu'une des plus fameuses bandes illustrées de la littérature se décide de sortir de son cadre pour nous parler en des termes qui ne soient pas seulement des bulles. Une vie à la *France-Soir* qui tenterait de s'exprimer comme un beau livre, c'est le rêve. Sans nous en rendre compte, nous étions devenus étrangement indulgents. On nous avait tellement gavés depuis quinze ans de livres insignifiants, ennuyeux, on avait tellement tenté de nous faire prendre des trouvailles de concours Lépine — oui, c'est bien de Butor, de Sollers que je parle — pour des chefs-d'œuvre dignes de Proust, de Joyce, de Faulkner, que, lorsqu'un écrivain célèbre de soixante-six ans se réveille, cela nous paraît aussi grisant que l'irruption d'un jeune écrivain de génie. Les six cents pages de Malraux, c'est la fraîcheur, la brise même de la littérature. En ce moment, nos vieux briscards des lettres, qu'ils en profitent, mangent leur pain blanc. Pourvu qu'ils ne disent pas trop de « conneries », chaque livre qu'ils publient a de bonnes chances d'être salué d'une salve de mille coups de canons, comme si quelque vaste flotte victorieuse rentrait au port ou qu'un poupon royal, longtemps attendu.

venait de naître à la cour de Belgique, par exemple. Voyez Sartre et ses *Mots,* Aragon, et son *Oubli,* voyez même Mauriac et ses *Mémoires politiques.* Les grands écrivains (ce qui n'était jamais arrivé jusqu'alors) bénéficient du même traitement de faveur que les grands peintres : passé une certaine ligne, ils sont sacrés. Quelle drôle d'époque, où l'oubli le dispute au respect. Nous en étions arrivés à un tel degré de disette que, moi qui n'ai jamais trouvé que Camus écrivait aussi bien que Druon l'affirme, j'en étais venu à regretter de ne pas savoir ce que Camus voulait dire par mesure méditerranéenne, quelle suite il aurait donné à *la Chute.* J'avais tellement faim que j'aurais pu m'engouffrer dans un drugstore et commander un Saint-Exupéry sur le pouce. Mon propos est d'écrire un *Anti-Malraux* un peu comme Malraux appelle ses mémoires des *Antimémoires.* Il nous dit qu'il les a appelés ainsi parce que ses mémoires refusent la biographie avec préméditation. Malraux, on le sait, on le sait même trop, a du dégoût pour les ragots ou les confidences. Nous ne devons pas compter sur lui pour donner, à la Gide ou à la Rousseau, des lettres de noblesse à la masturbation. Or, vous le verrez, vous l'avez peut-être déjà vu, je ne crache pas sur l'anecdote, ni sur le *je* qui, bizarrement, passe pour antidémocratique. C'est que, en cette France de 1967, qui pourrait être si heureuse mais qui a tellement peur de ne pas être dans le vent, le *je,* pour simplifier, est à la fois antichinois et antistructuraliste. Ajoutez, pour tout arranger, que les sartriens — autres penseurs qui datent un peu, d'après nos journaux — ont une peur bleue — c'est ça, le communisme littéraire — d'être dépassés sur leur gauche, et par les Chinois et par les structuralistes ; aussi font-ils ce qu'ils peuvent pour se mettre au niveau de la bêtise générale, c'est dément ! Quant au lecteur, volontiers poujadiste dans ses réactions, il pousse à la roue. Le *je,* qu'il croit être son seul bien, lui paraît trop banal, trop commun pour faire de la bonne littérature. « J'en possède un et je ne suis pas pour autant un homme de lettres. J'ai le *je* modeste, moi ! Et pourtant, si je racontais ma vie ! » Les vrais *je,* ces étrangers sauvages ou douloureux, ces énigmes pour ceux qui s'en servent, ces transparences où le monde s'agite n'ont rien de commun avec les *je* poisseux de la multitude. — Rimbaud l'a pourtant fort sèchement proclamé dans son fameux *Je est un autre.* Jean Mistler, le critique de *l'Aurore,* à moins que ce ne soit Jean Fayard, du *Figaro,* n'a pas tort d'ironiser sur la modernité du titre qu'a choisi Malraux, d'y renifler comme un relent nouvelle vague : quand on s'appelle André Malraux, on n'a pas besoin d'être à la page. J'ai trouvé surprenants certains propos que tient Malraux à Emmanuel d'Astier de La Vigerie : « Les *Antimémoires* sont mon vrai livre. Je pense à Proust. *Du côté de chez Swann* a rendu impossible une nouvelle tentative qui eût ressemblé à celle de Chateaubriand. Proust est un anti-Chateaubriand, Chateaubriand est un anti-Rousseau : j'aimerais être un anti-Proust et situer l'œuvre de Proust à sa date historique. » Dans cinq ans, ça fera peut-être un excellent sujet de dissertation française, s'il y a encore des dissertations françaises et s'il y a encore des examens ; pour le moment je trouve ces affirmations inexactes, enfantines ou les deux à la fois. Si Malraux veut dire que Rousseau, Chateaubriand et Proust sont trois écrivains originaux, il a raison — et comment n'aurait-il pas raison ? Mais Chateaubriand ne barre pas plus Rousseau que Proust ne barre Chateaubriand. Malraux aurait mieux fait de relire Thibaudet, qui divisait plus justement la littérature française depuis Rousseau en deux grands partis, le parti du vicomte (Chateaubriand) et le parti du lieutenant (Stendhal). Malraux, dans ses meilleurs moments, est du côté de Chateaubriand, les femmes en moins, le fric en plus. C'est que de Gaulle n'est pas réductible à Louis XVIII, et encore moins Mao Tsé-toung. Et si Charles X nous émeut encore, ce roi sans cœur et sans cervelle qui, jusqu'au dernier jour de son règne, n'en ratera pas une, puisqu'il trouvera moyen, dans sa fuite, de nous faire cadeau d'Alger et la suite, il le doit à son vieil ennemi ; à ce superbe récit que nous fait Chateaubriand, dans les *Mémoires d'outre-tombe,* de sa visite au vieux guignol en exil, perdu dans quelque château de l'Autriche-Hongrie, tout perclus, presque aveugle, beau à force de blancheur, de sécheresse, d'incompréhension. La littérature joue d'étranges tours : plus le sujet est pauvre, plus l'écrivain est roi.

La première personne qui m'ait parlé des mémoires de

Malraux, ou du moins qui m'ait laissé supposer qu'il les écrirait, c'est Frederick Grover, il y a six ans peut-être. Grover était ce professeur de littérature française dans une université américaine (Berkeley ?), qui s'était entiché de Drieu La Rochelle. Il venait de publier un livre sur lui. On se demande bien qui ça pouvait intéresser aux États-Unis à l'époque... Récemment, chez Mireille Prigent qui habite l'ancien appartement de Marcel Déat (il avait d'abord appartenu à des juifs), j'ai vu arriver à l'heure du thé, comme une trombe, une étudiante américaine qui préparait une thèse sur lui. Laissée à elle-même, nous l'entendions couiner et nous sûmes plus tard qu'elle poussait ces cris bizarres chaque fois qu'elle découvrait dans la bibliothèque un livre dédicacé à l'ancien directeur de *l'Œuvre.* Sa joie était si grande qu'il lui arrivait de déposer à nos pieds une pelletée de vieux livres sales, comme une chatte une souris morte. Visiblement, elle ne comprenait pas que nous ne dansions pas la carmagnole avec elle. Je tentai de lui parler de Drieu, de Doriot, de Bucard, de Luchaire, mais autant proposer du vin blanc à qui ne songe qu'à la morphine. Grover était venu avec sa femme passer ses vacances dans une petite ville de Bretagne ou de Normandie, proche de Deauville, qui était mon quartier général à cette époque. Renseigné par François Nourissier sur mes liens de parenté avec Drieu, il m'écrivit une lettre de politesse fort aimable à laquelle je répondis par l'inévitable « mais venez donc déjeuner ». Grover, qui préparait un nouveau livre sur Drieu, mais cette fois en français (il devait paraître chez Gallimard dans la « Bibliothèque idéale »), collectionnait les personnes qui avaient connu ou écrit sur lui. Bien entendu, Malraux l'avait reçu rue de Valois et s'était montré beau joueur — on est toujours beau joueur quand on est en vie —, chevaleresque : « Quand on croit que, de Drieu ou de Malraux, le grand écrivain c'était Malraux, et le raté, Drieu, on se trompe. Drieu avait infiniment plus le sens de la littérature que moi. Il aurait écrit d'admirables mémoires. Ç'aurait été son vrai livre. » Quand j'écoutais Grover, Drieu ne m'intéressait plus beaucoup ; mes idées sur lui étaient devenues des lignes. A partir de Drieu, j'avais écrit une sorte de psychologie littéraire, et, depuis, on ne cessait de mettre cet écrivain à toutes les sauces, cinéma compris. J'étais devenu un ancien combattant de Drieu ; il ne fallait plus compter sur moi pour « rempiler ». Ce qui m'amusait, c'est que, à travers Drieu, Malraux songeait sans doute à lui, à ce livre inopiné qui, contre toute attente, lui ouvrirait les portes du Lanson des siècles futurs, se doutant peut-être que *les Voix du silence* subiraient le même sort que d'autres grandes machines réputées incassables qui, finalement, leurs inventeurs disparus, coulent à pic — je pense au *Génie du christianisme,* à l'*Histoire des religions* de Benjamin Constant. Quant aux romans de Malraux, c'est une autre histoire. Enfant, je les trouvais mal écrits, un peu comme les chiens de race aboient quand un pauvre, un facteur, un pompier, un gendarme passe. Ce qui me plaisait dans *la Voie royale,* c'est que ça ressemblait aux petits livres si déplorablement brochés d'une collection d'aventures à bon marché dont le nom m'échappe. Entre quatorze et vingt ans, j'ai changé d'avis : rien n'est plus conventionnel qu'un adolescent. Après, j'ai eu autre chose à faire, je les ai perdus de vue, les défendant quand on les attaquait, les attaquant quand on les sublimait, me disant qu'il serait temps que je les relise pour faire mon devoir. Je me souviens que, dans le court moment où je me suis occupé de la chronique littéraire des *Temps modernes* — Étiemble subitement empêché —, j'avais écrit un article, pas très bon d'ailleurs, du même grain que ces pages, sur Malraux (quand je dis « pas très bon », il faut m'entendre : si on le retrouvait, il ferait les choux gras des *Temps modernes* d'aujourd'hui, et les miens donc, car ça ajouterait vingt pages à mon livre d'articles critiques que je dois — et vais — donner à Grasset). Pas très bon, pourtant : comme maintenant, j'avais la langue embarrassée, pâteuse, ne me décidant pas (ou n'arrivant pas) à dire le vrai, ne le voulant pas sans doute, comme si j'avais subitement peur de tuer la poule aux œufs d'or.

Malraux monologuait l'autre soir à la télévision devant Roger Stéphane (celui-là, il n'a pas changé, toujours la même culture, la même absence de culture. Gentil avec ça) qui n'y comprenait rien et qui, pour faire semblant de *suivre,* tentait de placer la vieille phrase de Valéry : « A mon âge, on a pris le parti du chef-d'œuvre des autres ! » et disait cela qui me semblait juste —, mais comme je voudrais le réentendre tant sa façon de parler réinventait miraculeusement les premières actualités cinématographiques. Oui, on se serait cru en 1933 et même avant, du temps du muet si je puis dire, le ton de Malraux redonnant à l'image le côté saccadé, accéléré des premiers films de Charlot —, qu'à un moment de notre vie, il y avait des livres, et des écrivains célèbres qui ne vous intéressaient plus guère, et ce n'était pas de la jalousie ou de l'envie mais de l'indifférence. Quand on relit ces écrivains, c'était comme si, en touchant une partie de son corps, on ne ressentait plus rien. Parce que ces écrivains, quel que soit leur talent — si immense soit-il — ne correspondaient plus à rien en vous ; qu'on ne voit plus chez eux que les trucs, les ficelles, la combine ; qu'ils vous laissent *froids*. Et lorsqu'on vieillit, le froid, c'est ce qu'on supporte le moins.

En fait, il n'est pas question aujourd'hui (ni demain) que je juge Malraux. Je n'ai pas le temps. Ni la place. Ni ce qu'il vous plaira. Je n'ai pas organisé mon théâtre critique ; il manque des fauteuils, des projecteurs, des rideaux, le lustre. Et puis, je viens à peine de finir les *Antimémoires* : laissez-moi souffler. (Le malheur, c'est que, lorsque j'aurai fini ma sieste, j'aurai tout oublié.) Trop de personnes m'ont bousculé, m'ont postillonné : « Qu'est-ce que vous en pensez ? », et j'avais envie de leur répondre : « Rien. La barbe ! Je n'en sais rien, puisque je n'ai pas commencé à déplier mes pattes, à écrire, lisez donc votre journal habituel. » Autre détail : ça fait dix ans que je n'ai pas publié un livre, et la littérature — mille pardons — me paraît parfois une histoire lointaine, presque comique. Tout ce service d'ordre, ces fanions autour d'un livre, si ça ressemble à du Nuremberg, si ça ressemble à du Malraux, me paraissent bien exaspérants. La lecture n'est pas le défilé du 14-Juillet. Enfin, c'est tellement *notre temps,* avec son mépris profond de la littérature et ces galas de l'Union avec la vicomtesse de Ribes, pour nos vieux artistes.

Après toutes ces manières, cette phrase de Malraux me paraît pleine d'humour : « Mais nous étions persuadés, mes amis et moi, qu'un grand écrivain, comme un grand peintre, devait être maudit. Il fallait qu'il crève de faim dans la tradition du symbolisme et de Baudelaire. » Sartre, dans *les Mots,* avait à peu près écrit la même chose. Ah ! mes beaux maîtres, mes chers truqueurs, quand donc aurez-vous fini de toucher les droits d'auteur des *Fleurs du mal* ? Vous vous posez beaucoup de questions, vous ironisez sur les prétendus mythes de votre jeunesse, mais si c'était elle qui avait raison. S'il y avait maldonne, si, pour être grand, un écrivain ou un peintre devait être maudit, s'il fallait qu'il crevât de faim ? Ce n'est pas sûr ? Non, mais c'est une hypothèse de travail comme une autre ! Et si, un jour, j'en ai l'envie, j'essaierai de vous expliquer comment vous avez tout fait pour être du côté de la réussite et, cela étant, pour ne plus jamais la perdre de vue. Ce n'est pas pour rien qu'il y a des écrivains qui s'appellent Baudelaire ou Nietzsche, et d'autres, Malraux ou Sartre. Mais c'est très bien d'être Sartre, d'être Malraux ; ne rougissez pas ; c'est vraiment ce que l'on peut faire de mieux dans la confection de luxe. En tout cas, le général de Gaulle est vraiment exquis, l'homme le plus libéral de notre époque. Imaginez un Staline à sa place. Et qui verrait cette débauche, cette orgie de télévision, de radiodiffusion, de presse. A la trappe, Malraux, à la trappe !

III

Jean Paulhan, lorsqu'il veut en finir avec ce petit livre qui doit nous livrer la clef de la poésie et que sa démonstration a la limpidité de l'eau de source la plus enfouie sous terre, emploie une phrase que j'aime et que je ferais volontiers mienne : « Mettons que je n'ai rien dit. » En effet, qu'est-ce qui m'a pris ? De quoi je me mêle ? A quoi riment ces contestations, ces arguties, ces chipotages ? J'ai lu, j'ai dévoré les *Antimémoires,* avec cet appétit que seul semblait avoir Gérard Philipe dans ces immenses affiches publicitaires que l'on voyait si distinctement collées sur les murs de Paris il y a quelques années déjà, où cet acteur mangeait littéralement de la bonne miche chaude de livre neuf, croquait du d'Aubigné tout croustillant, tout doré sur tranche ; et subitement, cette grenouille de Frank qui souhaitait si fort un roi, le livre lu, n'a plus su qu'en penser, s'est dérobée, a claqué la langue de dépit : « Ce n'est pas un produit franc, on ne sait plus faire de nos jours un chef-d'œuvre. » Je me suis souvenu alors d'un propos de Sartre, vieux peut-être de vingt ans : « Vous êtes comme moi, vous n'avez pas l'admiration facile. Vous n'y pouvez rien ; c'est dans votre nature. Il vous faut trouver la faille. » Et pourtant, je vous l'assure, quand on a les yeux qui clignotent de fatigue, on voudrait, on aimerait bien être de l'avis du plus grand nombre, applaudir et dormir. Défiler de la Nation à la Bastille avec Kléber Haedens, Claude Roy, Robert Kanters, Grosjean, etc., et crier : « Grand livre. Destin prodigieux. Eschyle. Shakespeare. Malraux au Panthéon. » On le voudrait d'autant plus qu'il y a une part de vérité dans ces folles louanges. Pour être franc, ce qui m'a hérissé, c'est l'interview accordée par Malraux à d'Astier de La Vigerie. Là, vous m'arrêtez noblement, vous avez un air de condescendance qui me touche, vous me tirez les oreilles, vous me faites remarquer que le livre de Malraux, ses parties fortes, ses parties faibles n'ont rien à voir avec les interviews de Malraux dans les journaux, à la radio, à la télévision, que Malraux n'est pas responsable du bruit qu'il suscite, qu'il est bien normal que, après tant d'années de silence, on se jette sur lui, on l'accable de questions. L'accabler ? Vous êtes fou. Regardez comme il a l'air heureux, enfin ! Comme il aime à psalmodier dix fois, vingt fois, des passages entiers de son livre. Cette joie, cette exubérance, elle est presque sympathique. Si, pour nous, ce livre est une bonne surprise, on sent qu'elle l'est aussi pour lui, qu'il a dû se demander, ministre, et même avant de l'être, s'il n'était pas fichu comme écrivain. Eh bien, non ! La vieille machine que l'on croyait rouillée fonctionne comme jamais. A soixante ans et quelque, on peut jongler avec ses meilleures années : 1921, 1935, 1936, 1958, 1965, comme si c'étaient d'amusants ballons. Le passé, il suffirait donc, avec sa plume, de le relancer en l'air, de l'empêcher de toucher terre, pour écarter la mort. Il y a dans cette exultation de Malraux une certaine juvénilité — j'allais dire sénilité (mais le mot est par trop péjoratif) — joviale que rendait bien la télévision, comme si Malraux, à soixante-six ans retrouvait l'art difficile d'être un grand-père de la littérature. Peut-être son admiration pour Hugo lui a-t-elle facilité la tâche ? Tout ce tintamarre, c'est comme si Malraux avait obtenu le Nobel devant le conseil des ministres. Certains de ses collègues commençaient à parler de lui d'une façon presque condescendante (le style d'un ministre, c'est soit le ton feutré des grandes écoles soit la gouaille *Canard enchaîné* ou rien, c'est généralement rien) : « Ouais, ouais, il est peut-être génial, mais s'il n'était pas le chouchou du Général, à quoi servirait-il ? » Brusquement, les *Antimémoires* ont fait pencher la balance. D'un côté, il n'y a plus que les noms que l'on oublie (de Gaulle lui-même a dû sentir passer le vent), de l'autre, Malraux. Et, avec quelle superbe, il dit maintenant à Michel Droit : « N'importe comment, il y a une chose certaine : c'est que le budget des affaires culturelles n'est pas très élevé ! Évidemment, lorsqu'on vous dit : " Mais on vous a donné trois fois plus que l'année dernière, alors qu'on n'a donné trois fois plus à personne ", c'est très impressionnant. Mais trois fois deux sous, ça ne fait jamais que six sous. » Ce ton-là ne trompe pas : c'est celui d'un homme qui se souvient que son Premier ministre[1] préfaçait modestement, il y a une dizaine d'années, pour les classiques « Vaubourdolle », ses pages choisies et qu'un ministre des Finances, après tout, est l'adversaire acharné de l'écrivain qui se vend et même de celui qui ne se vend pas.

Je crois avoir prouvé, s'il en était besoin, qu'on ne peut pas parler des *Antimémoires* sans commencer par parler de ce que Malraux en a dit. Je ne sais pas si Malraux a été en 1945 et en 1958 un bon ministre de l'Information, mais une chose est certaine, c'est qu'il a su, entre le 20 septembre et le 20 octobre de cette année (1967), être un porte-parole, un admirable manager de sa propre littérature. Ses multiples interviews ont été des suppléments à son propre livre, qui valaient bien, à eux seuls, qu'il l'écrivît. Cela rend d'autant plus savoureux les propos du féal Droit (il y a du Parinaud en Droit. Mais il y a un côté IVe République, un côté échec en Parinaud, qui le rend sympathique, tandis que Droit, ce sera toujours un des innombrables romanciers du nouveau Julliard — et déjà le vrai Julliard...). « En lisant vos *Antimémoires,* on a la confirmation que vous avez été l'un des premiers, en France, à croire à l'importance de l'audiovisuel dans la culture des masses. Pourtant, vous semblez depuis 1958 avoir toujours voulu tenir à l'écart de votre zone d'influence [c'est Droit qui parle, je n'y peux rien] la radio et la télévision. » Et la réponse d'André Malraux : « ...Comme je n'entretiens avec la direction de la télévision et de la radio que des relations amicales, j'ai le sentiment que, si demain nous avions quelque chose de vraiment important à faire en télévi-

1. Pompidou, avant qu'il ne fût : « Monsieur le député du Cantal, je lève mon verre à votre santé » (André Malraux), et finalement président de la République (novembre 1969).

sion, on nous donnerait les moyens de le faire. » Ce demain dont parle Malraux est glorieusement arrivé avec la publication de son livre, et il faut dire que radio et télévision ont répondu « présent » comme un seul homme. Que mon lecteur me comprenne bien : je ne me plains pas de ce « Malraux par-dessus tout » qui a déferlé sur les ondes ou à la télé, encore que cet hymne soit en contradiction avec le « Je ne m'intéresse pas » par quoi débutent les *Antimémoires,* encore que Malraux n'ignore pas que désormais, pour le grand public, un livre est un grand livre, et peu importe qu'il le soit ou non, pour la seule raison que l'on en parle vraiment beaucoup à la télévision et à la radio. Je craindrais tout au plus que ces émissions royales risquent de nous faire paraître plus sinistre encore la médiocrité qui précède et qui va suivre. Je reste persuadé que, pour les garçons amoureux de littérature qui ont entre seize et vingt ans (soyons optimiste), les interviews de Malraux auront sans doute eu la même résonance que, pour des garçons d'une autre génération, la lecture des *Nourritures terrestres.* Ce n'est pas tous les jours qu'un ministre jette à la tête de millions de téléspectateurs et d'auditeurs des mots éclatants (révolution, guerre civile), s'enchante impunément de Mao Tsé-toung, bref, dit des choses intelligentes. En ce temps qui est celui du mensonge et de la publicité (je me demande pourquoi j'emploie deux mots), l'apparition d'un truqueur de génie, ça doit tout de même faire un choc; ses mensonges n'ont plus d'importance, ils *deviennent* la vérité. Et c'est rigolo, cette vérité devenue folle, qui se promène sur les ondes nationales comme les Marx Brothers à l'Opéra. Il n'y a qu'un homme, au fond, qui n'ait pas tellement bien marché dans les *Antimémoires,* c'est bizarrement Mauriac. Bizarrement, on exagère toujours : Mauriac, après tout, avait le juste sentiment que de Gaulle lui devait beaucoup. On n'aime pas tellement partager ses passions. Et puis le *De Gaulle* de Mauriac n'avait pas été une telle réussite, sinon celle de permettre à Jacques Laurent d'écrire l'un de ses meilleurs livres. Malheureusement, j'ai égaré le *Bloc-notes* où Mauriac s'épanche ; il y avait quelques méchancetés dont j'aurais voulu vous faire profiter. Et sur Gide, et sur de Gaulle même... Au passage, Mauriac fait remarquer que c'est grâce à son fils Claude et à lui que Malraux eut la bonne fortune de rencontrer le Général. Oh ! il n'en est pas sûr, sa mémoire est parfois si incertaine... Mauriac reproche justement à Malraux sa façon de mélanger les civilisations. Il n'aime pas ce tintamarre de batterie de cuisine où les religions se mêlent : tout ce syncrétisme — et il n'a pas tort — l'ennuie. Malicieusement, Mauriac note que, même si Malraux n'avait pas été à Saigon, en Chine, en Espagne, etc., s'il était simplement resté dans sa chambre, il aurait pu écrire d'aussi beaux voyages [1]. « Si tu veux voir le monde, ferme tes yeux, Rosemonde », disait déjà Giraudoux. On sent là la vieille opposition province-Agence Cook. Mais pourquoi Mauriac s'était-il cru obligé d'affirmer, dans son triste *De Gaulle,* que, si Malraux avait eu le choix, son mot à dire, il aurait certainement préféré être ministre de l'Intérieur plutôt que ministre des Affaires culturelles ? Malraux n'avait peut-être pas oublié cette gratuite méchanceté (gratuite en 1965) lorsqu'il déclara : « Je pense que la relation des êtres humains avec leur enfance, c'est un bateau. Que tout le monde soit comme Mauriac : c'est quelque chose qu'on a inventé. Je prends l'exemple de Mauriac exprès, parce qu'il s'agit d'un grand écrivain qui a un goût affectueux pour le petit garçon avec le capuchon qu'il fut. » Bien sûr, il y a le compliment d'usage : « grand écrivain », mais peut-être Mauriac a-t-il fait plus attention à l'amusante caricature, ce petit garçon avec le capuchon qui court frileusement dans les rues sales de Bordeaux... (Depuis que je parle de Malraux, je commence à lui prendre ses tics : les trois points perpétuels qui en disent long, les trois points transcendantaux.)

Emmanuel d'Astier de La Vigerie (puisque c'est de lui ou presque que nous sommes partis et qu'il n'y a aucune raison après tout que la sonnerie de la récréation l'empêche d'apprendre ce mois-ci [2] qu'il devra écrire dix mille fois : « Je ne suis pas Retz, ni La Bruyère, ni Saint-Simon. Ni un grand d'Espagne ou

1. Ce qui, dans le cas de Malraux, est faux.
2. Je prie le lecteur de bien vouloir se souvenir que ce chapitre, comme le précédent, a été publié dans un mensuel.

d'ailleurs. Je m'efforcerai de ne pas publier à intervalles trop rapprochés, comme si c'était un livre *clef* de notre temps, *Sept fois sept jours* ou des moutures de ce livre »), en voilà un truqueur. Mais petit. Ah ! ces terribles visages d'oiseau de proie qui cachent le plus souvent des cervelles d'oiseau. Ces particules qui ne prennent toute leur valeur que si ceux qui en sont titulaires se rapprochent le plus possible de l'extrême gauche pour les monnayer à leur plus haut prix ! Et quel joli effet de contraste ! Et puis, son ridicule *quart d'heure* à la télévision. Monsieur Liberté, comme il y a eu monsieur Muscle. On dirait la minute de Saint-Granier, autre gâteux notoire, mais inoffensif. Il faut être Roger Stéphane pour admirer d'Astier. J'imagine les souvenirs de régiment qu'ils doivent se raconter [1] dans les studios de la télé, tout en fumant des cigarettes fiévreuses d'aventuriers : « Vous savez, mon bon Stéphane, ce que j'ai répondu à Churchill, lorsqu'il m'a dit : *Yes, my dear,* lors de notre fameuse rencontre du 18 juin 1943 à Sidi Bifra ? » « Mais, d'Astier, il y a quelque chose qui me frappe dans ce que vous me dites, c'est que votre réponse est identique à celle de Fayçal à T. E. Lawrence », et bababi et bababa.

D'Astier est une comédie sans intérêt : faux communiste, faux libéral, faux gaulliste [2], essayant de placer en vain sa jeunesse, ses lectures, ses souvenirs, n'osant pas être lui-même et tentant pourtant, à la faveur d'une interview, de placer sa camelote. Un exemple ? « Avez-vous eu des maîtres à penser ? » D'Astier, très vite, pour qu'on ne lui coupe pas la parole : « A dix-huit ans, j'avais quitté Dieu, Victor Hugo et Musset. J'ai découvert mes nouveaux maîtres à penser : Valéry, le premier, Gide, Maurras et Rabelais. » Quand on lit ces révélations, on réclame Malraux à cor et à cri. Nous tâcherons de nous mettre ça dans la tête, lors de notre prochain épisode. De toute manière, que ce livre soit du côté du génie ou pas, l'extraordinaire explosion de bavardages qu'il a suscitée a un sens précis : le public avait faim ; il n'avait

1. Comme on le sait, d'Astier est mort. Ce livre est un cimetière.
2. Mais certainement vrai antisémite (1968). Peut-être pas. Au bénéfice du doute, de la mort (mars 1970).

aucune envie de manger les millions de cailloux qu'on tentait de lui faire ingurgiter depuis bientôt quinze ans pour son bonheur et l'avenir radieux de la littérature. Je crains que Michel Foucault ne soit pas encore président de la République l'an prochain.

Le livre est fini (II).

Je devais me trouver en Italie, à Sienne pour être exact. C'était l'hiver. Dieu merci, la maison de mes amis américains était fort bien chauffée au mazout. Mes hôtes étaient des peintres charmants et milliardaires. Ils savaient tous les deux admirablement faire la cuisine. En vieillissant, je m'aperçois que notre cuisine tant vantée n'est quasiment plus pratiquée que par des étrangers qui ont des loisirs, et surtout de la patience. Habitaient la villa, cette année-là, des parents de Bernard Berenson, ce qui m'arrangeait, car je n'étais pas d'accord avec l'interprétation que donnait ce critique d'art de *la Naissance de Vénus* de Botticelli et j'espérais qu'un de ses neveux, exégète passionné de son oncle, me fournirait des éclaircissements. Depuis que je ne voyais plus André Fermigier — j'avais eu la faiblesse de lui dire un jour à *l'Observateur* (je parle de l'ancien) qu'il parlait trop « des bons poulets de ferme » dans ses chroniques d'art et que son enthousiasme me semblait le plus souvent déplacé, ce qui l'avait piqué — mon sens de la peinture déjà vacillant était sur le point de s'évanouir. Je n'obtins pas du neveu les explications que j'aurais souhaitées. Il préparait une thèse sur Domenico Brusasorci et avait tendance à tout ramener à son peintre du moment. Du moins, en ce mois de décembre 1967, j'eus le plaisir de retrouver ma vieille amie Barbara Skelton qui travaillait avec beaucoup d'intrépidité à son nouveau roman *A Love Match* qui vient de paraître cet été chez un éditeur anglais, Allan Ross. Elle passait des heures entières avec un moniteur de ski, un Français comme moi, et ce n'était que du Roger par-ci, du Roger par-là. « Dans mon futur roman, me dit-elle, le ski tient une grande place et j'ignore la plupart des termes techniques. »

La veille de Noël, je reçus de mon journal une lettre dactylographiée qui avait fait du chemin. On l'avait envoyée dans le midi de la France où j'étais censé me trouver en train de terminer mon *Anti-Malraux.* A l'heure délicieuse des crêpes au miel et du thé au jasmin, j'appris que mon troisième article était refusé par Sitbon en ces termes : « Mon cher Bernard, si je n'avais pas de l'amitié pour toi, et de l'admiration pour ton talent, je te dirais que je n'ai pas eu de place pour passer ton Malraux dans ce numéro. Mais comme... Envoie-nous vite... Mon amitié, etc. » Je dois me rendre cette justice que, moi qui suis lambin en général comme il n'est pas permis, lorsqu'il s'agit de démissionner d'un journal, je deviens Zatopek. Dédaignant ma dernière crêpe, j'envoyai à Claude Perdriel un petit mot où je lui demandais de barrer mon nom de sa publication ; qu'en tant que directeur littéraire d'*Adam* (titre pompeux que j'avais accroché à mon cou, sachant bien que, sans ce collier, j'aurais été dix fois moins payé. Les directeurs de journaux considèrent vite comme médiocres les papiers de leurs collaborateurs qu'ils paient mal. Mon cas était un peu différent, Perdriel s'habituait difficilement à mes absences, ce qui partait d'un bon sentiment. Il ne m'écoutait pas, mais il aimait m'entendre), j'étais le seul à pouvoir *me* refuser un article. Je concluais en lui demandant de m'envoyer un chèque pour que tout fût consommé. Les rares articles refusés, les livres promis que je n'ai pas écrits m'ont toujours été mieux payés que ce qui a paru de moi. Le silence n'a pas de prix. Le lecteur que ces broutilles intéressent trouvera dans *Non* de plus amples détails. Sitbon, j'oubliais de vous le dire, avant que vous ne commenciez la lecture de ce chapitre IV, me recommandait d'une manière finement moqueuse « d'enfouir ton papier dans des tiroirs profonds. La postérité t'en saura gré ». Mais ce type et tant d'autres, qu'est-ce qu'ils ont à vous tutoyer, à vous appeler par votre prénom, à vous pleurnicher leur amitié ? Qu'est-ce que c'est ces façons de marchands de tapis ? C'est peut-être le climat qui veut ça. Il faudrait que je relise le livre de Mme de Staël. Le bon côté de cette démission, c'est que je n'avais plus d'alibi. Le bref essai sur Malraux pouvait attendre. Il était grand temps de quitter Sienne. Ce que je fis.

(A suivre.)

IV

Je suis bien content. Je me sens moins seul. Figurez-vous que, en relisant un ancien numéro de *l'Express,* je me suis aperçu que j'avais parfois les mêmes idées que M. Jean-Jacques Servan-Schreiber. Ça s'arrose ! « Mercredi dernier [c'est mon compère qui parle], en une soirée, M. André Malraux, à Europe n° 1, M. François Mauriac, à Radio-Luxembourg, ont dit des choses qui ont eu beaucoup plus d'audience, et une plus grande portée, que tous les discours prononcés au Palais-Bourbon dans la semaine. » Autrement dit — et là, je fausse compagnie à Servan-Schreiber et à son raisonnement (qui, d'ailleurs, me semble osé au possible, d'un antiparlementarisme qui m'inquiète) —, des propos relativement intelligents d'écrivains « prestigieux » (comme les établissements Nicolas parlent dans leur luxueux catalogue de fin d'année — est-il vrai qu'il doit disparaître ? — de « prestigieuses vieilles bouteilles »), voilà sans doute ce que le grand public retient de toute une œuvre. Un grand écrivain, insensiblement, n'est plus ce qu'il fait, ce qu'il écrit, mais de plus en plus ce qu'il dit ou ce qu'on lui fait dire. Ce qui parle ce qui nous touche, hommes « bousculés » que nous serions devenus, c'est sa légende. La gloire d'un écrivain n'est plus tellement fondée sur ses œuvres complètes, lointaines ou présentes, mais sur sa griffe, ce qui lui permet de s'affirmer *ailleurs.* C'est connu : vous vous vendrez mieux si Carmen Tessier (ou ses lutins) vous a vu dîner avec Brigitte Bardot que si vous venez d'écrire un bon livre, mais que vous êtes tristement marié avec

Désirée Dupont. (Ce n'est pas la jalousie qui parle, ou l'amère expérience : je suis encore — touchons du bois — vieux garçon.)

Certes il arrive qu'on achète encore des livres : après tout, les livres de poche et les « Pléiade » — le poche du riche — ne sont pas faits pour les chiens. Que l'on connaisse des titres, que l'on ait lu ou entendu des comptes rendus dans les journaux, à la radio, à la télévision, dans des dîners, on doit même dénicher ici et là des personnes qui ont lu ces livres ; mais la seule chose vraiment importante aujourd'hui, c'est que ces livres aient existé, que de hardis pionniers, que des trappeurs qui n'ont pas froid aux yeux puissent dire : « J'ai été à la Bibliothèque nationale et je les ai vus. » A partir de là, tout commence, tout est permis. L'œuvre d'un écrivain, les livres qui l'ont rendu célèbre, c'est l'or vite oublié dans les caves de la Banque de France, qui va lui permettre d'émettre une quantité prodigieuse de billets que le public, bon prince, prendra pour argent comptant. Que valent ces billets ? Ce que valent les échos, les déclarations, les postfaces, les préfaces, les comédies de la littérature. De Malraux, on pourrait dire, aujourd'hui, pastichant un vers célèbre : « Malraux n'est plus dans Malraux ; il est là où il parle. » C'est un communiqué, un discours, une image, une photo, des échos, un gros titre. A la limite, pour susciter le succès d'un livre et pour que nul foyer n'ignore la gloire d'un écrivain, il suffirait froidement de proclamer, semaine après semaine, ce succès et cette gloire. J'encourage vivement le directeur pince-sans-rire, donc introuvable, d'un de nos hebdomadaires à la mode de tenter l'expérience suivante. On verrait *le Trépassé* de Simone Luzanchère brusquement apparaître à la grille des succès de la semaine. Elle pulvériserait *la Tragédie du général* de Tournoux, ne ferait qu'une bouchée des prix de fin d'année, s'emparerait des *Paradis fiscaux* d'Alain Vernais, à la quarantième semaine aurait dégommé *le Matrimoine* d'Hervé Bazin, puis, rendue folle à la cent cinquantième semaine, ravirait la première place au *Défi américain* dont l'auteur n'est plus à nommer [1]. A ce moment-là, il suffirait de publier ce livre fictif, et

1. Jean-Jacques Servan-Schreiber (1987 !).

je lui promets du succès, et d'être traduit dans toutes les langues, les yeux fermés, même en flamand.

Sur un point donc, *Antimémoires* est un livre sans précédent, et qui n'aura pas, je l'espère, de successeur : il est le premier livre d'État de la littérature française. D'être passé par Moscou en 1934 n'aura pas été inutile à Malraux. Jamais on n'avait vu un écrivain célèbre, encore ministre, venir au secours de sa littérature, du seul fait de la position éminente qu'il occupe, quand bien même il ne l'aurait pas souhaité, quand bien même elle n'en aurait pas eu besoin. Et je n'aime pas que l'on joue les discrets, les purs, ceux qui ne trahissent jamais les secrets d'État ; et je n'aime pas que l'on écrive : « Les passages de ce volume dont on a différé (encore ce langage de radio ou de télévision) la publication sont d'ordre historique », ou : « Ce livre forme la première partie des *Antimémoires,* qui comprendront vraisemblablement quatre tomes et seront publiés intégralement après la mort de l'auteur » (là, ce serait plutôt le langage de Montherlant ou de Chateaubriand). Ça ne m'émeut pas, la mort étant la chose du monde la mieux partagée, et je sais trop que ces brèves notes, ces bulletins qui sentent la Grande Armée ont un long passé chez Malraux, qui va de *la Voie royale* aux *Noyers de l'Altenburg*. Demain, toujours demain. Comme c'est agaçant, ces livres que l'on ne peut ni juger ni comprendre sans ce qui va suivre. Je n'apprécie pas davantage cette fausse élégance, cette façon qu'il a de se débarrasser de ses anciens livres : c'est à nous, c'est à la postérité de décider ce qu'il y a de lisible dans ce qu'il a écrit ; peut-être n'a-t-il agi ainsi que pour que la nacelle *Antimémoires* prenne davantage de l'altitude ? Ce qu'il feint de jeter par-dessus bord, d'une main, c'est pour le mieux rattraper de l'autre. A l'aide de ses livres sacrifiés, il colmate avec fébrilité les fuites, les lézardes qui pourraient surgir là, ici, là encore, comme s'il fallait empêcher à tout prix le passé de se disloquer, de grouiller de nouveau. Mais ce ne sont pas les travaux de maçonnerie de Malraux qui m'intéressent pour le présent quart d'heure, sa façon de ravaler, de blanchir son nom et son passé ; ce Malraux, après tout, j'ai toujours eu un faible pour lui, je l'aime bien, il m'a toujours diverti — il faut être ce fou, ce procédurier de Guillemin pour ne pas avoir encore compris qu'il n'est pas nécessaire d'être un enfant de chœur pour écrire *Adolphe* ou *Cécile* et qu'en littérature nous aimons mieux la délectation que la vertu ; et puis j'aurais garde d'oublier qu'il fut l'un de ces pères glorieux dont la compagnie imaginaire a toujours été recherchée par les adolescents que les fadaises écœurent et qui se doutent que ces livres soi-disant désespérés sont d'excellents fortifiants de l'âme — et si j'ai eu un petit coup de sang, l'emportement facile, c'est que j'ai vu sans crier gare s'évanouir la critique : nos Suisses s'étaient rendus. Oh ! des articles *torchés,* j'en ai lu et de tout bord ; mais, dans l'ensemble, nos respectueux ont vraiment tout gobé. Le tankiste, l'aviateur Malraux, n'a trouvé que des routes vides, des ciels éclatants. Il a traversé des villes pavoisées. S'il y avait une D.C.A., elle était en papier et ne tirait que des lampions ou des pétards.

Son intérêt pour de Gaulle ne me choque pas davantage. Soit dit en passant, il me paraît plus raisonnable d'avoir été pour de Gaulle en 1965 qu'en 1958 comme l'estimable Mollet. Car en 1958, personne ne pouvait prévoir ce qu'allait faire de Gaulle, et le soutenir, si l'on n'était pas l'un de ses fidèles, était un acte de foi antidémocratique, une croyance en l'homme providentiel, plutôt répugnante pour de « vieux républicains ». Mais, après tout, c'est une solide tradition chez les socialistes de se faire oublier dans les buissons du pouvoir. Il y en avait déjà en 1940 dans le premier gouvernement Pétain, sans doute pour empêcher le pire, nos passoires se prenant volontiers pour de rutilants boucliers. Je ne vois rien de plus ridicule, de plus combinard que cette Fédération de la gauche républicaine, avec ses partis vermoulus et, pour donner un peu de pimpant à la chose, ses clubs, ses sections, ses piquets et ses perpétuels *jivati-jivatipa.* Quoi de plus comique que les chut ! chut ! du chef d'orchestre Mitterrand adressés à sa docile extrême gauche : « Ne faites pas de bruit. Ne dites rien qui puisse indisposer les radicaux, les socialistes, les Américains, les Européens, le fidèle Hernu. Débrouillez-vous pour avoir moins de voix que nous. C'est pour votre bien que je vous parle ainsi. Aux prochaines élections, un petit effort : tâchez d'avoir 100 000 voix de moins que nous —

promis ? — pour que les centristes me fournissent l'*appoint*. J'ai quelques difficultés de trésorerie, ces jours-ci, mais, ce mauvais cap passé, nous la ferons tous ensemble, la révolution ! » Ce Mitterrand, il s'arrange de telle façon, il s'emmêle si bien dans ses propres combinaisons que je ne serais pas étonné si, d'ici à quatre ou cinq ans, on se retrouvait à la tête d'un gouvernement de gauche à direction communiste au grand dam de l'Union soviétique désespérée d'avoir perdu un allié, avec, au programme, pour ce qui est du social, des cartes d'alimentation, et, pour ce qui est du culturel, la lecture obligatoire des auteurs invendus et invendables des Éditeurs réunis, des fines années 1946-1953. Une fin de siècle à la Kanapa[1].

Non, ce qui m'intéresse, c'est cette lente dérive de la littérature qui dure depuis deux siècles et la conduit inéluctablement, loin de son cours, vers quelque marécage où elle ne sera plus elle-même.

On a commencé par présenter au public des siècles futurs une carte où il y avait tellement de spécialités que c'eût été le diable s'il n'y avait pas trouvé un plat à son goût. Était-ce conscient chez Voltaire ? Je crois l'homme trop bousculé par les tâches les plus diverses, trop généreux de plume, pour avoir eu le temps d'y réfléchir ; mais je crois aussi l'écrivain trop malin, trop sensible aux on-dit de ses lecteurs de l'ombre pour ne pas avoir reniflé que quelque chose était en train de se passer, que ça bougeait et qu'on ne pouvait plus compter sur les genres bien définis, bref que le XVIIe siècle de Papa-Soleil était mort. Et, de même qu'il lui semblait nécessaire pour sa propre sécurité d'avoir une tanière en Suisse et une autre en France, de même, par instinct, tout en continuant d'écrire une littérature de brillant élève des jésuites, une littérature d'époque — et par littérature d'époque, je n'entends pas ce qu'on nommerait aujourd'hui « littérature engagée » qui, précisément parce qu'elle date, nous ancre dans un passé précis qui nous paraît savoureux ; non, ce à quoi je songe, c'est aux scies raciniennes, à toute cette littérature intemporelle que les années effacent, comme ces encres invisi-

1. Ces lignes furent écrites, rappelons-le, en fin d'année 1967.

bles —, il se laissa aller à ce qui était son génie, ses œuvres follement rapides, toutes en escarmouches, en coups de main, en sièges vite levés si la situation l'exige, inventant en littérature la *guérilla* et, pour ne parler ni de *Candide,* ni des *Mémoires,* ni de la *Correspondance* (surfaite à mon sens), ni des innombrables rogatons, je me remémore avec délice cet exquis western aux pays des neiges qu'est la vie du roi Charles XII de Suède. Ce Voltaire si mal compris (mais oui, Kléber Haedens[1]), cet effrayant brise-glace des connaissances nouvelles, dont la fameuse clarté n'était qu'un moyen de protection pour tenter de ne pas perdre la tête, ce Voltaire qui, vêtu d'un bonnet et d'une chemise de nuit, tout en arpentant les couloirs glacés de Ferney hurlait à son médecin Tronchin qui tentait en vain de le calmer : « Mais oui, mon ami, je suis fou, je suis fou ; ne le saviez-vous donc pas que j'étais fou ? »... A quoi pensait-il, lors de ses vingt derniers jours à Paris, qui valent bien les cent jours de l'Ogre ? Qu'était-il venu chercher dans la capitale ? Des applaudissements ? Un triomphe ? Que le bruit, l'éclat des lustres, les dorures et les lambris du théâtre chassent la mort, cette mouche importune, du moins couvrent son bourdonnement de plus en plus précis ? Et je songe à Tolstoï fuyant cette même gloire et cette même mort, de gare en gare, vieux loup blanchi qui ne voulait pas que la meute familiale le rattrape et l'épie, et qui finit tout de même par agoniser dans la plus obscure des gares, au milieu des bougies, des lampes à pétrole, entendant pour toute musique céleste le bruit des pistons, le sifflement des locomotives d'*Anna Karénine.*

Après, c'est une marche forcée qui s'accélère, une débandade, une course affolée des écrivains autour du tapis vert. Pour gagner, ils jouent le rouge, le noir, impair, manque, les chevaux du 17, les quatre premiers numéros, mon Dieu, ils allaient oublier le zéro ! La mort aurait pu les surprendre, et ils n'auraient pas écrit le zéro qui sauve : *les Confessions, Adolphe, les Mémoires d'outre-tombe, Dominique, Paludes, les Mots,* et —

1. Kléber Haedens fut recalé à son baccalauréat pour avoir « éreinté » Voltaire.

qui sait ? — les *Antimémoires,* etc. La littérature se peuple de plus en plus d'assurances sur la mort. On éprouve l'impression que beaucoup de livres n'ont été écrits que pour donner à l'auteur le droit d'écrire le *bon* livre. La littérature devient un examen qui n'en finit plus. « Je passe mon bac, ma licence, mon agrégation, mon doctorat de poésie et de romans, de théâtre et d'essais, et après, si j'ai de la chance, je me la coule douce. » Autrement dit, j'écris ce que je veux, après avoir montré que je pouvais écrire comme les autres. Si j'ai fait preuve de bonne volonté et de sérieux, je suis libre de devenir un écrivain. Il y a là un mystère.

V

L'esprit hagard, ce matin, dans mon lit comme la coutume l'exige, je me souvenais en désordre. La vieille voix littéraire, le vieux discours que l'on croit, à tort, aboli, brusquement métamorphosé en rouleau compresseur, tentait de *goudronner* mes années en fuite. Je voulais parler d'*Adam* (c'est un mensuel que vous êtes parfaitement en droit d'ignorer, car il n'est pas si glorieux ; il se trouve pourtant qu'il a sa place dans ma rumination de bête : j'ai fait semblant de m'en occuper pendant plus d'un an, ce qui est long pour moi), je voulais parler de Malraux — j'avais l'impression de n'en avoir encore rien dit et je n'aime ni les tâches inachevées ni les bouts d'analyse qui pendillent —, je voulais parler du livre que j'ai promis à Grasset, du peu de temps qui me restait pour l'écrire, de la lettre de Jean-Claude Fasquelle (l'un de mes éditeurs chez Grasset) et du chèque qu'elle contenait, des raisons pour lesquelles je n'écrivais plus depuis si longtemps (en cette année 1968, dix ans, ce qui est un bail), de quoi encore ? D'une rencontre ensoleillée vers les midi, au premier étage du *Flore,* en février 1955 peut-être ou en novembre 1954, avec ce même éditeur et un garçon qui est mort depuis, un jour où je n'arrivais pas à me tenir debout tant j'avais bu la veille, ni debout ni assis, et fallait-il que j'aie bu cette nuit-là, car c'était la douce époque où j'avalais verre sur verre sans broncher, en bâillant, sans ostentation, sans défi, presque par politesse, pour bien montrer à mon vis-à-vis que j'étais là, qu'il pouvait me parler en toute confiance. Les ligues antialcooliques auront beau nous casser les pieds avec leurs stupides mises en garde, j'affirme que c'est une bonne chose que l'alcool lorsqu'on a vingt ans et que l'on n'est pas idiot. C'est la seule guerre que devraient s'autoriser les jeunes gens d'un pays civilisé. Mais non, on préfère applaudir les petits cons qui se trémoussent devant la porte ouverte de l'armoire à glace de leur maman tout en manipulant maladroitement d'hideux haltères, et c'est d'ailleurs très bien ainsi car les bars, les cafés ne sont déjà que trop encombrés.

Bref, je me sentais riche et désespérément pareil. Du Frank, me disais-je, avec un jovial dégoût, tout cela finira par du Frank. Et pourtant, cette fois-là, je le savais, car, même désespéré, je suis matois, il n'allait pas falloir que je manque ma rafle à mots. On dort, on dort, les années passent, la nasse s'emplit de milliers de poissons les plus divers, et, si on ne se prend pas par la main, il sera bientôt trop tard pour la refermer. Je n'avais rien de mieux à faire que de m'asseoir devant cette table d'osier et de réapprendre à entasser les pages. Allons, cher putois, bouge, parle, écris, et, ce soir, tu pourras boire une bouteille de champagne (excellent millésime, 1959), manger un chou farci, un morceau de cantal et lire dans ton lit paisible *César Birotteau* ou *la Maison Nucingen,* présenté par Félicien Marceau. C'est que, depuis que j'ai quitté Paris pour cette maison du Midi enfouie sous des arbres qui craquent et que le mistral achève, maison, Dieu merci, loin de la mer, que l'on peut contempler si l'on grimpe tout en haut de la colline, les livres de poche que j'ai jadis si vilainement vilipendés font mes délices. Comme c'est gai de marauder des chefs-d'œuvre à Cogolin, en ce janvier désert, près du zinc. Hachette, remercie-moi, aie une bonne pensée pour ce vieux jeune homme seul, car, sans lui, ta confiture de classiques pourrirait comme des fruits trop mûrs et trop divers que l'on aurait entassés les uns sur les autres : Racine contaminant Balzac, Balzac, Chase, Chase, le *Petit Guide pratique du jardinage.*

Oui, nous en sommes arrivés là, la société est ainsi faite que, pour passer des heures somme toute agréables, pour pouvoir lire en paix et avec plaisir des œuvres hautement recommandables, je me vois obligé d'écrire à mon tour des livres dont cette société se soucie comme de l'an 40. Sais-je même si je sais écrire, si je sais bien que je ne sais rien faire d'autre ? Au passage, quelle chose dérisoire que la littérature ! J'avais laissé publier, dans ma jeunesse, six livres qui ne s'étaient pas vendus, et ça n'a pas paru concluant. On en redemande. On veut m'humilier, il faut que l'expérience se poursuive. Me prend-on pour un rat, un cobaye ? Devrai-je passer le reste de mes jours dans un institut de psychologie appliquée ? Dans quelque ville américaine ? Les éditeurs savent pourtant bien qu'ils ont perdu de l'argent avec moi (oh ! des broutilles, si l'on songe à toutes les sottises qu'ils ont publiées et qui leur en ont fait perdre mille fois plus) : pourquoi veulent-ils donc, eux, si peu généreux par essence, si petits-bourgeois dans leur style de vie, si ignorants de leur métier — à tel point que l'on se dit qu'ils feraient mieux de vendre des sardines, s'ils veulent vraiment gagner des sous, oubliant qu'ils en sont incapables —, continuer à en perdre avec moi ! Ils n'étaient plus des enfants, et moi non plus, hélas ! A vingt ans, on peut se tromper, imaginer que l'on écrit des chefs-d'œuvre, et, sans cette croyance, même folle, sans ce perpétuel « être Chateaubriand ou rien », je me demanderai toujours pourquoi tant de jeunes gens et de jeunes filles, qui ont certainement de bonnes têtes, des diplômes, des parents, des mariages en perspective, qui passent d'agréables moments dans ces innombrables clubs de la Méditerranée ou du Pacifique fameux pour leur ambiance *sympa,* que je conchierais avec joie si Aragon ne m'avait pas précédé, ne peuvent s'empêcher d'écrire, persévèrent dans leur médiocrité et ne s'arrêteraient jamais s'ils n'y étaient contraints par leurs éditeurs, subitement lunatiques. Si l'on n'a pas toutes les prétentions en littérature, on est fou d'y entrer ; ici, le raisonnable, c'est la démesure. D'ailleurs, qu'ils soient à cracher comme de la chicorée ou paragraphe propret d'un manuel de classe, je n'ai jamais connu d'écrivains modestes. Chaque écrivain tente seulement de jouer le rôle qui convient à son physique verbal. Mais à nos âges, messieurs les Éditeurs, à quoi ça rime ? J'aurai quarante ans le 11 octobre 1969 (si vous perdez le jour de ma naissance, ayez l'obligeance de consulter le *Bloc-notes* de François Mauriac : sur ce point, nous sommes cousins, avec Jean Lagrolet et quelques autres, j'imagine), autant dire un vieux monsieur, qui bave sur les choses et qui tente de faire rire en montrant ses cuisses ; c'est presque indécent. C'est indécent. Ne croyez-vous pas qu'il vaudrait mieux arrêter les frais et vous cotiser, grands garçons que vous êtes, pour acheter mon silence, une fois pour toutes ? Qu'est-ce que je demande pour mon chou, le champagne et mes livres en plastique ? Rien, 3 000 francs par mois, exonérés d'impôts. Quant à mes dettes, l'État peut s'en occuper ! J'ai vu que Debré allait baisser « nos impôts ». Des centaines de milliards perdus pour la France. Je ne demande rien de tel. Ne les payant pas depuis dix ans, je ne vois pas pourquoi on me ferait un cadeau aussi somptueux. Non, qu'on calme seulement mon tailleur, s'il s'agite, qu'on règle les Allocations familiales (je suis prêt à signer un papier comme quoi je renonce à cette joie suprême pour un homme : être père de famille), les cotisations de la Sécurité sociale (depuis des siècles, je paie mon aspirine au prix le plus fort : je vous en supplie, ne pleurez pas, n'essayez pas de me rembourser, ne bougez pas, *ne faites rien*). Vous voulez mon bonheur, je le sens : je vous l'offre, donnez-le à ceux qui en ont vraiment besoin, les cadres, les industriels, les grands propriétaires terriens, les syndicats, la F.D.G.R., l'intraitable P.S.U. Et vous aussi, André Malraux, ne sortez pas votre gros mouchoir lie-de-vin qu'un paysan du Vercors vous avait tendu fraternellement en 1940, quelques jours avant votre évasion, lorsque vous vous étiez coupé le pouce en tentant d'ouvrir une boîte de sardines, apprenant tout de go que je n'ai plus ni maison, ni vaisselle en vermeil, ni verres en baccarat, ni femmes à demeure, que je ne sais pas ce que l'avenir me réserve — ou plutôt, je ne le sais que trop ce qu'il nous réserve à tous, et, sur ce point, je serai plutôt favorisé : j'ai une place qui m'attend dans le cimetière israélite de Fontainebleau, tout petit, délicieux, presque rustique, à l'orée du bois, à côté du squelette de mon père et de ce qui reste de celui de sa mère dont je n'ai pas gardé le souvenir —, ne m'offrez pas une carte gratuite pour entrer dans vos musées nationaux — la peinture, je ne sais pas ce que c'est — ni cette autre carte qui fait rêver les filles et les garçons un peu simples que nous avons été aussi et qui permet d'entrer royalement dans tous les cinémas de la capitale — Godard a du talent, mais ça ne m'intéresse pas de suivre l'irrésistible ascension de Jean-Luc vers la culture. Il se sert d'une caméra comme on passe des examens, la modernité des images ne faisant que masquer l'élève qui *révise* ses leçons. Quand il aura fini de s'instruire à la sauvette devant un public plus ignare que lui, peut-être irai-je voir et revoir ses films, en admettant que je lui aie pardonné les articles de vieillard servile qu'il a suscités chez ce pauvre cher Jean-Louis Bory saisi par cette débauche mentale, répugnante entre toutes, qui le pousse à dilapider tous les grands noms de musiciens, d'écrivains et de peintres, une culture *prêtée,* pour la mettre au service d'une cause minable. Et toutes ces grimaces, pour quoi ? Pour tenter de séduire une jeunesse qui a aujourd'hui plus besoin d'être *contrée* que comprise. Bory n'est pas le seul qui soit tombé dans la trappe. Parain. Brice Parain. Je me souviens d'une première à *l'Avenue,* ce cinéma de la rue de Berri, où, en d'autres circonstances, je fus conduit au poste de police le plus proche, celui qui se niche sous les arbres qui encadrent une des faces du Petit-Palais, à la suite d'une plainte de la gérante de cette salle, et relâché aussitôt d'ailleurs. L'on jouait ce soir-là un film de Godard, dont j'ai perdu le titre — aucun mépris, de l'oubli —, à moins que ce ne fût *Une fille est une fille,* et dans la rangée juste derrière la mienne, il y avait Brice Parain, vieux fonctionnaire de la N.R.F., homme estimable, philosophe du langage, qui venait de publier un beau livre, *Au revoir,* souvenirs d'un ancien combattant des idées, fatigué par les dérapages idéologiques. Dans ce film, il jouait son rôle, celui d'un philosophe qui bavarde dans un café avec une putain. Et, au moment où les lumières se rallumaient, je fus frappé par son visage de pomme de reinette (n'allez pas me demander d'où je sors cette image, car les pommes sont rondes, en principe, et la tête de Parain ne l'était pas), subitement rougi, enluminé par la joie. Nous échangeâmes des propos confus sous le signe d'Anne-Marie de Vilaine, une de ces filles blondes, gentilles, qui ont écrit deux livres sans importance, plutôt jolies, et qui passent pour profondément tristes. Elles aiment flâner dans les salles de rédaction, où leur charmante silhouette, leur sourire mouillé par des larmes invisibles sont les bienvenus. Elles n'hésitent pas, dans les moments critiques, à signer des pétitions, et, quand la liberté l'exige, à émigrer, comme des cigognes aux cous graciles, des hebdomadaires féminins aux hebdomadaires de la gauche. C'est d'ailleurs Anne-Marie de Vilaine qui m'avait mené voir ce film, justice lui soit rendue. Parain, fort poliment, me dit : « Ce n'est pas parce que vous n'aimez pas mon livre (je venais d'écrire sur *Au revoir* un article dans *l'Observateur*) qu'il faut ne pas me dire bonjour. » Il se trompait d'ailleurs, mais, quand j'écris sur un livre, et ça commence à m'embêter, j'ai le don de susciter ce genre de malentendu. Parain était emballé par son film. Je lui avouai que le cinéma français qui faisait parler de lui (nous étions en 1961) me laissait sans jugement. Que plus le cinéma semblait accumuler des chefs-d'œuvre, si l'on en croyait la bonne presse et les cinéphiles, moins j'avais envie d'y aller, et plus j'y allais, plus j'avais des doutes. « C'est normal, me dit Parain, le cinéma devient intelligent ! » Cher Parain ! Ne m'offrez pas davantage la responsabilité de votre vingt-huitième maison de la culture, celle d'Aurillac par exemple, sous prétexte que j'ai vécu longtemps dans cette petite ville : je serais un détestable organisateur, et je me fiche complètement que les paysans rigolent ou pas en passant devant les tableaux de Braque[1], et, pour tout vous dire, ce silence dont vous parlez avec fierté, ce silence des paysans qui est votre création, il m'inquiète. J'aime mieux un monde où les hommes extériorisent leur gêne devant ce qui les dépasse, devant ce qu'ils ne comprennent pas, que cette hébétude, ce défilé tranquille de bêtes qui vont à l'abattoir. Vos maisons de la culture, ce sont des euphorisants. L'art et ses sous-produits, disques, reproductions

1. Je fais allusion à ces paroles de Malraux : « Quand vous êtes à Bourges et que vous voyez cinquante ou soixante paysans arrêtés pile devant des Braque, et pas du tout en train de rigoler, c'est tout de même très impressionnant. Bien sûr, je ne vous dirai pas qu'entre le moment où ils sont arrivés là et celui où ils en partent, ils ont compris la peinture de Braque. » *(Malraux parle,* un entretien exclusif avec Michel Droit, in *Figaro littéraire.)*

de toiles célèbres, livres de poche gratuits (ciel ! je recommence), ce qui permet de supporter sans trop de révolte ces camps de concentration guillerets où nous sommes poussés en douceur.

Je parle de Debré, je parle de Malraux, j'évoque le parti de l'Ordre, mais je préfère ne pas songer aux bienfaits dont m'accablerait le parti du Mouvement, ce qu'il arriverait de moi, si le « militant socialiste, pas toujours commode » dont Mitterrand, dans un discours ubuesque, vient d'exalter les vertus romaines, se piquait de faire mon bonheur. Puisque l'État serait à ma dévotion depuis ma naissance (effet rétroactif) jusqu'à ma mort, je n'aurais pas assez d'une vie pour le remercier. Un jour, on viendrait me demander de l'argent pour ma vieillesse heureuse, un autre, pour fleurir ma tombe tous les deux ans. Que ne verserais-je pas pour mes futures canines, mes lourdes molaires, mes incisives ? Mais sur la Culture et le Progrès, ne craignez rien, nous reviendrons. Laissez-moi ce matin poursuivre plutôt ma douce rêverie sur tous ces éditeurs qui se cotiseraient pour que je la ferme. En tête, Grasset : il vient de me racheter — entre nous les hostilités sont à peine commencées (quand je pense qu'il possède la totalité de mes œuvres complètes, je me dis que je me suis montré un bien piètre écornifleur, surtout que Grasset a été couvert de prix ces dernières années) —, il est donc juste qu'il verse la plus forte obole, 500 francs. A Jérôme Lindon qui, lorsque je publiais des livres, m'a toujours envoyé des lettres charmantes, m'a même invité chez lui, quoique je ne fisse pas partie de la littérature future, mais dont je sais les lourds soucis — ce n'est pas toujours gai de ne publier que des livres qui *comptent* —, je ne demanderai que 25 francs. Pas davantage à Gallimard, je sais vivre ! Volontiers, 450 francs à Robert Laffont : après tout, c'est un éditeur dynamique, à l'américaine ; nous avons eu des *mots*, et chacun sait qu'ils font les bons amis. A mes anciens éditeurs, à tous ceux qui m'ont envoyé des contrats, 1 000 francs, persuadé qu'ils éprouveront un frisson de soulagement rétrospectif à s'en être tirés à si bon compte : 1 000 francs de toutes les Table Ronde, celle de Plon-Bourdelle, de Delaroche-Vernet, celui qui signait les chèques et aimait le vin blanc, de Colette et Jacques Duhamel, celle de Desforges, celle de Gwen Aël Bolloré, etc. ; des Éditions Fasquelle à qui je dois un livre, *l'Intarissable Fatigue,* mais comme Fasquelle est devenu Grasset, tout s'arrange ; des Éditions Flammarion — mais non, je ne vous oublie pas, je n'oublie pas *Henri III et sa bande,* mais vous savez bien que je dois donner d'abord un livre à mon *vrai* éditeur (c'est le raisonnement que j'emploie envers mes créanciers, que ce soit mon bottier ou les Allocations familiales : « Désolé, mais il faut que je paie le fisc. Le fisc pour moi, c'est Dieu, il est toujours prioritaire ») ; des Éditions de Paris — *l'Homme d'Alger* —, de tous les Julliard du monde, des Julliard-Javet-d'Assailly-Bourgois, des Julliard-Javet-du-Clausel-Jean-Edern Hallier, des Nielsen-Julliard-Bourgois-Roux, etc. ; de Gallimard, de nouveau, premier contrat reçu, premier contrat refusé, 1000 francs : mes braves, on solde pour rien. Quant aux mille derniers, que les éditeurs que je n'ai pas cités se prennent par la main et me les trouvent, en dansant une farandole ou la carmagnole, ce qu'ils préfèrent.

Mais je riais, je riais, voyons, je serais désespéré si les éditeurs me prenaient au mot : ce sont là paroles de coquette vieillissante. Ne plus jamais écrire, moi, ne plus jamais signer de contrats, ne plus connaître ce moment exquis où l'on vous dit, vous chuchote : « Mais, viens donc, toi, la grande frisée. » Ah ! j'en mourrais. Que le public est ennuyeux, que les lecteurs sont inutiles, qui essaient de faire écran entre moi et mes chéris. Ils le savent, eux, que je les aime, qu'ils soient beaux ou laids, grippe-sou ou provisoirement généreux, qu'ils aient couvertures immondes ou soignées. Avec Joséphine Baker, je dirais : « J'ai deux amours », deux lecteurs, l'un qui n'existe pas encore, qui aura tout lu de moi, tout compris — c'est-à-dire, mis sadiquement mes mots à l'air — et tout pardonné, et l'autre, pour me faire prendre mon existence en patience dans l'attente de mon salut éternel, l'éditeur, petit page étourdi que le futur, dans sa bienveillance hypocrite, m'a envoyé. L'éditeur, quelle que soit la couleur de sa livrée, je le reconnais toujours et, bien que je ne le voie presque jamais et, n'hésitons pas à le dire, bien que j'aie rarement envie de le voir, je ne m'ennuie pas avec lui et réciproquement. Nous avons mille potins à nous raconter, devant des belons, un steak au poivre et une bouteille de bordeaux. C'est merveilleux : dès que nous parlons, il se sent intelligent et, moi, j'ai l'illusion d'être riche. Ce qui nous unit, j'imagine, c'est le sentiment caché et savoureux que nous sommes de doux incapables et satisfaits de l'être. Curieuse rencontre, entre cet écrivain qui ne sait pas ce qu'il va écrire et cet éditeur qui ne sait pas ce qu'il va vendre. Ce vague nous repose. Quand le livre sera écrit, l'éditeur ne saura pas le vendre, et l'écrivain s'apercevra qu'il n'a pas écrit ce qu'il voulait écrire. Nous allons ensemble *louper* quelque chose avec un vif sentiment de supériorité et l'impression que les autres sont des bêtas ! C'est que l'éditeur en a assez de cet écrivain qui se vend, qui se vend, qui se vend, mais sans lui, et qui ne vient lui dire bonjour que pour parler contrat, traduction, librairie, film, argent. Argent. Il en a assez de ces jeunes ou vieux écrivains éternels traîne-patins, qui se plaignent, qui gémissent toujours, qui n'ont pas vu leur dernier livre à la devanture de la librairie Loiseau à Vannes, où ils passaient leurs vacances avec leurs épouses[1]. Quant aux grands écrivains, ils sont aussi embêtants, dans leur genre ; ils ont vite fait, tenez, d'oublier leurs débuts. Ce sont des institutions. Ils ne parlent plus jamais de leurs projets, ou, s'ils en parlent, c'est de la même façon désinvolte que Monsieur qui, s'étant réveillé de bonne humeur, dira à son valet de chambre : « Tiens, il fait beau aujourd'hui, Germain. Je ne déjeunerai pas là. Prévenez la cuisinière et faites ce que vous voulez de votre après-midi. » Ils appartiennent au public, à l'histoire de la littérature, à la Grèce, au Viêt-nam, à tout le monde, sauf à leur éditeur. Alors l'éditeur, il est bien content de m'avoir ; je suis un classique, mais pour lui seul. Il ne tient pas à me partager. Un jour, il me fera exploser, mais le plus tard possible. « Je le savais, me dira-t-il. Ce qu'il y avait d'irritant chez toi n'était qu'une apparence. » Oui, il avait vu plus loin. Il

1. Ils s'étonnent, les bougres, de ne pas se vendre. Comme si c'était le métier de l'éditeur de les faire vivre !

avait eu du flair. Et ça, ça ne s'apprend pas. On naît éditeur ou on ne l'est pas.

Et comme si mon livre était fini, que j'avais du temps à perdre — c'est bien mon drame de regarder ce que j'ai écrit par en dessous, au lieu d'avancer vers où je m'étais promis d'aller, comme ces enfants qui, au lieu de remonter le ressort de leur voiture neuve afin qu'elle roule, s'entêtent (il faut dire à leur décharge que ce n'est pas toujours drôle : une voiture qui roule sur une moquette, ça s'arrête vite) à la retourner pour voir ce qu'il y a dedans, jusqu'à ce que le moteur soit un fouillis de pièces détachées — comme si je n'avais pas parlé d'esprit hagard, au début de ce chapitre, comme si j'avais oublié qu'il y avait péril en la demeure, je sens que je ne vais pas pouvoir m'empêcher de verser dans l'historiette, laissant choir Malraux, Adam, mes brouilles, mon silence, tout ce que j'avais décidé de sacraliser et, rendu faraud par la chaleur communicative des mots, les mains bouillantes, les joues rouges, m'étant persuadé que je n'avais plus besoin de me secouer, je vais céder à l'envie de vous « trousser » quelques portraits d'éditeur dans la meilleure tradition de la littérature à la papa. C'est que cette impression « d'avoir tout son temps », qui prend si aisément la place du « il est trop tard » initial, me semble faire partie — pardonnez-moi du peu — de l'essence de la littérature. Dans les deux cas, c'est la mort qui s'agite. Le touffu, le foisonnant, la flânerie tente de la masquer. Une apparition aussi incongrue, aussi discourtoise que la mort ne peut vous surprendre alors que l'on parle petits fours. La mort ne peut pas me saisir quand j'ouvre une parenthèse secondaire. Quand je trace une virgule d'une façon superstitieuse, j'imagine qu'elle aura la bonté d'attendre le point final. Et puis, comme il faut tout prévoir et que l'on souhaiterait gagner sur tous les tableaux, en cas de mort subite, je tente de me persuader que ma voix paraîtra plus jeune, plus fraîche, plus immédiate à mon lecteur, comme sortant des lignes de mon livre, un peu comme l'hydre de Lerne aux mille têtes, si je lui fausse compagnie tandis que je musarde ; que mon lecteur éberlué, distrait jusqu'ici, saisirait ces lignes insignifiantes, devenues glaciales, qui présageaient tout sauf la mort, avec une sorte d'emportement : « Mais qu'est-ce qu'il voulait dire ? Il n'avait pas le droit de nous quitter ainsi. » Le « Il est trop tard » est le starter de l'écrivain. Il se sert de la mort pour qu'elle l'éveille, le fasse sursauter. « Comment ! j'ai vingt ans, quarante ans, soixante-dix ans, et je n'ai rien fait, ou si peu. Je n'ai pas pris de notes, j'ai été lâche, j'ai dormi, je me suis laissé distraire par des passions imbéciles, des causes qui n'avaient vraiment pas besoin de moi pour échouer ou réussir ; et maintenant je ne sais plus écrire, je n'ai plus d'imagination, ma mémoire s'est évaporée et je vais mourir. Je n'aurai rien été. Mais qu'est-ce qui m'a pris de m'arrêter ? » Le « Il est trop tard », c'est le dégel, les larmes de l'écrivain, sa seule vraie sensibilité. Ces secondes où l'homme qui se noie reverrait toute sa vie. Mais on ne peut invoquer la mort à tout bout de champ. Ce bel acier s'use, se déglingue en figure de rhétorique. Personne ne se dérange plus, et l'on meurt comme le berger de la fable, qui trop longtemps parla du loup.

VI

Non, je ne parlerai pas de Jacques Duhamel, mon premier éditeur qui s'agite aussi vainement à l'Assemblée qu'il le faisait dans les étroits bureaux de la Table Ronde. Non, je ne parlerai pas du Danois, cet éditeur qui rivalise en Bourse avec Hachette. Pas tout de suite. Incorrigible, bavard, tu es pressé et tu parles de la mort comme Sénèque, ce qui n'est pas dans ta langue un compliment [1]. Pressé. Pressé. Aujourd'hui même, où tu n'es plus sûr de rester dans cette maison qui t'enchantait — il y a bien trois mille mots déjà —, la personne à qui elle appartient ne sachant pas si elle part pour New York le 7 ou le 14 mars, si elle ne devrait pas aller avant en Suisse pour voir son avocat et prendre de l'argent. Et comme ça t'agace de ne pas pouvoir aller à New York — il faudrait t'occuper d'un passeport (ce qui te tue), avoir de l'argent, beaucoup d'argent (car les femmes, même gentilles, n'ont jamais assez d'argent — l'argent de femme, c'est un argent psychologique, un argent de théâtre) pour supporter les douanes, les voix étrangères, les maisons trop hautes, ces Américains que tu hais bêtement, le sentiment cruel, le déplaisir vivace d'être loin de ce pays —, tu t'agites à ton tour et tu parles de partir demain, voulant comme toujours punir qui te dérange si peu que ce soit dans ta quiétude par l'effet d'un grand éclat dont tu ne peux prévoir les conséquences. Ou plutôt si, tu les

1. Inexact. J'ai si mauvais goût que Sénèque est l'un de mes auteurs latins préférés. Je le trouve succulent de fausseté.

connais, à force d'avoir pratiqué cet ennuyeux petit jeu depuis vingt ans. La répétition, on n'en sort jamais. On croit écrire autre chose, changer de livre, changer de femme, on prend les tempéraments les plus opposés, on se conduit différemment, et c'est toujours la même fausse séduction, les mêmes manques, le même livre morose et cette lassitude de héron qui ne comprend pas pourquoi il y a des eucalyptus sur cette terre, des chênes, des oliviers, des amandiers, des sentiments, des intrigues, des colères, des blessures, du sang, des rapports humains ; à quoi ça sert, à quoi ça rime, et QUI, surtout, a eu l'audace de le déranger pour si peu. Et pourtant, je revois cette fille, cette grosse fille anglaise en mini-robe froissée, appétissante encore, toute donnée, tout ouverte, mollement posée sur le canapé en cuir noir que mettait en valeur la couleur chair de ses bas-culotte que l'on nomme, je crois, des mitoufles, cette grosse fille qui était arrivée avec son fiancé, un beau garçon triste et peigné dont la chemise bleue aurait pu certainement me faire envie, en cet appartement de la rue de Grenelle, de la rue Vaneau, de la rue du Bac, de la rue de Varenne — toutes ces rues se ressemblent, qui ne changent jamais de nom, qui ne sont pas à la merci d'une guerre, d'une occupation, d'un changement de régime (ce ne sont plus des rues, mais des garde-meubles de luxe, une quiétude, des habitudes, des souvenirs) — où j'étais depuis plusieurs heures déjà, bien avant qu'elle ne s'épanouisse, en train de boire de grands whiskies sages dont la couleur allait si bien avec le canapé, les fauteuils, les conversations en langue qui m'était étrangère et mon silence. J'étais assis en face d'elle sur l'un — le mot exact me manque ; depuis trop longtemps, on m'a exilé du Littré — des protège-feu en cuivre recouverts du même cuir noir que le canapé, et qui pouvait servir de banquette, pas loin de la dame, rieuse et vive, maîtresse des lieux, qui bavardait depuis longtemps avec deux échantillons — le mâle et la femelle — de cette espèce inépuisable d'Américains, les professeurs d'université en vacances en Europe, heureux auteurs de livres sur l'art ou l'histoire. Trois fois, dans l'heure qui suivit, la grosse fille, séparée de son fiancé par le couple d'universitaires dont la criarde allégresse me servait de paravent pour mieux me livrer à des rêveries dont le fil était orienté par la place où je me trouvais, face à elle, se laissa glisser de son canapé, pour se mouvoir dans son bout de robe paille de fausse pauvresse vers le cabinet d'aisance, revenant chaque fois en titubant sans que personne y prît vraiment garde. Et, ne sachant si elle allait s'endormir ou s'évanouir, ému par la sueur que je voyais perler sur son front et qui maculait sa robe à la hauteur des aisselles, je me levai, la pris par le bras, très haut, là où c'est vraiment tendre et, cet après-midi, humide, et je la poussai dans la petite bibliothèque qui était contiguë au salon où nous nous trouvions et toute proche du cabinet d'aisance, la sentant aussi lourdement, aussi misérablement abandonnée à l'étreinte de ma main que je l'avais souhaité. Je la posai sur un divan vert, la couvris de coussins, car le bureau était plus froid que le salon, et je lui dis de dormir, que je reviendrais la voir dans un moment. Elle me sourit avant de se retourner vers le mur. Elle avait fait tomber, ce faisant, quelques coussins, et sa petite robe semblait s'être rétrécie encore sous l'effort. J'arrête ici cette histoire et reprends si l'on veut ma place sur le garde-feu. Pour ce qui est de la fesse, dans ce livre, mes lecteurs devront se contenter de ces quelques lignes. Je rougis même de les leur avoir imposées : ils sont les victimes d'une mise en train difficile et d'une réelle négligence. J'avais noté, il y a quelques jours, sur un de ces bouts de papier qui sont censés me servir de plan et qui enlisent ma plume plus qu'ils ne la servent, ces mots : « La grosse Anglaise. Passage sur les femmes, d'où l'on glisse sur la question juive, et Mauriac, quel abominable coquin ! » Quand j'avais jeté ça sur le papier, je devais sortir d'une de ces chaleureuses matinées où, entre le petit déjeuner et le bain, ce qui me sert de conscience littéraire s'échauffe de la belle manière. Et ces gros titres à la une, pourtant désarmants d'imprécision, devaient renvoyer à d'abondantes correspondances en pages 4, 5 et 6. L'ennui, c'est que le dérapage contrôlé entre la grosse fille, les femmes et Mauriac tourne court aujourd'hui et, détestable amphitryon, sans souci des convenances, je me vois obligé, sous peine de me voir retiré le droit à la parole, de passer sans transition des fesses à Mauriac. Mauriac, c'est plus simple : je sais pourquoi je lui cherche querelle ; Dieu merci — une fois n'est pas coutume — j'ai pris soin de découper le *Bloc-notes* qui avait suscité mon indignation matinale et de le fourrer dans une chemise rouge toute nette où, parmi de multiples trésors, j'ai le discours prononcé par André Malraux (la belle jambe que ça me fait) lors de l'inauguration de la maison de la culture de Grenoble, plus connu sous le titre de *Qu'en penserait un Stendhal stupéfait ?*, comme d'autres possèdent dans leur discothèque le concerto en *c* major pour flûte et orchestre de Vivaldi, les bienheureux ! Tout cela n'est pas fait pour me ravigoter. Ce que Mauriac pense des juifs et Malraux de la culture, si je me laissais aller, j'emploierais, pour souligner l'intérêt que j'ai pour ces choses, une de ces expressions inqualifiables qui juge l'homme qui la prononce. Les juifs, je croyais pourtant ne plus y revenir. Du temps où j'écrivais, c'était mon morceau favori. Les amateurs de juifs me bissaient. Le « pourquoi » des antisémites, les comédies des juifs, les mamours des philosémites n'avaient plus de secrets pour moi. Il faut croire que le monde ne va pas à la même vitesse qu'une plume. Recommencer, toujours recommencer, c'est la loi. Et comme j'écris, il me faut recommencer. Quel affreux gamin, ce Mauriac, tout de même, à quatre-vingts ans ! Et non — ne cherchez pas — ce n'est pas un compliment. Voilà donc une conscience chrétienne, un maître à penser, un phare, un Nobel, voilà donc une des intelligences les plus subtiles et les plus déliées de ce temps, voilà donc un écrivain épanoui par la mort de ses confrères, et que dit, comment s'exprime notre primat des Gaulles du haut de sa chaire très respectée (pas par moi) du *Figaro littéraire*, dans son sermon du 4 février 1968, lorsqu'il parle des juifs et de l'antisémitisme ? La gloire, le bonheur d'être enfin seul à dire ce que l'on veut sur qui l'on veut et de savoir que ce que l'on dit sera lu n'aide pas autant que l'on pourrait l'imaginer certaines natures fâcheusement provinciales. Plus Mauriac est naturel, plus il est à chasser. C'est sa famille qui parle par sa voix, ces honnêtes bourgeois de Bordeaux, jamais reçus par les Chartrons. Bien sûr, c'est enfantin d'avoir honte de ses parents, mais je me demande si Mauriac a eu raison de nous les présenter, j'allais dire de s'en enorgueillir. Cette tante ventriloque, qui s'amuse si vilainement à singer la voix brisée, suppliante de son neveu favori, ce qu'elle chuinte à nos oreilles, ce n'est pas joli. Mauriac, pour une fois, aurait dû être ferme avec tante Clarisse : « Tante, partez. C'est une discussion d'hommes, ne parlez pas tant. Nous sommes dans le monde, on nous écoute. Je pense comme vous, mais songez à ma réputation. » Ce que dit tante Clarisse n'a d'ailleurs rien d'horrible, son neveu François aurait pu l'écrire en 1941, sous Vichy, dans *le Littéraire,* avant qu'il ne s'engage dans les maquis des environs de Paris avec son fils Claude comme estafette. Ce sont là propos raisonnables d'un Français sainement antisémite qui ne veut pas dépasser la mesure. Je suis persuadé que la censure d'alors aurait trouvé l'article de Mauriac trop indulgent. Elle aurait été capable de l'interdire, et Mauriac, à la Libération, s'en serait targué au C.N.E. Et si, par inadvertance, il avait paru, que de chaudes larmes de reconnaissance n'aurait-il pas suscitées chez de nombreux juifs anciens combattants, heureux de se voir traités avec compassion. Mauriac n'écrit-il pas : « Le pauvre Dreyfus trouva donc en nous un terrain longuement préparé où son horrible histoire allait prendre racine, devenir un grand arbre — un grand arbre indéracinable » ? L'arbre est indéracinable, mais Dreyfus est chrétiennement le « pauvre Dreyfus » et, durant l'Occupation, cette petite tape apitoyée sur l'épaule du capitaine qui se voyait de nouveau dégradé, c'était du courage, il fallait le faire. L'ennui, c'est que, malheureusement pour Mauriac, l'Occupation, c'est fini, qu'il n'a d'ailleurs jamais osé écrire pareil article à l'époque et qu'en 1968 ses propos papelards prennent un autre sens. Sa mémoire s'égare, et de Gaulle, qui n'est pas Pétain, ne lui en aurait certainement pas voulu s'il avait fait preuve d'un zeste de zèle en moins à son égard. Car, c'est toujours de Gaulle, le noir souci de Mauriac, et notre mamelouk chenu n'a plus qu'une peur dans la vie, c'est qu'on égratigne son empereur. « Les lettres furieuses d'amis juifs, ces injures à de Gaulle... » Ah ! je sais bien que Mauriac n'est pas un antisémite au sens ordinaire du mot : un écrivain comme lui a trop d'orgueil pour s'habiller de vêtements tout faits ; il a besoin d'humecter de son encre violette ses faiblesses, le vieux bon sens des familles.

Je le juge pourtant plus coupable, plus dangereux que la majorité des Français non juifs, qui, antisémites, le sont peu ou prou, mais qui ont des excuses à l'être, car ils n'ont pas le temps de réfléchir, ni l'envie, ni la force, ni les moyens, et c'est vrai que, dans l'existence, si l'on a des pépins, des disgrâces, des manques, on essaie de trouver des responsables — même si c'est lâche et bête, même si ça ne sert à rien. Pourquoi voudrait-on d'ailleurs que les hommes qui vivent une histoire qui n'a rien de sainte, la plus salope des histoires, la même farce hideuse depuis des siècles, se conduisent comme des anges ? Leur ragoût quotidien, c'est une potée de crimes et de sang, et vous leur demandez, idéalistes impénitents, d'abandonner sur un point leurs vilaines manières : la belle affaire en vérité, s'ils se conduisaient avec les juifs comme ils se conduisent entre eux. Vous ne voyez donc pas que ce qui leur plaît chez les juifs, c'est qu'ils peuvent étaler les mauvais sentiments qu'ils se portent sans se gêner, d'une façon que la patine des siècles a rendue licite. Ce que je veux dire, c'est que l'antisémitisme est normal, tristement, platement normal, comme la bêtise, la laideur, la méchanceté, l'envie, bref tout ce que nous aimons, ce dans quoi nous nous vautrons. Ce qui ne l'est pas, c'est que Mauriac en soit empoissé. Ce faisant, Mauriac a cessé d'être l'humaniste, le chrétien qu'il simule. Je ne lui reprocherais pas de nous raconter avec talent son enfance antisémite, pas davantage les pensées que des juifs ont pu lui inspirer le long de son existence — notre arrière-boutique est peuplée de mélodieux démons —, je ne lui reprocherais même pas d'avouer ses répulsions — il pourrait en tirer de jolis effets sur la misère de la nature humaine —, je lui reproche, je le quitte lorsqu'il se met à considérer comme une *valeur* ce qui ne peut être qu'aveux, poèmes noirs. On est antisémite comme tout le monde, ou on ne l'est plus si l'on a choisi de ne plus l'être. Mais ce choix n'est pas réversible, il ne se détaille pas, il ne dépend pas de la gentillesse des juifs, de leur bon vouloir. On ne peut pas garder dans son for intérieur (du moins si l'on a pris la douce habitude de l'exposer hebdomadairement, dans un bel écrin, à la devanture de sa boutique) dix pour cent d'antisémitisme sous prétexte que, en province, on n'a pas l'habitude de mettre tous ses œufs dans le même panier. Suprême disgrâce : si vous avez choisi de ne pas céder à cette passion folle et trop humaine qu'est l'antisémitisme, vous n'en serez pas plus riche pour autant, vous ne devez pas compter sur la reconnaissance des juifs. Et s'ils en ont, ils ont tort d'en avoir. N'être pas antisémite ne sert à rien, ce n'est rien. Cette chose absente, vous ne pouvez ni la toucher, ni la voir, ni l'évaluer. Un bourgeois, un catholique comme Mauriac ne peut pas se faire à l'idée d'être intelligent *gratuitement,* sans profit. L'école libre, ce n'est pas la laïque, que diable ? Ce propriétaire a besoin que son absence de préjugés se sache, soit évaluée à son juste cours. Sa liberté d'esprit, il veut la troquer contre de la reconnaissance, contre des liens d'allégeance. Ah ! ces libéraux qui monnaient tout, quelle horreur à la fin !

Est antisémite en 1968[1] toute personne qui attache de l'importance, de la crédibilité à ce que dit un antisémite sur les juifs. C'est en ce sens que l'on peut parler de juifs antisémites. Ces pauvres nigauds acceptent de voir les juifs (et par la même occasion eux-mêmes) avec les lunettes, les verres spéciaux des antisémites. Dans cette question juive, il faut être rude : elle n'a aucun intérêt — à moins que l'on ne croie à Dieu, au peuple élu, à Jésus, etc. Pour des raisons qui n'ont pas leur place ici, nous ne retiendrons pas cette hypothèse de travail qui, d'ailleurs, en vaut une autre, soit dit en passant aux *costauds* de l'athéisme qui ont une façon de nier Dieu à vous le rendre non pas sympathique, mais probable. Disons, pour rassurer les âmes dévotes que, même si Dieu existait[2] ,il s'est conduit d'une façon si insupportable sur cette terre que, vraiment, on n'a pas envie de s'intéresser à son sort. Ah ! je ne dis pas ! quand nous serons morts, morts depuis des millions d'années, quand nous serons tout nettoyés sous les grasses prairies, quand nous ne serons plus qu'un vertigineux oubli, sans forme, sans molécule, sans rien, s'il ne s'est pas complètement endormi, nous accepterons de l'entendre ronronner son ennuyeux cours de métaphysique. Mais suffit !

1. Rien de changé (1970). Rien de changé (1987) !
2. Et je sais la contradiction des deux termes.

Dieu n'excuse pas l'antisémitisme titilleur de Mauriac, sa façon de dire : « C'est une chose horrible, que je réprouve, contre laquelle je lutte, mais je comprends ce qui a pu, peut, pourrait le susciter. » Pauvre cher homme, votre âme tremble, votre cœur s'apitoie lorsque vous voyez les juifs ne pas se conduire aussi admirablement que vous l'auriez souhaité, oubliant — et c'est grotesque — que vous et vos pareils vous ne vous êtes pas conduits d'une façon différente ; vous craignez que, n'étant pas des saints, les juifs ne justifient les attaques des antisémites ; mais réveillez-vous donc avant de mourir, nom de Dieu ; pourquoi vous intéressez-vous tant à l'argumentation des antisémites ? Qu'est-ce donc que ces gens ? Est-ce le peuple élu ? Est-ce la beauté du diable ? Est-ce votre gendre ? La fine fleur de la France ? Des héros, des saints, des artistes, des grands capitaines ? Si j'ai bonne mémoire, il y a trente ans, la plupart de ces braves gens ont été des lâches, des traîtres, des salauds et, pour finir et pour commencer, des imbéciles. « Ne dites pas ça, me chuchote-t-on. Des enquêtes très sérieuses de l'I.F.O.P. ont prouvé que presque ou plus de la moitié des Français étaient antisémites. » La moitié, j'aurais dit quatre-vingt-dix pour cent. Si l'on s'intéresse à la bêtise, les référendums seront toujours d'une majorité stalinienne. Il serait désespérant que le monde nous renvoie l'image que l'on sait, et que les hommes qui le peuplent soient des preux ou des saints. Entendez-moi : je n'ai pas dit que quatre-vingt-dix pour cent des Français étaient des sots ; j'ai répété la vieille antienne nasillarde que psalmodient depuis des siècles les sages, les Pères de l'Église et les moralistes sur la misère de l'homme. La bêtise est notre fort, et pourquoi voudriez-vous que ce sacré vieux gant troué, si facile à porter, qu'est l'antisémitisme soit jeté aux orties par nos compatriotes, alors qu'il a résisté à l'épreuve des siècles et pour leur plus grand soulagement dans les moments difficiles ? Non, mais où vous n'êtes rien à mes yeux, c'est lorsque vous voulez donner des lettres de noblesse à la bêtise, que vous nous suggérez que, ma foi, elle n'a pas toujours tort, qu'il faut la comprendre, se faire petit, obscur, pour ne pas lui porter sur les nerfs. La bêtise est précisément assez sûre d'elle-même, assez dominatrice pour ne pas de surcroît lui donner raison. C'est ce qui la rendrait touchante : cette masse aveugle et sourde n'a besoin ni de motifs ni de personne pour chercher querelle à qui elle veut, quand elle le veut. Père Mauriac, vous le savez aussi bien que moi : elle a ses raisons qui n'ont que faire des nôtres.

Je vais vous faire une confidence que les quelques articles que je vous ai consacrés jadis, où je vous ménageais peu, rendent nécessaire : je vous aime bien. Oubliez votre Nobel, votre Académie, *le Figaro littéraire,* la foule de vos admirateurs, vos romans de poche, bref votre gloire, et ne sursautez pas trop devant ce qui peut paraître à des spectateurs indiscrets d'une outrecuidance folle ; nous habitons la même planète littéraire, ou plutôt nous l'habitions, mais je n'ai pas votre verdeur et, quand je songe à la littérature maintenant, c'est un peu comme si je me remémorais une vie antérieure. La même planète ? Oh ! ses habitants sont faciles à repérer. Ils relisent *Bérénice,* se disent qu'un écrivain il n'y a que ça au monde et, qu'ils soient athées ou croyants (et dans les deux cas ils devraient pourtant éclater de rire), sont amoureusement persuadés que ce qu'ils ont écrit traversera sans trop de difficultés cette atmosphère gazeuse et molle que sont les siècles futurs. Et puis, récemment, je vous ai vu aux prises (aux prises : c'est beaucoup dire) avec trois journalistes, trois respectueux. Bien entendu, ils vous parlaient de votre plume « acérée », de vos dons de polémiste, de votre méchanceté, etc., et vous avez écarté ce bruitage joliment en parlant d'indifférence. Comme je vous ai compris ce soir-là, moi qui, à vingt-trois ans, m'étais amusé à répondre à quarante lignes désagréables que l'on m'avait consacrées par quarante pages où pas un bouton de guêtre de la polémique ne manquait. L'auteur de ces quarante lignes, c'est ce garçon qui ne vous quitte pas d'une roue, ni d'un hebdomadaire, notre ami Jean Cau. A l'époque, les spécialistes m'avaient vivement reproché de consacrer trop de salive à un inconnu. On ne devait, d'après eux, s'attaquer qu'à du gros gibier. Il est certain que ce loup famélique ne sera jamais un ours, mais, si j'en crois les échotiers et les ressacs que son nom périodiquement soulève, mes pages perdues ont dû lui servir de trèfle à quatre feuilles. Dommage que ce garçon brillant n'ait jamais vraiment écrit un bon livre ; mais ça viendra : en littérature, lorsqu'on a des dons de plume, il suffit de durer ; vous en savez quelque chose.

VII

« Vous oubliez l'État d'Israël, me dit-on, et les problèmes délicats qu'il pose pour les juifs assimilés. » Je n'oublie rien : depuis un an je n'entends que ça. Les juifs, finalement, c'est fou ce que ça attire du monde. Une vraie kermesse. Et les meilleurs esprits de donner leur avis dans nos hebdomadaires, qui savent bien que le juif, pour faire monter les ventes, c'est presque aussi bon que les femmes nues. Le pauvre pédéraste n'a plus qu'à se rhabiller : question tirage, c'est de la gnognotte. Pas davantage, je n'oublie la façon dont les juifs savent s'entraider, comment, en un quart de seconde, ils récoltent des milliards pour leur Israël chéri. Et le honteux problème des réfugiés palestiniens, et de savoir si les généraux Dayan et Rabin se conduisent comme des généraux nazis, croyez-vous que ça me soit sorti de la tête ? Et si Israël n'est pas la dernière tête de pont du colonialisme et de l'impérialisme dans le Moyen-Orient ? La greffe radicalement étrangère en terre arabe ? J'ai les oreilles bourdonnantes des colles qui me sont posées, toutes plus drôles les unes que les autres : « Imaginez que l'Irak, notre allié de toujours, avec qui nous avons les relations que vous savez, soit lâchement attaqué par les Israéliens. » Bon. « Les quinze millions d'Irakiens sont tragiquement seuls dans l'affaire, car la quarantaine de pays arabes qui les soutiennent, Algériens en queue, sont trop bouillants d'indignation pour avoir la force de se battre. S'époumoner épuise. La France généreuse — vous me suivez ? — envoie son plus bel aviso, le *Jean-Bart,* pour bombarder les ports de guerre israéliens et soulager son malheureux allié. Or, sur le *Jean-Bart,* le chef canonnier s'appelle Dreyfus. Que va faire Dreyfus ? S'il ne tire pas, c'est un traître, s'il tire sur ses coreligionnaires, c'est un beau salaud, etc. » Je crois que c'est à ce moment-là que le général de Gaulle, lors de ses conférences de presse, arrête les journalistes piailleurs et fait mine de répondre aux questions déjà posées. Le juif *assimilé,* je ne sais pas ce que cela veut dire. C'est un mot laid, inutile, digestif, un mot de boa. J'espère bien que, moi qui suis français et qui aime ce pays pour cent raisons qui ne le regardent pas, je ne suis pas un juif assimilé à la France. Être français comme tout le monde, ma carte d'identité y suffit ; il n'y a pas de quoi s'en vanter. C'est vrai : je suis né à Neuilly, mon père a fait 14, mes arrière-grands-parents ont quitté l'Alsace en 1870, abandonné leurs bois, leurs futaies, ces arbrisseaux de myrtilles où les enfants aiment se rouler pour barbouiller de rouge leurs chemisettes blanches et leurs shorts, croyez-vous que j'en sois plus français pour autant ? Et plus français que qui ? Imaginez-vous par hasard que les Français non juifs soient des modèles de Français ? Et qui aurait l'idée de le leur demander ? Ce n'est pas de brouter et de ruminer la même herbe dans le même village, depuis des générations, qui fait que l'on possède ou que l'on représente une patrie. La plupart des Français le sont par servitude. Les seuls Français qui se soient fait une certaine idée de la France ce sont ceux qui ont vécu ou vivent leur patrie comme un exil. Messieurs les juifs de France, toujours inquiets de ne pas être assez français, vous me faites bâiller. Cessez donc de tenter d'imiter le comportement du voisin. Au diable, vos croix de guerre, vos médailles militaires, vos morts pour la France, votre générosité ; soyez laids, bêtes et méchants si cela vous chante, si vous êtes nés ainsi. Vos vertus ne désarmeront jamais votre persécuteur, cette pourriture de Xavier Vallat [1] (pourquoi Xavier Vallat ? Il y a des noms qui vous montent à la bouche comme des renvois d'œufs pourris), qui tentera de vous faire croire que la France,

1. Xavier Vallat — ceux qui liront ce livre l'auront peut-être oublié — fut le premier commissaire aux Questions juives de Vichy. Il vit toujours, semble-t-il, et écrirait dans *Aspects de la France.* Tout ça n'est pas facile à démêler.

c'est le Jockey-Club, dont il est le président, et qu'une seule boule noire de lui c'est l'étoile jaune pour vous. Si, ce brave homme et ses semblables ont une chance : représentent-ils la loi ? Ils peuvent contribuer à nous envoyer dans des fours, encore faut-il que leur patrie bien-aimée soit dans la merde. Ils sont vraiment français quand la France est vaincue. Il fallait bien que la croix gammée flottât sur l'Arc de triomphe pour que je fusse, enfant, pénétré de l'idée du super-patriotisme de Xavier Vallat.

Je reconnais que, pour un bourgeois, être juif, c'est la poisse. Il n'aurait pas demandé mieux que de roupiller avec les autres bourgeois français. Les seuls gens qui auraient des raisons sérieuses d'être antisémites, ce sont les juifs ! Malheureusement (ou plutôt heureusement), ça ne leur est plus possible. Croyez-vous que les bourgeois juifs aient des envies différentes de celles des autres bourgeois ? Qu'ils crachent sur l'argent, les beaux appartements, les maisons dans le Midi, les DS 21, les bateaux, *le Figaro, l'Express,* les riches mariages pour leurs enfants, l'amitié avec l'Amérique ? Qu'ils ne soient pas agacés par les grèves dans le secteur public ? Qu'ils aient de la tendresse pour les bicots et les nègres ? Ce que les bourgeois ont, ils l'ont ; ce que les bourgeois pensent, ils le pensent ; ce dont les bourgeois rêvent, ils le rêvent. Seulement, depuis 1940, le cœur n'y est plus. La bourgeoisie juive est devenue la bourgeoisie malade de l'Europe. On leur a pourri tout ce qu'ils aimaient. Ils n'ont plus ces antipathies, ces préjugés, ces colères saines, entières, compactes, qui rassurent l'homme. Les juifs les plus obtus se doutent que des vertus, comme la bêtise ou l'avarice, qui réussissent à leurs voisins pour échapper aux pépins de l'existence ne leur seront pas d'un grand secours en cas de malheur. Le fait d'être juif est un baptême : ça fait réfléchir. Comprenez-moi : je ne dis pas que les juifs soient des saints, je dis qu'ils ne peuvent plus être des salauds à part entière, en toute bonne conscience. Et c'est épuisant et c'est insupportable d'être contraint à devenir autre chose que ce que l'on aurait souhaité être, que ce que l'on est, et tout cela pour une qualité invisible. Il y a de quoi enrager. Le juif d'Europe me fait songer à ce bourgeois de Molière qui veut sévir contre sa fille, à l'Argan du *Malade imaginaire,* à qui une servante espiègle ne cesse de répéter : Allons, allons, Monsieur, vous ne ferez pas ce que vous dites, vous êtes trop bon pour cela. Vous badinez, ce sont menaces en l'air. » Et Argan s'impatiente, tape du pied, étouffe : « Je ne le ferai pas, je ne le ferai pas ? Tu vas voir, si je ne le fais pas ? Mais je ne veux pas être bon, que diable, je ne le suis pas, je suis méchant ! » Si je ne crois pas, à la différence de Pascal et de Paulhan, au bon usage des maladies, je ne suis pas éloigné de penser qu'il y a un bon usage d'être juif. Et vous voudriez supprimer ce léger doute, Roger Ikor (n'a pas inventé la lune. Brave homme certainement. A écrit un de ces romans-fleuves sur des familles juives à travers les siècles pour lesquels les Français éprouvent une prédilection toute particulière et qui sont généralement illisibles. A eu le Goncourt pour *les Eaux mêlées* en 1955, l'année même où je publiais mon dernier roman : ce qui explique ce miracle de mémoire. Comme aurait pu dire Clemenceau : « Quand ils en couronnent un, ils choisiront de préférence le plus bête. » Vient de publier chez mon éditeur le plus récent un essai sur la question juive. Les extraits que j'en ai lus dans *le Figaro littéraire* m'ont paru bien pataudș. Mais ce genre de pensée terne fait dire à la critique et aux lecteurs que R. Ikor est un homme de bonne volonté, avec qui c'est un plaisir de dialoguer. Ikor est socialiste, un vrai, tendance Mollet), ce voile transparent cet infime grain de sable au nom d'une assimilation bovine, dont j'ignore d'ailleurs le sens. Ou plutôt, je sais trop ce que vous entendez par là, malgré les mille chemins de traverse que vous prenez : il s'agit pour vous, comme pour Cau (nous y reviendrons), de faire mastiquer à de pauvres diables les mêmes mots bêtes de la tribu, de leur inspirer les mêmes haines aveugles. Le plus grand service qu'un juif polonais peut rendre à la France, lorsqu'il s'implante chez elle, c'est de rester et juif et polonais et tout ce que vous voudrez le plus longtemps possible. Ce n'est rien comprendre à ce pays de guerres civiles que d'imaginer un instant que les habitants de ce village de Corrèze, de Bretagne ou de Corse sont *assimilés* à la France. Un jour, hélas, nous serons tous assimilés, non par les effluves de l'âme française, mais par la civilisation que vous savez, celle du *brave new world.* Quant à Cau, dans un pamphlet récent dont j'ai perdu le titre, il fait semblant de s'adresser à une juive humaniste, une gourde, qui croit que tous les hommes se ressemblent. Et il nous la démolit, elle et ses idées, avec le brio du sens commun. Lui, Cau, il s'en fiche. C'est une nature qui ne s'embarrasse pas de détours. Les Arabes le débecquettent et l'antisémitisme est une immondice. Mais, les hommes étant ce qu'ils sont, il faut que les juifs disparaissent sous peine d'être anéantis. Pour Cau et Ikor, les choses sont claires : on est israélien — et c'est très bien — ou l'on est français — et c'est parfait. On s'appelle Horowitz ou Bertrand. Je simplifie les choses : Ikor, en vieil écrivain régionaliste, n'est pas contre le souvenir des ancêtres, dont il a tiré ses meilleures pages. Cau, qui est pour le camouflage intégral, se soucie peu de la littérature ikorienne. Il voit les choses comme elles sont, et elles ne sont pas gaies. « Juifs, à vos abris. » Ikor, lui, en bon socialiste, est optimiste. Il est certes content qu'Israël existe, parce que, de cette façon, tous les juifs qui n'habitent pas cette France où il a eu le bonheur d'obtenir le Goncourt ont comme lot de consolation une patrie décente. Il parle d'Israël comme un riche industriel vanterait à ses ouvriers la création prochaine d'H.L.M. de luxe. Après ce coup de chapeau, ce bourgmestre épais et têtu convie ses coreligionnaires à ne plus songer qu'à la France, si riche en beaux prix et en diplômes prestigieux.

Avoir Cau sous la main, c'est pratique, parce qu'il dit ou écrit ce que souvent on aurait envie de dire ou d'écrire, mais il le dit et l'écrit de telle façon qu'on a l'impression de l'avoir échappé belle en se taisant. Ce qui me déplaît dans ce qu'écrit Cau, c'est sa façon de croire qu'il n'est pas concerné par d'éventuels massacres, sa bonhomie devant le crime : comme s'il pensait vraiment que sa littérature et les fours pourraient coexister pacifiquement. Il semble donner aux juifs français un conseil de père de famille désabusé : « Changez de nom, changez de nez, ne faites pas circoncire vos fils : les hommes étant ce qu'ils sont, c'est encore ce qu'il y a de plus sûr. Maintenant, si vous ne voulez pas m'écouter, c'est votre droit, mais ne venez pas pleurnicher après, si l'on vous massacre ; je vous aurai prévenus. » Eh bien, je finis par le trouver fort honorable, cet entêtement désuet à rester juif, alors que ce mot n'est plus qu'un imaginaire, une particule à rebours, qu'à la limite, il ne veut plus rien dire. Et si ça gêne d'autres hommes, ce sont ces hommes qui sont haïssables et non ceux qui acceptent d'être considérés comme juifs par les autres. Je ne vois pas quel soulagement les juifs français devraient éprouver à savoir que leurs enfants, tenus dans l'ignorance de leur origine fictive, se retrouveraient du côté des massacreurs. Si le fait d'être juif, d'être minoritaire, n'avait pour seul avantage que de freiner l'étalage des idées toutes faites, que de vous faire éprouver un vif dégoût pour la sauvagerie, alors, quant à moi, je me féliciterais qu'il y ait des juifs (même si ce mot ne cachait plus ni croyance, ni race, ni peuple) jusqu'à la fin des siècles, et dispersés si ce n'est pas trop demander. Qu'on ne voie pas dans ces propos je ne sais quel orgueil racial, je ne sais quel mysticisme camouflé. Je m'élève simplement contre les tentatives sosottes de philosémites bien intentionnés, qui, pour ne pas attirer l'attention sur leurs protégés, tentent de prouver que les juifs sont *pareils* (pareils à quoi ? pareils à qui ? le diable le sait !), qu'ils ne sont pas si riches, pas si intelligents, pas si médecins, pas si philosophes, pas si banquiers, pas si Rothschild, pas si Bergson, pas si Dassault que l'opinion ne le croit, ce qui fait doucement ricaner les antisémites, qui ont en permanence sous leurs bras l'annuaire de téléphone — liste par professions — et peuvent vous réciter — vingt sur vingt — le nombre de Weil qui sont fourreurs à Paris — c'est leur manière à eux de déposer une gerbe devant le monument aux déportés. Hé ! bien sûr que les juifs sont différents, même s'ils aiment, même s'ils sont jaloux, même s'ils souffrent, même s'ils sont avares, généreux comme les autres hommes. Ils sont différents puisqu'on les a rendus différents. On ne peut pas recevoir en pleine gueule l'histoire comme ils l'ont reçue, sans qu'il leur en soit resté quelque trace. On ne peut pas avoir été *considéré comme juif* entre 1939 et 1944 sans l'être pour la vie. Mais je ne vois pas pourquoi on se sentirait coupable d'avoir manqué d'être exterminé, et ce qui compte, ce n'est pas tant de trouver des arguments pour répondre aux antisémites, ces idiots, c'est de tenter de tirer parti du pétrin supplémentaire où la divine providence (j'aurais volontiers employé un autre mot, un mot plus vif, mais j'en abuserais, paraît-il) nous a mis. C'est là où l'État d'Israël intervient. Énonçons sans tarder une grosse vérité : si l'État d'Israël fait parler de lui, c'est qu'il existe. Autrement dit, l'État d'Israël fait preuve d'une évidente mauvaise volonté : s'il s'était laissé en 1948 et en 1967 gentiment rayer de la carte, comme, d'ailleurs, il l'est dans les atlas des pays arabes, les Arabes auraient été prêts à s'entendre avec lui. Comment voulez-vous que les Arabes, qui sont des sémites, soient antisémites ? Quelle stupide plaisanterie ! Ces manières sont bonnes pour ces lourdauds d'Européens ! La preuve irréfutable que les Arabes aiment les juifs, c'est qu'ils n'ont jamais construit de fours crématoires sur leur territoire, et pourtant ils ne manquaient pas de main-d'œuvre qualifiée : l'Égypte a longtemps disputé au Paraguay la plus forte densité de nazis au kilomètre carré. Ah ! si les sionistes avaient voulu perdre la guerre, s'ils étaient tous morts, comme les juifs auraient semblé aimables ! Les bons juifs n'ont vraiment pas de chance d'avoir des jumeaux sionistes aussi odieux. Je sais bien que la *Pravda* a découvert que les nazis sont ces généraux qui gagnent les guerres en six jours. S'il est vrai — depuis cinquante ans nous commençons à en savoir quelque chose — qu'on ne peut pas faire la révolution sans casser du juif, il est non moins exact que nous nous méfions des guerres éclair, qu'elles nous semblent antirépublicaines. Le jeune Hoche est bien enterré. Les généraux sur qui nous pouvons compter, ce sont ceux qui perdent les batailles, comme Gamelin ou Navarre. Être vaincu, en déroute, c'est presque une preuve de civisme, que les choses se passent à la bonne franquette, qu'on n'essaie pas d'épater le voisin. En France, depuis Napoléon, l'armée est vraiment la République en marche. Un autre type de général républicain, c'est Nivelle, qui, en 1917, massacra 600 000 hommes pour franchir une rivière. On ne peut pas suspecter de césarisme un général qui instaure une sorte de suffrage universel devant la mort. Un doux rêveur, ce Nivelle, qui voulait taquiner le goujon sur l'autre rive. Nivelle, c'est champêtre. Un autre général que les intellectuels de gauche pro-arabes — mon ami François Châtelet, par exemple — ont dû amèrement regretter, c'est Westmoreland. A lui le pompon. Il avait l'armement le plus sophistiqué du monde, les meilleures troupes américaines, il a tué le maximum de civils pour épargner la vie de ses soldats, et, lorsqu'il fut limogé, il a eu le panache de laisser une situation militaire encore plus médiocre qu'il ne l'avait trouvée, de contraindre son propre gouvernement à la paix.

Ça vous étonnera peut-être, mais vous ne trouverez pas chez moi une critique bien vigoureuse de l'État d'Israël. Les péchés de cet État en tant qu'État ne m'apparaissent pas aussi vivement qu'à Vidal-Naquet. Je ne suis pas un juif paradoxal. Je sais comment Israël s'est construit. Je n'en attendais pas des miracles et je ne vois pas quel pays aurait pu lui tenir rigueur d'être un pays comme un autre. Ce qui me surprendrait, c'est qu'il ne le soit pas encore. La majorité des juifs qui ont fait si cupidement main basse sur tous ces grains de sable n'avaient pas le choix. Quand j'entends de braves gens opiner du chef en marmottant : « C'était folie de leur part de s'installer là où ils se sont installés », je vois bien que ces braves gens les auraient vivement approuvés de s'emparer de la Beauce, de l'Andalousie, du Yorkshire, du grenier à blé de l'Ukraine, de la Caroline, de la pampa et pourquoi pas de la Cochinchine. Israël n'est pas l'Eldorado, ma patrie enfin retrouvée, ma mère. Je n'en parlerai jamais comme Camus, Jules Roy, Roblès et tant d'autres ont parlé ou parlent de leur Algérie. Quand des hommes qui sont des rescapés de la mort n'ont plus qu'une issue ou la mort, et que cette issue, historiquement, est raisonnable, qu'en fait elle ne lèse personne (et je m'expliquerai sur ce point), que cette issue a été reconnue légale par la majorité des nations, ces hommes seraient des fous de ne pas la choisir, et méprisables les juifs plus fortunés qui, le mauvais grain passé, déclareraient que ces Israéliens ne sont pas leurs cousins, et cela par une sorte de snobisme peureux. Dans trente ans, on verra. Et si jamais j'avais eu quelque doute sur le bon droit d'Israël, une récente condamnation du Conseil de sécurité de l'O.N.U., obtenue à l'*unanimité,* m'aurait complètement rassuré. D'après les connaisseurs, jamais ce Conseil et cette assemblée n'avaient connu pareille aubaine. Les Arabes avaient fait gaiement sauter un car d'enfants juifs et les Jordaniens avaient eu quelques soldats tués lors des combats qui avaient suivi cet exploit. Le délégué de la France s'en étrangla d'indignation : depuis Hitler, il n'avait pas connu pareilles atrocités. Mais si des soldats jordaniens se font lâchement tuer lors de combats réguliers, c'est que l'armée n'est plus un abri, c'est que Dieu n'existe pas, aurait volontiers répété l'ineffable Armand Bérard. Il fallait les voir, ces Russes, ces Américains, ces Anglais, ces Français, oubliant subitement leurs querelles, bras dessus, bras dessous, tout farauds, tous unis pour condamner le vice et le crime. Ces trente Jordaniens tués, c'était comme un rideau définitif sur le massacre de Katyn, les tanks de Budapest, l'immonde guerre du Viêt-nam et nos exploits à nous, qui montrent assez qu'en ces matières notre productivité n'est pas la dernière de l'Europe, comme le voudrait Mitterrand, depuis les 70 000 Kabyles tués lors des répressions qui suivirent le soulèvement du Constantinois, au beau temps de la Libération, en passant par les Malgaches que la France généreuse promenait gratuitement en avion pour les jeter sans parachute sur leurs villages, afin de leur apprendre à vivre et que leur chute vérifiât les expériences de Newton, sans oublier nos exploits les plus récents, cette délicieuse folie de Bizerte que s'est offerte de Gaulle. Il est vrai que les Tunisiens ne sont pas de vrais Arabes, ni les amis de toujours de la France, puisqu'ils ont toujours eu la lâcheté insigne de préférer négocier avec nous plutôt que de nous tuer. « Quand on s'aime, disait pourtant en rigolant — une fois n'est pas coutume — le colonel Boumediene au Général, c'est à la vie à la mort. »

Ce comportement de l'O.N.U. et des grandes puissances a un sens précis. Malgré les apparences et certaines nécessités électorales, les États suivent les masses dans leurs passions. Les peuples et les gouvernants sont dans leur majorité aussi anti-israéliens que les individus sont antisémites. Ce qui a compliqué et complique les choses dans cette affaire, c'est, pour prendre le cas de la France, que les « Bougnouls » ne sont pas aimés et qu'après tout il y a eu cette guerre d'Algérie, où une armée française de 600 000 hommes — la Grande Armée du temps de sa plus vive splendeur, en 1812, avant le désastre, avant qu'elle ne franchisse la Vistule — a été tenue en échec par des « terroristes » et où 900 000 braillards ont dû quitter en vitesse et sans broncher et sans grands bagages cette terre « à jamais française ». A part cela, les « Ratons », les Français de la métropole n'en ont jamais eu vraiment peur. Oui, bien sûr, on sait que, à la rigueur, ils peuvent violer nos femmes quand elles s'aventurent dans les quartiers misérables de la capitale. Mais ce genre de désagrément arrive surtout aux lectrices de *l'Aurore* et de *Minute,* semble-t-il. On sait aussi que ce sont de grands arracheurs de sacs. Mais, depuis la fin de la guerre d'Algérie, si ce n'est qu'ils ont une mine patibulaire, notre presse semble s'être aperçue que les détraqués n'étaient pas toujours des Nord-Africains. Il ne reste plus qu'à en persuader nos gendarmes. Ces sentiments plus doux correspondent au racisme actuel du Français, qui est maussade plus que violent. Nous sommes, par rapport à ce qui n'est pas nous, d'assez mauvaise humeur, mais nous n'en faisons pas une théorie. Les Algériens sont des voleurs, des paresseux, mais finalement *ils ont cette qualité qu'ils ne font pas envie.* Ils nous emmerdent avec leur vin, mais nous en avons besoin pour nos routes, nos carrières, tous ces gros travaux de plein air qui abîment nos mains et nous donnent de fâcheux coups de soleil. Dieu merci, la France est restée balzacienne, et quand nous ne jalousons ni la femme, ni la maison, ni l'argent du voisin, nous sommes prêts à nous conduire comme des gens normaux. Si les Algériens ne nous avaient pas mis à la porte de leur pays, nous nous entendrions avec eux, ce ne serait vraiment que de pauvres types, tout juste bons à éveiller notre compassion. Connaissant son Français comme personne, c'est ce qu'a compris de Gaulle et qu'il fallait jouer de cette corde-là pour que notre amour-propre fût non seulement calmé, mais comblé. Ce joli tour de passe-passe mérite l'examen. Il s'agissait de persuader les Français, et le monde avec, que la France était restée la France, redevenait la France, était plus France que jamais, malgré les piles apparentes qu'elle semblait avoir reçues depuis trente ans. La compassion gaulliste fut notre botte secrète. Ce mot exprime par son étymologie même un léger sentiment de supériorité, une espèce de détachement affectif. On compatit, mais parce qu'*on le veut bien.* Nous n'avons pas été renvoyés d'Algérie, comme un contremaître ou un fondé de pouvoir indélicat : nous aidons les Algériens à devenir eux-mêmes comme telle a toujours été notre mission. Il a fallu 1830, la grande nation arabe rêvée par Napoléon III, les magnifiques réalisations de la IIIe République, Bougie par exemple, pour qu'il y ait cette Algérie du colonel Boumediene. Les petits accrochages des dix dernières années ne prouvent rien. Des bavures dues à l'anti-France. La preuve en est que les généraux français qui ont fait la guerre contre l'Algérie ont tenté de la faire contre la France. N'ont-ils pas été condamnés presque à mort par des tribunaux français ? Il ne faudrait pas qu'Israël, avec sa manie, bien juive, de discutailler, remette tout en question et qu'avec une sentimentalité plutôt bêtasse elle se croie l'alliée privilégiée de la France. Certes, nous avons aussi de la compassion pour ce peuple, mais encore faut-il qu'il la mérite, encore faut-il qu'Israël accepte de recevoir en bon chrétien des paires de beignes, de souffrir comme il a toujours souffert, comme on aime qu'il souffre. Il ferait beau voir que, avec ses deux ou trois millions d'habitants, il s'avisât de l'emporter, qu'il s'offrît le luxe de guerres éclair (strictement réservées aux livres militaires du général de Gaulle), là où la France a fait galamment mine de céder, avec ses cinquante millions d'habitants tout neufs, presque aussi rutilants que son bel or.

On commence à voir où je veux en venir, que la vie n'est pas toujours rose pour les racistes, elle qui les contraint à des sentiments ondoyants. Allez vous y retrouver dans ce méli-mélo qui s'offre à eux. Ils n'aiment pas les Nord-Africains, c'est certain, mais ils les méprisent, ce qui est un sentiment agréable. Les racistes n'envient pas les bidonvilles des Algériens, ni leurs minables chambres d'hôtel. Ni leurs travaux, ni leurs jours, ni leurs nuits. Bon. D'un autre côté, ils ont été tenus en échec par ces hommes. Comment mépriser des gens qui vous ont vaincus, si l'on veut s'estimer soi-même. Dernier aspect de la question, ces Arabes honorent notre grand chef (il est vrai que, ce grand chef, on le hait...). Ces Arabes semblent nous avoir à la bonne, achètent nos avions même s'ils ne savent pas s'en servir. Passons aux juifs, maintenant. Ceux-là non plus, on ne les aime pas. Avouons pourtant qu'ils nous ont fait bien rire en juin 1967. Ces cent millions d'Arabes déchaînés. Les radios de Damas ou du Caire appelant à la guerre sainte, au massacre collectif. Ces marches militaires, cette guerre fraîche et joyeuse. Le grand rire de Nasser, qui n'avait pas encore des yeux de gazelle. On parlait alors de ses talents au poker. Et puis, en six jours, plus d'armée — je ne parle pas de ces milliers d'hommes perdus dans le désert et qui tournaient en rond, à la recherche d'eau et de leurs généraux —, plus d'avions, la piquette. Ces Israéliens, ils sont *forts*. Longtemps, pour les antisémites modérés, le bon « juif », c'était le juif français muni de blessures récoltées à Verdun et dont le revers du veston était agrémenté de petits rubans. On l'opposait au juif de Bukovine ou à celui de Bessarabie, généralement gras, aux yeux porcins, et grand amateur de ferraille, « qui faisait tant de mal à ses coreligionnaires ». Depuis 1948, le « bon juif » s'est déplacé : on lui reprochait de l'être, on veut qu'il le soit. C'est que Verdun se fait rare et que les camps de concentration agacent une nation surtout fertile en prisonniers, en stalags, en oflags. Chez l'Israélien ce qui amuse, c'est qu'il doit faire renouveler son passeport pour l'existence tous les dix ans. Jadis, on le persécutait parce qu'il empoisonnait le pays où il vivait, on le priait de s'en aller d'une façon ou d'une autre ; maintenant que les juifs, en Israël, sont « entre eux », ils doivent vaincre pour le rester, sinon dans les cas les plus doux, on les menace d'une nouvelle dispersion. L'antisémite trouve piquante cette situation. Ces guerres entre Israël et les pays arabes sont finalement presque aussi gaies à la télé que le Tournoi des Cinq Nations. Le bon peuple se croit au cirque, lorsque les acrobates se livrent à des exercices de haute voltige sans filet. Évidemment, on est là pour voir l'acrobate s'écraser. Et s'il ne s'écrase pas, on est déçu, on lui en veut ; il y a toujours de braves gens (en France, ce sont des personnes *très* intelligentes) pour dire que les jeux sont truqués. « Comment voulez-vous, mon cher, qu'il arrive quoi que ce soit à Israël. Vous savez comme moi qu'Israël est *couvert* par les États-Unis. Et n'oubliez pas les cinq millions de juifs américains. » Comme j'étais bête de m'inquiéter : c'est vrai, cette couverture de l'Amérique est redoutable ; avec un pareil atout, même en guerre, même en sang, même vaincu, Israël peut dormir en paix. Ne m'en voulez pas, pourtant, si je vous avoue que quelque chose encore me turlupine : le Viêt-nam. Cette couverture dont vous me parlez — et vous m'en voyez ravi — a bien des accrocs, à moins de croire à la toute-puissance des juifs d'Amérique et qu'ils seraient unanimement contre cette guerre — et vous m'en verriez ravi. Je laisse à mon lecteur le soin de terminer mon raisonnement sur la difficulté d'être raciste. Il y a des démonstrations, comme aurait dit le regretté Maurice Thorez (à propos d'une grève jadis célèbre), qu'il faut savoir arrêter ; sinon écrire, qui n'est déjà pas toujours gai, deviendrait franchement impossible. Que le lecteur ne perde pas de vue mon « juif objet de dérision et de répulsion » et mon « juif *objet d'envie* », et tout ira, je le lui jure, comme sur des roulettes. On ne peut pas écrire à l'infini sur cette non-pensée qu'est l'antisémitisme ; des pauses sont nécessaires. « Mais, monsieur, vous avez laissé entendre tout à l'heure que la plupart des gens étaient antisémites : mépriseriez-vous pour autant le monde entier ? » Judicieuse question, cher Cotonet, non, non, bien sûr. La plupart des gens (comme vous dites) ont des bouffées d'antisémitisme, ce qui est fort différent que de l'être. Mais ce qui permet, le cas échéant, les circonstances historiques aidant, de l'être. Ils sont antisémites comme je peux être bête, méchant, mesquin et la suite. L'antisémitisme est pratique, parce qu'il vit sur la lancée des siècles (on n'a pas besoin de s'éponger le front pour pousser ce boulet) ; il a la force de l'habitude, il ne passe jamais loin de la main. Il n'est pas nécessaire d'entrer dans de longues explications pour se faire entendre. Chacun comprend. Comprend quoi ? Rien et tout. Enfin vous savez bien. Ne faites pas l'innocent. La banque, la mort du Christ, le nez crochu. Et puis, il faut bien qu'il y ait eu quelque chose, pour qu'il y ait encore quelque chose. La durée de cette passion fonde et l'existence et la vérité de cette passion.

Quand on voit à quel point l'irrationnel, le magique, a gouverné et gouverne le monde, je trouverais cruel d'interrompre la sieste de Dieu, de le réveiller en sursaut, au risque de le rendre à jamais antisémite, pour lui demander des explications que nous pouvons trouver tout seuls !

VIII

A la fin, cette question juive, si vieillotte malgré les apparences, si je la laissais faire, elle me prendrait tout mon temps. Elle serait capable de déséquilibrer avec un sans-gêne incroyable — tout juif ! — le plan de mon livre. J'avais prévu treize chapitres, pas un de plus, pas un de moins ; au train où vont les choses, je vais devoir tout bouleverser. Il serait vain que je me fasse la moindre illusion, sur les juifs je reviendrai. J'ai beau avoir été élevé par un père qui se souciait de Dieu aussi peu que de l'argent — hélas ! —, ne rien connaître à ma religion, n'avoir jamais mis les pieds dans une synagogue, n'avoir aperçu de rabbins qu'à deux ou trois enterrements, n'avoir découvert que j'étais juif, que j'étais autre qu'à l'âge de dix ans, ne pas partager en général l'enthousiasme quelque peu énervant des philosémites sur l'intelligence de leurs amis juifs (« Mais Bernard, vous ne vous rendez pas compte, vous n'imaginez pas la différence »), j'ai beau surtout savoir que, à part la littérature de ce pays, je ne connais ni n'aime grand-chose, j'ai toujours pensé avec une vanité vraiment sans bornes que j'étais une des rares personnes qualifiées pour parler de cette question. C'est sans doute qu'il y a du Swann en tout juif et que, plus je me sens voué à la France, plus il me plaît de m'identifier au sort, aux réflexes, au destin de juifs que j'aurais risqué à ma honte de considérer avec condescendance si je n'avais pas été le juif que je suis.

Ce livre même, auquel je suis rivé comme la chèvre à son piquet, si je le laissais faire, je n'aurais plus le temps de penser à rien ; il parlerait tout son soûl. Ce n'est pas, le malheureux, que je l'écrive beaucoup — tout m'est prétexte pour le laisser choir — mais ces quelques lignes, qui s'entêtent, et ce qu'elles sous-entendent de conversations imaginaires, perdues, de paragraphes nocturnes — les meilleurs n'en doutons pas — pour moi qui, depuis plus de dix ans, ai jeté mon collier d'écrivain aux orties, cela paraît un monde. Vrai, depuis que j'écris de nouveau, j'ai l'impression de ne plus avoir le temps d'écrire. Et d'abord écrire à qui je devrais écrire : à ma mère, à mes amis, à mes éditeurs, à des femmes bien sûr. J'avais perdu l'envie de leur écrire depuis que je n'écrivais plus. Une forme de récrimination : « Non, non, n'exagérons pas ; déjà que je n'ai plus la force d'écrire pour moi, pour la gloire, pour gagner de l'argent, je ne vais tout de même pas me payer le luxe d'écrire pour faire plaisir. En ce temps de disette, la littérature est prioritaire. » Maintenant je me sentirais agité par des sentiments contraires. (Agité par des sentiments contraires, ça ne va plus du tout, mon bonhomme : quand tu te laisses aller, c'est Senancour qui parle.) Je m'en veux d'avoir eu des pensées si mesquines. Cette littérature, dont je me suis si longtemps passé, elle ne va pas, maintenant qu'assez misérablement elle montre le bout de son oreille, m'empêcher de prendre la clef des champs. Cette pauvre fille, avec moi, elle en a vu d'autres. Ce serait un malheur, si je commençais à me gêner avec elle. D'ailleurs, elle a toujours aimé être violentée, qu'on lui fasse perdre de sa prétention. J'ai toujours eu l'habitude de la traîner dans des endroits incroyables comme ce divin teckel à poil long, Jock, dont je me suis affublé durant plus de deux ans. Elle qui, pour survivre, n'aime que l'ombre, l'intimité, je vais la promener en pleine ville. Dieu m'est témoin que, si je la laissais faire, elle ne mettrait que des complets gris, des smokings, des habits ; je vais la costumer en facteur. Rien ne me presse après tout ; il est midi, il fait beau, j'ai un olivier dans l'œil : pourquoi ces pages ne serviraient-elles pas à quelque chose ? A répondre à quelques lettres urgentes. Cette gueuse, cette bonne à rien peut bien me servir de secrétaire.

Mes premières lettres seraient pour mes oncles, mes cousines, mes tantes, mes cousins, mots qui me semblent aussi exotiques, aussi saugrenus que ceux qui désignent en termes savants les coléoptères les plus rares de l'Amazonie. Heureux ceux qui ont haï leur famille ou qui l'ont aimée. En quelques années, ils ont pu remplir les rayons de leurs œuvres complètes. J'ai quitté la mienne sur la pointe des pieds, en oubliant de refermer la porte. Oncles et tantes, ne craignez rien : votre neveu plein de bons sentiments, s'il revenait vous voir, ne casserait aucun des meubles qui vous restent. A soixante ans, je vous parlerais d'une façon aussi truquée qu'à dix. C'est d'ailleurs pour ça que je ne vous vois plus. J'aimerais vous dire que je suis quatrième en littérature et que j'ai eu deux voix au Renaudot. Et que, la semaine prochaine, vous pourrez lire dans *le Figaro littéraire* ma belle étude sur Tolstoï. A quarante ans, lorsqu'on ne s'est pas décidé à mourir, ça commence à être grotesque de ne pas être devenu un écrivain convenable, et, l'ennui, c'est que, plus je vieillis, moins j'ai envie de le devenir, moins je vois de raisons à l'être. C'est même — je le dis maintenant, car, avec ma pauvre tête qui s'en va de tous les côtés, quand le moment de le dire serait venu, je l'aurais oublié — une des raisons qui m'ont poussé à ne plus rien publier. J'avais cru remarquer lors de la publication de *la Panoplie* comme un assoupissement de la critique à mon égard : de gros articles pleins de respect. J'avais écrit un premier livre « irritant »; eh bien au sixième, on s'y faisait, on était prêt à croire que ça y était, que j'étais récupérable, et en route pour la carrière : je n'avais plus qu'à me laisser aller, un livre tous les deux ans.

Oncles et tantes, mon beau souci, je vous ai quittés par distraction, parce que l'on mange souvent mieux au restaurant que chez les bourgeois d'aujourd'hui. Sans rancune, je me souviens, comme entrée, d'un poisson froid et triste, avec un goût d'eau de Javel, entouré d'ennuyeuses rondelles de tomate, d'œufs durs, de laitue, de riz, de mayonnaise (ni blanche ni jaune, pas belle à contempler), lors d'un dîner-bridge que j'avais eu la faiblesse d'accepter, il y a treize ans peut-être, chez des cousins du XVIIe. Ça n'avait qu'une vie, c'était plutôt riche et ça n'avait même pas de whisky : je me serais cru à l'Élysée.

Je vous ai quittés parce que j'avais trop de rendez-vous où

déjà je n'allais pas, trop d'amis qui ne m'intéressaient plus guère : ils pensaient savoir tout de moi et il ne leur arrivait rien. Ce n'était pas le dédain qui dictait ma conduite, mais l'absence de temps : pour vous voir, il m'aurait fallu plusieurs vies. Et puis, vous ne savez pas, vous ne saurez jamais comme rien faire occupe. Comme vous me fasciniez pourtant, vous viviez, et c'était donc ça la vie ! Je vous dois beaucoup. Dès 1947 et même avant, vous m'avez donné mes idées en politique. J'ai compris que j'avais de bonnes chances de rester un libéral le temps qui me servirait d'existence. Et qu'il n'y avait rien de plus difficile que d'être un libéral, car ça pouvait vous conduire à des décisions extrêmes pour le rester. Vous m'avez dégoûté aussi du communisme tel qu'on le pratiquait à la Libération. J'ai eu la bonne chance que le communisme, ce ne soit ni Marx, ni Lénine, ni le drapeau rouge, ni *l'Internationale,* mais : « Bonjour, mon oncle, bonjour, ma tante. » Une joue que je tendais. On peut croire peut-être qu'il y a un sens, une raison d'être aux bêtises, aux mensonges proférés par de grandes personnes qui ont rencontré Staline ; mais, quand ces bêtises et ces mensonges vous sont retransmis par tante Michelle ou oncle Bernard de leur domicile habituel, ces mensonges et ces bêtises sont bien ce qu'ils paraissaient être, des mensonges et des bêtises. Mon père avait deux sœurs ; l'une, la plus âgée, mariée à un agent de change, était de droite comme de juste. En 1936, d'après mon père, Blum était la bête noire de ces parents-là. (Les simplificateurs qui voudraient tant que les juifs s'assimilent ou aillent au galop en Israël oublient à quel point, avant la découverte des camps, les juifs français étaient bovinement « assimilés ». Ils l'étaient jusqu'à être aussi salauds et bêtes que leurs compatriotes. A la Bourse de Paris, beaucoup de juifs français avaient Hitler moins en horreur que le Front popu.) Ma tante avait une telle crainte de l'Union soviétique…

Grève, 29 mai 1968.

Bien embêté par ce nouveau 13 mai. Comme j'aimerais que la France me laisse roupiller à mon ouvrage. Ces émeutes m'en ont appris de belles sur ma nature. Au fond, je suis pour les flics. Que l'ordre demeure pour que mon anarchisme, et *lui seul,* puisse se donner libre cours. Si je prends au sérieux ces étudiants (et pourquoi ne le ferais-je pas, si je considère ce qu'ils ont déclenché et si je veux bien mettre en veilleuse mes agacements sur la jeunesse[1] et ne plus songer qu'une bonne partie de ces garçons et de ces filles sont aussi endormis que le reste du pays), je m'aperçois à quel point j'ai pris les changements en horreur. Ce qu'il y a, c'est que cette foule vulgarise mes sentiments, mes idées, ce que j'ai écrit, ce que j'allais écrire. (Et puis je n'aime pas la vie, et ils voudraient la changer, je n'aime plus beaucoup les femmes, et ils voudraient faire l'amour tranquillement, sans ennui.) Cohn-Bendit (ce nom de machine à laver) a eu un mot juste : le gaullisme en politique, c'est le baroque. J'étais relativement à l'aise dans le baroque. Cette histoire absurde allait bien à mon teint, à mon foie. De Gaulle, c'était l'idéal pour des écrivains rassasiés, fatigués. Je n'avais pas de raisons d'avoir mauvaise conscience : j'étais pauvre, peu connu, apparemment je n'avais rien à perdre. Il faut croire que si.

C'est que, depuis plusieurs mois, je « récitais » les chapitres politiques de mon livre. « Il faut nationaliser l'avenue Foch. Que ce soit le métro de Moscou de la classe ouvrière française. » On croit que c'est enfantin, que ce n'est pas sérieux. Mais si, il n'y a pas de révolution sans profanation. Ah ! vous me faites rire avec votre M. Mitterrand. Qu'est-ce que c'est que cette gauche qui veut construire 100 000 H.L.M. de plus ? Et même si vous en construisiez 500 000, vous croyez que c'est ça l'essentiel, construire des immeubles qui vous conduiraient, *vous,* si vous les habitiez, tout droit à la clinique pour dépressions nerveuses ? Avancer l'âge de la retraite, c'est ça votre conception du bonheur ? « Si Mitterrand, c'est une augmentation des salaires suivie d'une dévaluation, si c'est du de Gaulle sans de Gaulle, alors vive de Gaulle ! » J'étais intarissable et je

1. A ma décharge, je haïssais plus les étudiants, et surtout cet immonde quartier Latin, lorsque j'avais vingt ans que maintenant. La jeunesse, c'est une glu ; il faut s'en tenir à prudente distance.

sentais que j'avais raison, mais je sentais et je soupçonnerai toujours mes raisons de me rendre un rude service.

Cette grosse crise d'absurde, ce retour aux évidences qui vient de faire sursauter la jeunesse comme une folle, c'est ce qui m'avait saisi à l'âge de quatorze ans et qui ne m'avait pas quitté. Ancien combattant de l'absurde, je n'admets pas que des blancs-becs me prennent mon pain ou s'indignent devant la bêtise des manchettes de *France-Dimanche.* Ironiser, détruire les comédies, démolir, c'est mon métier — mon vice, ma passion —, même si j'ai oublié depuis longtemps de le faire. En tous les cas, pressé comme tout que la C.G.T. et le gouvernement s'entendent, que les pères graves règlent entre eux les questions oiseuses, afin que les fils continuent leur existence sournoise.

1er juin.

Rien n'est gagné ni perdu. Je reste encore assez sartrien pour savoir que mes réactions face à ces journées me définissent. Après tout, je ne cherche pas à avoir raison. Volontairement, je choisis la clairvoyance en chambre. Je ne peux rien, je ne suis rien, je n'ai aucune envie que ces lignes plaisent à de Gaulle ou à Mitterrand ou à qui que ce soit d'ailleurs : alors disons tout. Plus tard, peut-être, on pensera que j'étais un salaud qui s'est longtemps ignoré, un écrivain « lucide », un impuissant qui mélangeait l'irréalité de sa situation à celle des événements, ou plus probablement rien du tout. Il y a quelques jours, quand j'envisageais le départ de De Gaulle (avec une curieuse absence de conviction : ce qui est évident maintenant m'est tout de suite apparu, la complicité objective du Parti communiste et de De Gaulle), je larmoyais un peu. Je ressentais ce qu'il y avait de cuisant pour un orgueilleux d'être foutu à la porte de l'Élysée par un rouquin de vingt ans et ses deux cents enragés. Je ne trouvais pas ça si drôle. Un petit-bourgeois farouche et cocardier s'était emparé de ma conscience : « Non, non, un juif allemand ne troussera pas les jupons de cette France devenue toute molle. » Je trouvais obscène que cette femme de plus de cinquante ans, encore désirable, mon pays, perdît la tête et montrât ses fesses à qui voulait les voir. Dans mon agacement contre Cohn-Bendit, il y avait comme une sorte de jalousie sexuelle. Cet interdit de séjour se riait des lois, des prétendus interdits de cette vieille coquette — « Ne remets plus jamais les pieds ici » — et rentrait quand il voulait dans cette France affolée, sachant bien que, à lui, quand il serait dans elle, dans sa Sorbonne, elle pardonnerait ses frasques de jeune homme délicieusement mal élevé ! Et lorsque le petit-bourgeois me laissait tranquille, je n'étais pas plus frais pour autant. Bizarrement, un vieux juif pleurnichard, comme sorti du ghetto, se levait en moi. Je me disais que, quand la France se serait ressaisie et aurait remis son voile de veuve, c'est moi qui allais pâtir de ses débordements. Je n'aurais plus droit qu'aux lèvres serrées, aux paroles sèches, aux vapeurs de la ménopause. « C'est gai, c'est encore *nous autres* qui allons trinquer. »

De Gaulle avait misé bien des choses sur sa constitution, sur sa solidité. Aujourd'hui, la Constitution de 1946 ferait aussi bien l'affaire. (Ça, quoi qu'il arrive, je l'ai toujours pensé. Et que c'était folie d'y tant tenir, de la croire incassable. C'est de Gaulle qui l'emportera ou sera vaincu, et non des lois, des institutions. Que valent-elles pour la nation la moins juridique du monde et pour son chef, qui, sur ce point, l'imite servilement ?) Cette tendresse mitigée pour de Gaulle, c'est la même que celle que mon père m'avait refilée pour Clemenceau. Au fond, le marxisme, malgré de méritoires lectures, n'a jamais fait qu'effleurer mon épiderme. Toujours, mon esprit s'est achoppé sur ces deux questions : en quoi les peuples qui sont passés à la moulinette communiste sont-ils plus libres et plus heureux que les autres, et, depuis trente ans, quelles sont les mirobolantes études que la pensée de Marx a suscitées chez les intellectuels de gauche ? Tant de meurtres, tant d'épaules courbées, tant d'interdits pour des progrès si lents, si lamentables, tant de lourdes analyses pour extraire une malheureuse idée que l'on aurait pu s'approprier avec plus de dextérité et de célérité, si l'on s'était servi de pinces plus anciennes mais plus fines ! Et si je me suis contraint à lire Marx, à penser qu'il n'y avait pas de communisme sans feu, c'est bien pour faire plaisir à Malraux et à Sartre plutôt que par conviction intime. Oui — hélas oui ! —, le communisme, qui fut pour beaucoup la tentation absolue, n'a jamais éveillé en moi qu'un scepticisme poli de garçon sage qui, lorsqu'il va dans les familles d'amis, a l'habitude d'enlever son béret. Un raisonnement imbécile, des faits déformés, c'était une pâtée bien indigeste pour n'importe quel estomac. Et dans quel livre de Marx a-t-on lu que les ouvriers, les classes laborieuses n'avaient droit qu'à une prose raboteuse, qu'ils s'en pourlécheraient leurs épaisses babines ? Que plus les intellectuels du Parti diraient des choses niaises, plus ils contribueraient à l'avènement d'une société meilleure. Il faudrait oublier tout cela. Ce serait des rabâchages inutiles qui risqueraient de compromettre... mais compromettre quoi ? Quel avenir insensé ? Quelle brise miraculeuse ? En mai 1968, l'espoir, le renouveau, c'est Mollet, l'homme qui a le plus contribué à ce que la guerre d'Algérie s'éternisât, qui, par sa détestable intervention en Égypte, a empêché les Israéliens de régler une bonne fois pour toutes leur différend avec Nasser. Ce Mollet si raisonnable, qui aimerait tant dire un jour : « Eh bien ! oui, je me suis trompé, j'ai eu tort » ; mais pas de chance : quand il se met à réfléchir, il s'aperçoit qu'il serait obligé de refaire ce qu'il a déjà fait, car il n'y avait rien d'autre à faire. Ça fait plus de vingt ans qu'il dirige modestement la S.F.I.O., et ça le tue, et qu'il la tue, mais est-ce sa faute, s'il est toujours réélu ? L'anti-de Gaulle, c'est ce même Mollet, qui a voté pour de Gaulle et qui, pour éviter les tomates du monde extérieur, a été son ministre, comme ces chiens qui, lorsqu'un orage surgit, se cachent sous le lit ou dans le placard de leurs maîtres. Parenthèse : l'espoir, le renouveau, c'est ce demeuré de Billères, qui jadis et au passage dut sa fortune à Mendès, qu'il lâcha pour je ne sais plus qui, avant de devenir ministre de l'Éducation nationale de De Gaulle : ce qui lui permet de bégayer aujourd'hui à l'Assemblée nationale qu'il faut réformer l'enseignement. L'espoir et le renouveau, c'est Mitterrand, qui a choisi définitivement la gauche (ce que cet ancien ministre de l'Intérieur appelle la « gauche généreuse ») après bien des cabrioles de jeunesse, comme ces joueurs à qui il ne reste plus qu'une plaque de cent francs et qui la placent, les mains moites, sur le rouge plutôt que sur le noir, non par conviction, par superstition peut-être, parce que le noir leur paraît trop encombré — et cela énerve leur vanité —, car ils veulent gagner contre les probabilités. L'espoir et le renouveau, c'est ce pauvre Mendès, presque aussi célèbre que de Gaulle : n'a-t-il pas en effet aussi souvent failli gagner que de Gaulle a failli perdre ! Ce Mendès, de Gaulle sans 18 juin, sans Colombey, sans les *Mémoires,* a plus souvent remporté la timbale aux jeux-concours de l'I.F.O.P. qu'au suffrage universel. Récemment, après une longue abstinence, d'avoir été élu député l'a enflé. Ces 30000 voix récoltées à Grenoble lui ont fait penser qu'il avait la majorité dans le pays. Pour qui ne boit jamais que du lait, ce verre d'alcool que sont les suffrages, les applaudissements d'une bonne ville de province a des effets qu'on n'imagine pas. Seule la soûlerie peut expliquer que ce digne homme, si pointilleux sur les principes, se butant sur Mitterrand comme un poivrot sur un bec de gaz, le prît pour le président de la République, et acceptât dans l'euphorie le poste de président du Conseil que Mitterrand, sournoisement, lui confia pour se débarrasser d'un rival par le ridicule.

Autre jour (après le discours).

Jamais de Gaulle aussi malin (et dans un sens aussi grand) que lors de cette dernière affaire, qui pouvait sérieusement remettre en question sa biographie. Plus de 18 juin (une invention de la radio de Londres). Il n'a jamais su que contraindre les Français à se tuer les uns les autres. On n'avait pas besoin de lui pour être libérés par les Alliés. Avec son R.P.F., il a gâché la IVe République. (Un 13 mai grossi par les siens et qui a permis à notre Badinguet de revenir sur le devant de la scène.) Il a bradé l'Algérie, barré l'Europe. Détruit l'armée. Pourri les idées de gauche. Il a su à merveille se servir de la fatigue française. Et pour finir, le 13 mai 1968 : ce magistral coup de pied au derrière, la fin d'une illusion. En 1965, où, si j'avais voté, j'aurais voté pour de Gaulle (alors qu'en fait je n'ai jamais voté qu'une fois dans ma vie et c'est en 1958, et pour dire non à de Gaulle...), j'ai senti la *fragilité* de cet homme qui m'amusait et pouvait à tout moment être démasqué par des politiciens qui ne le valaient pas. Si, pour reprendre une formule de Sartre, le génie c'est vraiment la seule issue que trouvent certains hommes lorsqu'ils sont acculés à la folie, on peut dire que de Gaulle, ces jours-là, a fait preuve de génie. Il s'est servi de l'immensité de son échec pour se sauver du ridicule. C'était tellement fort. Il y avait tellement de quoi éclater de rire qu'il fallait que cet échec devînt celui de la France. Sachant que son absence de cartes, sa nudité (dirait Sartre) allaient le servir (les Français avaient fini par se lasser de ce grand-père grondeur et richissime), il a préféré le risque d'une guerre civile à un départ honteux, car ridicule. Miraculeusement, les Français ont compris que, si de Gaulle disparaissait, ils deviendraient aussi ridicules que lui. La gauche a oublié qu'elle avait affaire à la plus vaniteuse des nations.

Le livre est fini (III).

La guerre des Six Jours et ses suites suscitèrent chez de nombreux intellectuels de gauche qui s'ennuyaient et qui avaient besoin de changer d'air des comédies diverses. On ne peut pas toujours remettre les mêmes disques sur le pick-up. Pour simplifier, disons que la victoire éclatante d'Israël permit à nos têtes de linotte de se laisser aller à un antisémitisme sournois, qu'elles couvaient depuis longtemps, depuis Marx après tout : on sait que, volontairement ou pas, le juif est l'agent chéri du capitalisme. Cet antisémitisme était d'autant plus hargneux qu'il avait été contrarié depuis près de trente ans par les massacres hitlériens. Les Six Jours furent donc accueillis avec joie et soulagement par ces intellectuels sous pression. Puisque les Israéliens l'avaient emporté, une certaine gauche allait pouvoir dire enfin ce qu'elle pensait des juifs. Cette victoire de l'impérialisme américain contre le « socialisme arabe » lui ôtait tout remords et toute retenue. Au fond, beaucoup de ces intellectuels avaient vraiment cru que le fer de lance de notre révolution serait le F.L.N. Ce qui s'était passé à Évian, en 1962, les avait consternés et davantage l'amitié « tactique » de De Gaulle pour le monde arabe. Mais comme ils en avaient assez de cette éternelle question juive sur laquelle ils avaient tout dit, tout écrit, ils furent grands, ils oublièrent leur déconvenue et que les chefs arabes se moquaient autant d'eux que du socialisme. Un bruissement harmonieux s'exhala de leurs consciences palpitantes : « Après tout, les juifs français ne courent plus aucun risque. Ils sont professeurs, écrivains, journalistes comme nous et nous ne les empêchons pas d'être fourreurs ou bijoutiers. » On se souvient peut-être du mot de De Gaulle : « Tous les Français ont été, furent, sont, seront, auront été gaullistes. » A la place de De Gaulle, on peut fort bien substituer le mot « antisémite ». Ces intellectuels ne sont pas méchants, ils ont l'impression d'être raisonnables et courageux. Ils savent bien qu'on va leur jeter dans les pattes les millions de juifs assassinés entre 1939 et 1945 — à ce propos, ils aimeraient bien que leurs amis juifs et surtout les philosémites inconditionnels ne se servent pas à tout bout de champ et d'une façon (lâchons le mot) impudique des fours crématoires. Ce fut certes une expérience horrible, mais elle date et elle n'excuse pas ce qui se passe en Palestine, pas davantage le militarisme et l'esprit de conquête des Israéliens. Ils savent aussi ce qu'ils risquent en disant ces évidences — on va les accuser d'antisémitisme (haussons les épaules !) —, il n'empêche que, si la vérité et la justice sont du côté de leur pseudo-antisémitisme, antisémites ils seront. Et de même que la plus élémentaire rigueur morale les aurait poussés à la fin du XIXe siècle à s'occuper du sort de ce pauvre capitaine Dreyfus, de même aujourd'hui leur flair infaillible les incite à faire surgir le socialisme là où il gît : en Irak, en Syrie, au Liban, au Soudan, en Égypte, en Algérie, en Libye, en Jordanie. Pourquoi, on se le demande, feraient-ils la petite bouche devant les colonels arabes, alors que leurs ancêtres, il y a bientôt un siècle, s'étaient contentés d'une culotte de peau juive, alsacienne par surcroît, pour fonder durablement la IIIe République ?

Le comportement de ces intellectuels me semble plus stupide que celui du général de Gaulle lorsqu'il était au pouvoir. De Gaulle croyait vraiment que les juifs étaient un peuple d'élite et que, soutenus par le matériel américain et la solidarité des juifs du monde entier, jamais les Arabes — même encadrés par les Russes — n'arriveraient à les vaincre. Après les Six Jours, ce fut d'un cœur léger qu'il déposa la carte de visite France dans les capitales du monde arabe, mû sans doute par l'espoir de solides avantages économiques. Les « Vive de Gaulle ! » l'emportèrent sur les concessions pétrolières. L'erreur de De Gaulle fut de croire qu'on pouvait être cyniquement généreux avec des pays sans tête où le coup d'État est la seule forme palpable du nationalisme. Je ne crois pas pour autant à l'antisémitisme du Général. Je crois que c'était un vieil homme, né dans un milieu précis, et qu'on ne pouvait pas lui demander d'avoir sur les juifs ou plus exactement sur la question juive les mêmes idées que Sartre, Revel ou moi. Pour me persuader du contraire, une amie juive, qui se trouvait à Londres entre 1940 et 1944, me rapporta la « boutade » que de Gaulle aurait crachée devant Labarthe (qui dirigeait alors un mensuel de langue française), en apprenant l'arrivée de Raymond Aron : « Un youtre, encore ! » D'abord ce que disent les hommes politiques en privé, même quand ils se nomment de Gaulle, ne m'intéresse que médiocrement. Et puis de Gaulle a la réputation d'avoir une verdeur dans le langage toute militaire quand il ne s'adresse pas aux populations. Son « beau » style lui sert de bouclier pour camoufler une vulgarité essentielle ou si l'on préfère un pessimisme sur la nature humaine qui vient d'abord de la connaissance que l'on a de la sienne. Il est évident que les noms nobles, les noms glorieux, les noms « bien de chez nous » comptaient infiniment plus en 1940 pour la propagande gaulliste que mille Lazare, Bloch, Mayer ou Lévy. Ceux qui écoutaient religieusement aussi bien en zone libre qu'en zone occupée *les Français parlent aux Français* souhaitaient entendre des Racine, dcs La Fontaine, des Corneille et non des noms démonétisés. Pour nos rusés Français, pour tous nos Couderc, nos Delpech, nos Delmas, si tristement persuadés que Vichy avait raison, ce qui pouvait donner quelque crédit au mouvement gaulliste, c'est qu'il comptât dans ses rangs des Delpech, des Couderc, des Delmas, qui n'avaient pourtant rien à *gagner* à s'y trouver — cela faisait réfléchir. J'ai connu beaucoup de juifs français qui ne raisonnaient pas différemment alors. Comme ils se réjouissaient d'apprendre que des particules entouraient de Gaulle ! On pouvait donc souhaiter la défaite de l'ennemi sans pour autant avoir l'air de vouloir sauver *égoïstement* sa peau. Ô temps étranges où le patriotisme devait se faire petit, où la majorité des Français, tout en restant dans leurs villes et dans leurs campagnes, avaient déserté leur pays et où le marché noir était le seul langage que comprenaient les habitants que séparait la Loire.

Ce que l'on reprocha, en fait, à de Gaulle lors de sa fameuse conférence de presse, c'est d'avoir cru à une essence juive. (« Ce peuple d'élite, dominateur et sûr de lui. ») Mais personne ne broncha lorsque, la semaine suivante, un célèbre philosémite, Maurice Clavel, chevauchant, la lance à la main, son bel *Observateur,* n'hésita pas pour mieux défendre ses protégés à commettre un péché identique. Seulement cette fois-là, sous sa plume, les juifs ne firent plus envie, c'était ridicule — mais pitié. Ces êtres peureux, abjects, presque dégoûtants, comment le Général avait-il osé les traiter, s'indignait Clavel, de durs à cuire ? C'était se moquer du monde. Clavel, tout de même un peu inquiet de ce qu'il avait laissé entendre, s'empressa d'ajouter que c'était la volonté de Dieu qui avait rendu les juifs si longtemps tels. Quand on est juif, que faut-il préférer : l'envie de De Gaulle ou la pitié d'un Clavel ? J'ai fait mon choix. Ce qu'il y avait dans la tête du Général, c'était de lourdes et confuses coulées d'histoire. Il devait s'imaginer tantôt en Richelieu, tantôt en Louis XIV. Le fameux sens de l'État se heurtant aux minorités abusives. N'oublions pas que le seul homme politique qu'il ait admiré c'est Staline. Admirer Staline, ce n'est jamais bon signe que l'on s'appelle Vailland, de Gaulle ou que l'on soit un quelconque plumitif. Dans les films en technicolor qui se déroulaient dans sa tête, j'imagine qu'il a plus d'une fois révoqué l'édit de Nantes. Les juifs qu'il supportait, c'était ceux qui se convertissaient pour mieux louer sa gloire ou de riches financiers, les Samuel Bernard de notre temps.

(A suivre.)

IX

Une Normandie incertaine. 16 juillet 1962.

Mes amis, quelques autres et moi-même, nous sommes d'accord sur un point : si je n'écris pas un livre d'ici à la fin de cette année, je suis un homme fichu. Autrement dit, avec les délais d'usage et par une sorte de défi, il ne me restera plus qu'à quitter cette terre avec les honneurs de la guerre.

Évidemment, il y a des solutions moins radicales, vivre quelques années encore sur mes amis, en m'alcoolisant de plus en plus, et devenir quelque chose d'hébété et de grotesque, avec le morne espoir d'une crise cardiaque, le morne espoir d'une fabuleuse urémie. Je peux aussi, en soignant mcs apparences, tenter d'épouser une dame du type de DS ou de RA. Ces dames ont toujours eu de l'indulgence pour moi. Elles sont riches, boivent énormément, s'ennuient beaucoup, sont désespérées et, avec une obstination bestiale et toute féminine, rêvent d'un grand amour. Comme je les comprends, si je n'éprouve pas de sentiment à leur égard. Je pourrais pourtant m'entendre avec elles, ayant avec les ans redécouvert la politesse, vertu nécessaire lorsqu'on a l'âme fatiguée, des instincts de violence, une paresse infinie et le sentiment très clair que, ne faisant pas ce que l'on devrait faire, c'est la moindre des choses de rabattre son caquet. Oui, je vois de grands dîners, des dames un peu grosses et toutes vacillantes, un maître de maison (moi) distrait, asexué, bâillant entre deux plats et rêvant de moins en moins à ses futurs livres. Les invités disparus aux petites heures, les bougies sur les nappes ou la moquette, le champagne renversé dans des seaux sans objet, je m'imagine portant la dame des lieux vers ses appartements, la cuvette ou le lit. Ce serait parfait, mais il faudrait que j'arrive à me décider ou que l'on décide pour moi ce qui est le hic. « Réfléchis », me disait l'une d'entre elles, la plus riche, après m'avoir cahoté un long jour, une nuit de son palace à sa garçonnière, non sans m'avoir montré, au détour, l'appartement de trois étages qu'elle se faisait construire avenue George-V. Et ça, c'était la gaffe, le mot qu'il ne fallait pas dire. Mais voyons, ma bonne dame, quand je réfléchis, je deviens comme tout le monde, la moralité m'emplit, je perds cette délicieuse ingénuité dans le petit mal qui est ma marque de fabrique. Si, par malchance, on tient à moi, il faut me tirer par la manche, et tout me semblera naturel. Pauvre folle, qui croyait que c'était la différence d'âge qui me gênait, alors que tout au contraire elle m'emplissait d'aise. Avec une femme qui a quinze ans de plus que vous, on n'a pas le remords d'être un si piètre compagnon, de gâcher une vie ; c'est comme si, en permanence, on pouvait endosser dans l'existence ses vieux vêtements : les minutes et les heures, on dirait qu'elles s'assouplissent, qu'elles se culottent. Et de savoir enfin que je n'aurais pas à me donner du mal pour plaire m'aurait plutôt poussé à me surveiller. Plaire, n'étant plus une affligeante nécessité, devenait une fleur gaiement offerte. Ces femmes évidemment sont rares — leurs cousines en âge et en fortune préfèrent du solide, les beaux garçons, les gigolos sur mesure et non ces galantins qui mélangent tout et brouillent les têtes — et puis je vieillis, mon projet est médiocre et c'est bien parce que je n'ai fait que l'esquisser jusqu'à maintenant qu'il m'amuse encore. Aussitôt dans mes meubles, j'espère que je prendrai l'escalier de service au galop.

Récemment, je me suis entiché d'une autre rêverie. J'ai aimé une femme drôle, pauvre, pleine de bravade et de bravoure, légèrement plus âgée que moi, non pas belle, mais si souvent plaisante que c'en devenait une joie que de la regarder vivre, boire, nager et pétiller, avec ce qu'il faut de garcerie et de gentillesse pour décourager et retenir un garçon comme moi, tout occupé de lui et qui a un tel besoin d'être distrait, déconcerté et finalement rassuré. Il n'était pas possible que les ans, l'alcool, la vulgarité des hommes, les mille effritements de l'existence désagrègent sans appel cette bonne chose si fière, si libre encore, et moi qui ne suis rien qu'une torpeur hantée par le discours, moi sans argent, sans maison, sans vraies attaches, je voulus me mettre, bouclier fantôme, entre cette femme et les dangers qui la menaçaient. La chérie, qui m'avait vu sans doute dans les premiers jours comme un gros garçon joufflu plein de faconde, un critique littéraire à la dent dure, un écrivain dont des amies à elle lui avaient dit plutôt du bien et, somme toute, comme une sorte de parti qui n'aurait pas si désavantageusement remplacé un vieux mari toujours charmant, mais essoufflé, et qui n'aimait plus, à part elle, peut-être, que son lit et ratiociner dans des bars avec des demi-soldes de la littérature, tous issus de la vénérable cuvée 1945-1948, se douta-t-elle de l'exquise pitié qu'elle m'inspirait ? Mais au fond, que sais-je d'elle ? Que peut un type comme moi savoir de son prochain ? Quand je parle, j'égalise toute personne et je parle trop. Au bout d'un moment, je perds la fraîcheur des commencements, je n'entends et je ne vois plus rien. J'oublie qu'il y avait eu en face de moi cet entêtement qui me plaisait, ce bel, ce vivace entêtement ; mais si on me tient tête trop longtemps, je me dis : « A quoi bon ? c'est très bicn ainsi : voilà quelqu'un de sauvé », et je suis tout fier d'accorder à qui le veut, avec une feinte générosité, un passeport pour l'humanité. Après vingt whiskies, que reste-t-il, d'ailleurs, de la femme fière dont on s'était entiché ? Bien sûr, il ne s'agirait que d'apparence, mais quelle sale blague cet être profond, alors que les apparences recouvrent la presque totalité de la semaine ?

Que m'arrive-t-il ? Qui pousse qui ? Dans ce manoir de la dernière chance peuplé de vert et de hêtres, en ce mois de juillet 1962, en cette Normandie incertaine et rêveuse, où veux-je en venir ? Qui m'attend dans deux mois ? Un cercueil en vieux chêne ? Quelque complication hépatique ou cardiaque ? Une clinique à Versailles ? Le doux et hideux petit train-train ? Les dîners chez l'ancien Calvet, le marc, la mirabelle, la framboise, l'abricotine, ô glouglou de mes nuits, *l'Observateur* de mes deux, les fausses tromperies, les fausses querelles, quels sont ces vertiges, où voulais-je en venir encore une fois ? Milliards de Chinois et de nègres du XXIe siècle qui ne me liraient pas et à qui je m'adresse pourtant, avec la solennité du vieux comédien ému jusqu'aux larmes par les tirades qu'il déclame, voici ma voix sourde, aphone, voici mes mots hébreux, voici mon cœur, immonde viscère, voici mes espoirs sarcastiques, voici mes mouches, mortes avant même d'avoir pu bourdonner autour de votre limon. Écoutez-moi, vous qui ne pouvez m'entendre. Savez-vous ce que c'était d'être dans ma peau en ces temps reculés ? Eh bien, bizarrement, mes petits muets du sérail, un gros bonheur tout au fond de l'être, un gros bonheur de jeune chiot niché sous un lit. Quelle drôle de chose de ne plus comprendre son mécanisme, de regarder le monde comme une tragique erreur, d'errer comme un idiot au milieu des hommes — les hommes, ces poulets hébétés, laids comme des poux —, d'avoir la tête si fatiguée que plus rien n'a de signification, ni ces places, ni ces rails, ni ces avions, ni ces discours, ni ces amours, ni ces coups de téléphone, ni ces promesses, ni ces liens, ni ces tableaux, ni ce noir, ni ce jour, et d'émerger pourtant et de se dire : « Je suis là, je suis bien là, je suis *encore là.* » Mort d'angoisse peut-être, mortel sûrement, mais là, là, *là.* Aussi là que ceux qui ont l'air d'être dans le coup. J'entre dans leurs maisons, je leur prends leurs femmes, je gaspille leur alcool, je dors comme eux, je m'occupe de leurs guerres, de leurs soucis, je touche, j'abîme tous leurs jouets. Ils vieillissent (ce qu'ils peuvent vieillir, c'est fou) : je reste éternellement le même — et pourtant, la bonne blague, un jour, je mourrai.

Ce bonheur, je peux vous l'assurer, il revenait de loin. J'ai eu une chance dans l'existence, une seule, mais de taille. On m'a trop contraint à penser à moi-même, à sauver mes esprits, bref à me préserver du monde pour que je m'occupasse de ses menus plaisirs. En vingt ans, j'ai vu déraper les idéologies les plus meurtrières, autrement dit les plus soucieuses, de l'homme sans que cela me fît ni chaud ni froid. D'être juif et juif entre neuf et quinze ans — car après je n'ai plus été juif que par goût de la rhétorique ou par simple décence, je veux dire : au cas où… —

m'a débarbouillé l'âme de toute sentimentalité excessive. D'une façon irréductible, j'ai haï la violence, de la même façon, j'ai su qu'on ne pouvait rien pour les hommes. La seule chose qui a un intérêt sur cette terre, pour cette taupe avide et sourde qu'est l'écrivain, c'est de chercher le vrai et, s'il a la chance de le déterrer, de le poser devant lui, pour que d'autres puissent le contempler et se frotter les mains devant cette chaleur polaire. Si vous saviez, mes nègres et mes Chinois du XXIe siècle, le nombre de pétitions que nous avons signées, le nombre d'appels que nous avons lancés, le nombre de colis que nous avons envoyés (ça, moins) : ô les aigres, les admirables petites sœurs de la Croix-Rouge que nous avons été ! Je ne regrette rien. Ce que j'ai fait, et qui n'est rien et rien d'abord par rapport à ce qu'ont fait d'autres qui, en définitive, n'ont pourtant rien fait, il fallait le faire pour que, quelque part, soit gardé le sens de cette fichue histoire. Nos adversaires, en ces temps-là, prétendirent que, ce qui nous poussait, c'était le besoin « d'avoir bonne conscience », que nous étions des complexés, des jaloux ou des naïfs, que, pour nous venger de nos familles ou de nos limites, nous souhaitions que tous les Cosaques de la terre violent la poudreuse, la trop succulente Europe. Je ne peux répondre des autres mais, pour moi, la bonne blague ! Il n'est pas nécessaire d'être sensible pour protester : le caviar, les palaces n'ont jamais empêché les bons sentiments, et d'avoir dit ce quc l'on croyait devoir dire n'est pas toujours un somnifère efficace. Beaucoup d'entre nous n'ont pas voulu que leur scepticisme radical, leur goût du confort, leurs histoires personnelles fussent la seule philosophie du monde. C'est déjà assez d'être soi, sans que le monde entier le devienne, en pâtisse.

Chinois et nègres, médiocre subterfuge de ma plume, vous m'ennuyez. Allez-vous-en. Siècle futur, je ne me fais aucune illusion sur ce que vous serez, en admettant que vous soyez quelque chose. Vous venez de nous et, comme il est dit dans *la Belle Hélène* d'Offenbach, lorsqu'il s'agit de présenter Agamemnon : « Voici venir le roi des rois, et, en disant cela, j'en ai, je crois, assez dit. » Peut-être, je me trompe. Je ne sais pas bien ce que c'est que la prophétie. Ce que j'aime le moins chez

Nietzsche, chez un quelconque Drieu La Rochelle, c'est leur trop fameux bavardage prophétique. Un vrai flambeur des idées ne crie pas à tout bout de champ : « Rouge, impair et manque. » On ne lance pas n'importe quelle plaque sur le tapis des siècles futurs.

Hier soir, vers les 6 heures du soir, il pleuvinait. C'était la brume sur la double allée d'arbres qui mène au manoir, la brume sur le moulin, les fermes des alentours, l'allée cavalière qui semble suivre la mer à distance respectueuse. Douce brume, douces fraîches gouttelettes, si propices à la rumination, d'autant plus douces que Paris, je le savais, crevait de chaleur et d'un mauvais soleil moite et blanc. Cet été subitement aboli, ce paysage sauvage, cette maison où tout aurait pu arriver, même le crime, m'emplissait d'aise. Mon livre, le décor et moi-même, nous nous confondions. Cette maison, qui appartient encore à Sagan, me délectait comme jamais, depuis quatre ans que j'y prélassait, à intervalles réguliers, une entêtée et sournoise paresse. J'en aimais les salles de bains toutes neuves, le toit en détresse, les volets écaillés, les belles moquettes parisiennes dégueulassées par la pisse des chats, des chiens et la grosse boue normande. Au moment où j'écris ces lignes, c'était une maison sans maître. Sagan s'est enfuie dans le Midi, suivant sa coutume, au bout de huit jours, car elle ne peut souffrir ce climat humide, ces chiens qui hurlent à la mort et ce sentiment d'étouffer que donne la campagne et que seules des habitudes maniaques permettent parfois d'exorciser. L'un de ses anciens maris l'ayant suivie, je me retrouvai une fois de plus seul ou presque dans cette maison avec Denis son fils, la gouvernante et Freustié, cet écrivain dont je m'étais entiché il y a longtemps, en 1953, alors que j'étais encore à la Table Ronde et qu'il venait de publier un beau roman d'aboulique, *Ne délivrez que sur ordonnance,* ce Freustié, qui était arrivé deux jours avant cette fuite, tout blanc, le visage décomposé par la fatigue, l'alcool et les suites d'un infarctus. Antonio et Marysa, qui ne comprenaient presque rien à la langue française, aidés de Mme Marc, donnaient du confort à nos destins. C'était l'endroit et les conditions idéales pour m'enfoncer dans une existence de larve heureuse. De savoir que cette maison allait être vendue, que les domestiques, sans vrais permis de travail, pouvaient être renvoyés d'un jour à l'autre, cette précarité magnifiait ma jouissance. La nuit, avant de m'endormir dans ce grand lit de campagne avec ses deux oreillers, l'un pour la tête, l'autre comme poupée, j'éprouvais de subits sursauts d'angoisse, mais ils ne me terrorisaient plus comme il y a vingt ans. Certes, comme par le passé, je ne savais plus qui j'étais, où j'étais ; comme jadis, je faisais d'immenses efforts pour me remémorer les noms des personnes qui se trouvaient dans cette bâtisse, et le bilan était maigre, l'assistance médiocre, je savais désormais que, tant que je serais en vie, je ne pourrais plus me reposer sur rien, ni sur personne : ce qui aurait fait, il y a longtemps, mon désespoir devenait la preuve par neuf que j'étais vivant. Il y a un moment dans la vie où, si malheureux soit-on, l'on croit, parce que l'on est jeune dans le métier, que tout est encore possible, qu'il n'est pas tellement nécessaire de travailler, de lire, de réfléchir, que tout viendra miraculeusement sous la plume, et d'une certaine façon, c'est vrai. On raconte alors sa vie, toutes ses vies, sa vie en tout sens, cette vie issue des délices de l'enfance et des précieux enfers de l'adolescence. On enjambe, comme le jeune Bonaparte, ses années qui sont autant de victoires ; on a lu, on a du talent, on comprend tout, et tout bonnement on épuise en quelques livres cette zone bleue de l'existence que sont ces vingt premières années. Après, c'est la même chose : un écrivain ne change pas ; seulement, un jour, il s'aperçoit que tout compte, que tout prend un sens. Et ce qui n'était que rêveries, fuites, poèmes noirs devient des paroles définitives, mortelles. Mais cette différence n'est ressentie, sauf en de brefs instants, que par l'esprit. Comme c'est difficile, comme c'est vain, d'ailleurs, que d'être autre chose qu'un somnambule. Dans ces pages, je voudrais goulûment tout dire, mes défaites, mes manques, mon quotidien, mes velléités et mon incurable espoir, ce qui fait que je suis aussi un écrivain, c'est-à-dire un vieil expulsé, un vaincu, un éternel défaitiste et dans le même temps cette chose tenace qui, jusqu'au dernier souffle, prépare son débarquement sur cette terre des hommes exécrée. Espoir de quoi ? Espoir de traîner la condition humaine dans le ruisseau, de la traiter comme elle le mérite, qu'elle soit sans artifice, sans oxygène, et pourtant que, tout au bout, le bruit de la mer, les rumeurs de la nuit, les corps des bonnes femmes ne soient pas rayés. C'est peut-être de la merde tout cela, mais voilà : à partir du moment où l'on a pris conscience de ces bagatelles, on n'arrive plus à s'en passer. Si on ne prend pas le parti de se tuer, c'est fabuleux, c'est plutôt rigolo l'existence, hélas !

Post-scriptum. (1968.)

Je ne crois pas que le suicide m'ait beaucoup obsédé depuis que je suis sur terre. Je n'entretiens pas des rapports assez gracieux avec l'existence pour lui céder la parole définitivement. Je lui en veux trop — j'en ai gros sur le cœur — que les choses soient ce qu'elles sont pour avoir l'air de lui donner raison en cessant de la contredire. D'autre part, on a pu s'en rendre compte, l'idée de ma mort ne me réjouit pas. Et si j'en parle tant, c'est comme on touche du bois, pour l'exorciser. Il ne faudrait pas trop me forcer pour que j'avoue que la chose qui me peine le plus au monde, c'est de savoir, de source totalement sûre, qu'un jour je ne serai plus là. Que les hommes, qui sont en général si lâches, qui mènent une vie si dérisoire, si dépourvue d'aventures, il leur arrive ce pépin absolu, j'ai beau savoir que ça s'est toujours passé ainsi, je n'en reviens pas. Péguy, pour exalter les vertus traditionnelles, disait que le père de famille était l'aventurier du monde moderne. Finalement que tous les hommes meurent me fait penser que tout homme possède en naissant son bâton de maréchal.

Plus naïvement, je serais prêt à dire que je suis stupéfait à l'idée que, depuis qu'il y a des hommes ils aient tous accepté de mourir aussi facilement. Qu'ils n'aient pas fait plus de boucan contre cet état de choses. Fallait-il que la vie fût infecte, pour qu'ils ne se révoltassent pas ! Fallait-il qu'on les dupassât, qu'on les droguât, qu'on les abrutît de toutes les façons pour que chaque jour de chaque siècle ne fût pas jour d'émeute ? Je reste confondu devant l'apparente indifférence de nos maîtres à penser. C'est Sartre qui a le toupet d'écrire : « La mort n'est rien » ; et Malraux montre le même superbe aplomb dans ses *Antimémoires :* « Je ne parle pas du fait d'être tué, qui ne pose guère de questions à quiconque a la chance banale d'être courageux », sans oublier le fameux : « Je veux mourir dé-s-espéré » de l'oncle Gide, dont on nous a assez seriné les oreilles. Il est vrai que, il y a bien bien longtemps, lorsqu'il n'y avait sans doute pas de films suédois ou allemands pour m'ôter d'un doute, je me suis fait un noir souci à propos des choses de l'amour, persuadé qu'il fallait être dans les premiers en gymnastique pour s'emparer d'une femme. Je veux donc bien reconnaître qu'il n'est pas nécessaire d'avoir de la pratique pour mourir. Et que mourir bien ou mourir mal ne compte pas pour celui qui va mourir, à l'instant où il va mourir, mais intéresse seulement les vivants, si friands, en jeux radiophoniques. N'empêche : tous ces milliards d'hommes qui sont morts avant moi, on aura beau m'expliquer qu'ils ne pouvaient pas faire autrement, je leur tire mon chapeau. Il y a des évidences, si grosses soient-elles, qui ne passent pas.

Pour qui donc a une peur bleue de la mort, le suicide, son cousin germain, semble un hôte indésirable ! Je n'oublie pas pour autant que j'ai consacré à Drieu La Rochelle, qui s'est suicidé, de nombreuses pages et que l'un de mes livres se termine par un suicide rêvé. C'est l'un des ennuis d'avoir écrit des livres qui se sont peu vendus (je citerai comme autre inconvénient de taille celui de ne pas avoir d'office une bonne table dans un restaurant où l'on ne l'a pas réservée), on a toujours l'air prétentieux lorsqu'on en cite un à l'appui, les yeux baissés, ou pour contredire sa thèse. Le lecteur vous fait payer son inculture. Il ne veut pas discuter du bien-fondé de ce que vous avez pu avancer : dans la mesure où il l'ignorait, vous êtes un fat de croire que cela peut présenter quelque intérêt. Chacun sait que notre époque est glorieuse, progressiste, et qu'il est impossible qu'elle ait pu négliger dans sa toute-clairvoyance quelque chose d'important. C'était bon pour ces siècles misérables, où *les Fleurs du mal* et *Madame Bovary* se voyaient condamnées par des tribunaux d'Empire, où un Stendhal était relégué dans un grenier italien, place idéale pour un coquin de son calibre. Aujourd'hui, où nous avons comme critiques des Pingaud et des Dumur, ces bizarres coureurs sur place de la modernité — ne trouvez-vous pas en effet qu'ils ont, dans leurs lignes, le visage tendu, crispé, des coureurs qui s'apprêtent à disputer farouchement un cent mètres qui comptera dans les annales de la critique, mais est-ce une illusion d'optique, alors que tous les coureurs sont déjà loin, je les vois, eux, toujours à la même place, toujours en train d'écrire *les Petites Filles modèles* ou *l'Amour triste,* et seul un sympathique postillonnement, une superbe écume aux lèvres nous donnent l'impression qu'ils participent à la course de leur vie — il est hors de question qu'il y ait de bons auteurs oubliés, si l'on songe qu'un Jean-Pierre Faye et cent autres médiocres qui le valent jargonnent dans nos meilleures revues, s'ébrouent dans nos belles maisons d'édition ripolinées.

Tout au contraire, l'écrivain célèbre peut répéter ses meilleures formules (songez à Malraux) autant de fois qu'il lui plaira et sans préciser lourdement qu'il se pille, on ne lui en tiendra pas rigueur. On ne savait pas qu'il les avait déjà dites. Notre temps est une oubliette, excellente chose qui fait la fortune des livres de poche. On trouvera bientôt, dans certaines bibliothèques, à trente livres de poche de distance, cinq *Chartreuse de Parme,* avec de jolies couvertures différentes : c'est qu'on n'a plus besoin de lire pour acheter. Et si, par miracle, on a lu, on est trop sollicité par mille autres spectacles pour garder souvenance. Si, par extraordinaire, le lecteur a quelque doute sur la fraîcheur du produit, il sera reconnaissant à son écrivain favori de lui donner l'impression d'une grande culture ; et puis on trouve toujours un air de vérité à ce que l'on a l'impression d'avoir déjà lu. Eh bien, pour me citer — puisque c'était de ça qu'il s'agissait et je crains que Pingaud et Dumur n'aient été les victimes de ma timidité — et tout en tenant compte que, du minerai-suicide, on finit bien par extraire cette mort qui m'effraie — non, mille fois non, je ne serai pas un mort joyeux, un cadavre gai luron —, je dirai et je redirai qu'envers le suicide les hommes ont toujours été d'une grande injustice, qu'ils l'ont toujours maltraité, persécuté, que c'est le mauvais juif de la mort. Les moralistes philosophes de l'immédiat après-guerre, je songe en particulier à Camus, ont tenté de l'amadouer, se sont servis de l'absurde pour le désarmer, qu'il rentre dans la cage commune. Le suicide, au fond, c'était la déviation gauchiste, qu'exècrent les partis de l'ordre, les sartriens, le Camus de la mesure méditerranéenne, les lourds communistes de la pensée. Soyons clair : celui qui se suicide n'a jamais tort. Il n'aura jamais tort, l'homme qui, en se tuant, laisse en plan sa femme et ses trois enfants ; ce ne sera jamais un lâche, celui qui, par son geste, a renoncé à adoucir les derniers jours de ses vieux parents qui l'aimaient tant ; il n'est pas mesquin le mal-aimé qui, par son suicide, empoisonne, un jour, un mois, ou un an, les pensées matinales de la dame si peu farouche qu'il avait fini par si fort ennuyer. Ce sont des vivants qui tentent de vous salir, ce sont des vivants qui, pour vous confondre, n'ont à la bouche que les mots « honneur », « dignité », « respect humain » ; moi, si j'étais Dieu et que je me fusse donné la peine de créer un paradis qui fût autre chose que cette musique céleste que l'on entend à la fin des films les plus niais de la Metro Goldwin Mayer, je vous ouvrirais, jolis suicidés, les portes de cette terre enfin recommencée. Sans pousser personne à se tuer, je trouverais raisonnable que l'on eût la mort à portée de main, la mort facile. J'aimerais que le suicide perdît son côté fait divers, *France-Dimanche*. De nos jours, on sent que le suicide n'est pas donné à tout le monde : comme un fait exprès, la société s'arrange pour contraindre ceux qui se suicident à décourager ceux qui ont envie de se suicider. Un retour à l'Antiquité me paraîtrait souhaitable. Si tous les suicides sont honorables, il serait bon que l'on assiste enfin à une promotion de suicides heureux ! Ah ! puis qu'on en finisse avec ces commentaires ironiques sur ceux qui se sont ratés. Un suicide manqué, c'est ce que beaucoup de personnes auront fait de mieux dans leur vie. Et, dussé-je passer pour l'ami définitif des flics, si demain j'apprenais que 4 000 C.R.S. se sont suicidés — je ne veux pas savoir leurs raisons —, je me demande si je ne les aimerais pas, si je ne les estimerais pas davantage que 4 000 étudiants braillards.

X

Ma tante de droite — eh oui ! il faut bien terminer les histoires commencées, alors même que l'on a la tête ailleurs —, en 1939, à l'époque de la guerre russo-finlandaise, me réprimanda parce que j'avais eu le malheur d'acheter un cahier d'écolier dont la dernière page de couverture était illustrée de photos fort banales, représentant des villes russes, Kharkov, Kiev, des mines de houille ou de fer et le complexe de Krivoï-Rog. Au moment où un héroïque petit pays de trois millions d'habitants se défendait victorieusement contre ces bolcheviks, me dit-elle, il fallait vraiment ne pas avoir de cœur pour choisir un cahier dont les photos mensongères exaltaient les assassins. Ça n'empêcha pas cette excellente dame de glapir de joie, deux ans plus tard, lors de l'invasion de la Russie (par les Allemands), ce qui, après tout, aurait pu se comprendre, mais, ce qui était moins logique, de suivre avec passion les contre-offensives soviétiques d'hiver. Je l'ai déjà dit : d'être juif, en certaines circonstances, bouscule assez vivement les idées reçues. Les humiliations, les persécutions ont ceci de commun avec les approches de la mort qu'elles vous laissent perplexes sur l'importance d'être bourgeois. (A dire vrai, si ma tante était maladroite, elle n'avait pas tort d'être pour la Finlande.) Le mot *rouge* m'était familier. En 1936, mon père, qui avait fait un voyage en Espagne, au moment où la guerre civile venait d'éclater, l'avait rapporté ainsi qu'un superbe imperméable anglais. Une belle dame que j'avais coutume d'appeler « marraine » m'avait laissé entendre que mon père avait bien tort d'avoir des sympathies pour des gens affublés de cette couleur. Ayant eu la rougeole, la roséole, la rubéole, le jeu complet de ces maladies si disgracieuses, je n'étais pas loin d'être de son avis. Je l'étais d'autant plus qu'en la quittant nous devions dîner à Bougival, ce qui était une fête pour moi. « Au *Coq hardi,* bien sûr. — Non, au *Tilleul* », dit mon père, et la belle dame fit la moue, ce qui gâcha ma soirée. Par sa moue, elle laissait assez entendre qu'il n'y avait que les personnes peu fortunées, du moins sans goût, pour se rendre autre part qu'au *Coq hardi* lorsqu'elles allaient à Bougival. Je devais prendre ma revanche plus de vingt ans plus tard. M'étant réconcilié avec Françoise Sagan — je ne sais plus les raisons de notre brouille, et d'ailleurs elles ne vous regardent pas —, je décidai pour fêter l'événement de l'entraîner — terme pompeux pour qui n'a jamais voulu passer son permis de conduire, m'étant longtemps dit que les femmes ne manquaient pas sur terre — au *Coq hardi.* Comme mon père avait raison ! J'éprouve pourtant de tendres regrets quand je songe à ce déjeuner et à bien d'autres si délicieusement semblables — elle : de la purée et du jambon ; moi : des artichauts pour commencer, avec, comme variante, un œuf en gelée ou des belons (après tout, je suis un homme), suivis d'un foie de veau avec des épinards — que venait bouleverser un nombre appréciable de *dry.* Alors l'existence devenait légère. Sagan allait louer, près de Gassin, une maison superbe dont on lui avait parlé (« Tu sais bien, le mari de Mimosa ») ; on y passerait des jours très gais. Ne viendraient ce printemps-là que des personnes drôles, intelligentes, séduisantes, pas du tout ces gens impossibles qu'elle avait été obligée de voir à Paris — ah ! c'était bien fini — et puis, l'été venu, c'en serait fini aussi de cet affreux Midi : on irait près de Deauville, on passerait des vacances cossues comme je les aimais. « Et tu sais, si mon prochain roman marche bien, j'ai l'intention de louer pour la rentrée un grand hôtel particulier où nous aurons chacun notre coin pour travailler et faire les fous. » J'évoquais obstinément l'Écosse, en septembre, sur des routes vides. L'Office du tourisme écossais devrait m'engager pour sa publicité : je crois dur comme fer aux rivières gorgées de lourds saumons roses, à la chasse à la *grouse,* à travers les *moors* et les bruyères, aux auberges étincelantes de propreté ; tout un dépliant de bonheur brille alors dans mes yeux.

L'autre sœur de mon père, la plus jeune, était mariée à un gentil docteur, dont les boutons de gilet émettaient des bruits fort divertissants, quand j'étais enfant. La nature l'avait doté d'une sœur terrible, qu'il adorait et qui est aujourd'hui professeur au Collège de France, où elle détient, je crois, la chaire de pharmacologie. Quand elle faisait passer des examens, d'après les médecins que j'ai connus, elle n'était pas d'une humeur folichonne. Il y a quelques années, j'ai lu son discours inaugural, et je souhaiterais que ces lignes ne lui tombent jamais sous les yeux, car il était d'une assez rare platitude. Il respirait la satisfaction, touchante si l'on veut, d'être arrivée à un rang aussi élevé, mais rien n'indiquait, dans cette mince plaquette, qu'elle ait eu la moindre idée un peu curieuse, vivante, dans son existence. Cette grande tante dominait politiquement tout ce secteur de la famille. Mes souvenirs d'elle remontent loin, car je crois revoir, juste avant la guerre de 1939, la grande page photo de *Paris-Soir* où l'on montrait son laboratoire, qui venait d'exploser à la suite d'un attentat politique. Était-elle anarchiste ? Je l'imagine, puisque son frère et sa belle-sœur l'étaient alors : de cela je suis sûr. On devint communistes à la Libération. Triste promotion ! Anarchistes, c'étaient des gens charmants, cultivés, libres d'esprit : leur adhésion au Parti les rendit souvent idiots dans leurs propos, de 1945 à la mort de Staline. Après, il y a prescription, je les ai si peu vus. Avant sa conversion, ma jeune tante admirait follement Proust. C'était devenu une scie, presque un sujet de plaisanterie dans la famille. En 1940, alors que toutes les femmes de la tribu s'étaient réfugiées à Aurillac dans l'immense appartement que mon père, patriote certes, mais persuadé de la faiblesse de l'armée française, avait loué dès 1939 et qu'elles ne songeaient, les malheureuses, qu'à leurs maris, qu'à leurs frères, qu'à leurs fils au front — comme elles avaient tort de tant s'en faire, tout ça devait se transformer en prisonniers ou en fuyards : je ris encore en pensant à ce brave cousin, que de légères infirmités physiques avaient heureusement éloigné du front et versé dans l'auxiliaire et qui trouva moyen de rester plus de quatre ans prisonnier en Allemagne, parce que, scrupuleux comme il n'est pas permis, on l'avait bombardé trésorier de son groupe, de sa section, de son bataillon (je ne sais pas, moi, le mot que l'on emploie), à Auxerre et que, n'ayant pas reçu l'ordre de repli (forcément : le colonel était parti voir ce qui se passait à la frontière espagnole), il n'osa pas quitter la caisse qui lui avait été confiée (la France en 1940, ce n'était pas le Viêt-nam) — eh bien, pour revenir à ma jeune tante, elle exaspérait ses sœurs et belles-sœurs parce qu'elle ne retrouvait pas, dans ses caisses, certains tomes de la *Recherche,* qu'elle s'en plaignait amèrement, ce qui la faisait passer pour folle aux yeux des grandes personnes, mais mes dix ans fascinés retinrent définitivement le nom de ce monsieur Proust, dont le sort semblait plus important, au milieu de la débâcle, que celui du cousin Strauss. En 1947, la *Recherche* de ma tante aurait bien pu moisir au fond de la malle : on n'en aurait pas fait une histoire. A Proust, on aurait volontiers réservé le même sort qu'à Kafka : le feu. Aragon était le seul romancier ignifugé. Comme j'étais jeune, donc supposé malléable, on m'interrogeait sur mes goûts, mes lectures, on était agacé de voir que je lisais les auteurs « existentialistes » : ce n'était pas sain. L'amusant, c'est qu'en toute bonne conscience, ce coin de famille, jadis drapeau noir, pouvait être aussi conventionnel que n'importe quel bourgeois de légende. Ma tante ricanait sur les caves malsaines, les cheveux longs, comme un colonel de l'armée grecque. Le communisme était bien agréable : on n'avait plus besoin de penser, de chercher, et pourtant on avait raison, on était à l'avant-garde du progrès. Dix ans plus tard, Marguerite Duras, qui avait alors de la sympathie pour moi, du moins je l'imagine, tentait de me persuader qu'avoir été communiste était une expérience irremplaçable, « féconde » (adjectif dont j'ai en vain interdit l'emploi à Jean-François Revel), et j'acquiesçais sournoisement, car je n'en croyais pas un mot. On voudrait que j'oublie tous ces récits de voyage en Union soviétique, en Bulgarie, en Roumanie et dans toute cette délicieuse Europe de l'Est. Ces interminables projections, après le dîner, de films en couleurs, où l'on voyait des paysannes, des champs, des barrages, des roses, des plages, des rivières. Et quand la lumière revenait, on voudrait que j'oubliasse les faces satisfaites de ces aveugles, qui n'avaient rien vu, rien compris, ni les purges, ni les procès, ni les meurtres. Si un démon mystificateur les avait persuadés, pendant un mois, que l'Amérique du Sud était tout entière communiste, ils seraient revenus bras dessus, bras dessous de Quito, de Bogota, de Sucre, de Caracas, avec la même moisson d'images, le même cœur en fête. Ils ne voyageaient pas pour se convaincre : c'est parce qu'ils étaient convaincus qu'ils osaient voyager. En fait, en 1948, j'étais moins lyrique, je n'aimais pas les communistes parce que je me doutais bien qu'ils ne me laisseraient pas ouvrir la bouche. Et si même j'avais eu des doutes sur l'intérêt de ce que j'avais à dire (à l'époque, je n'en avais pas, et pour cause : si je n'avais pas écrit, je sais trop bien ce que je serais devenu), je ne voyais pas en quoi les hommes seraient plus heureux si l'on m'interdisait de m'exprimer. Ce que je reprochais surtout à mes parents communistes, c'était de se donner si peu de mal, leur paresse. La passion de ma jeune tante pour Proust en 1940 était presque révolutionnaire ; son communisme lui permettait d'être bourgeoise et de l'ignorer. Que diable, elle avait des loisirs, un appartement agréable, une certaine culture · elle aurait pu lire Marx, au lieu de m'assener des contre-vérités boulottes. J'adoptais, avec ces parents-là, le ton que je devais adopter plus tard avec tous les communistes ou tous ceux que le communisme passionnait et qu'il m'était donné de rencontrer : un ton poli, déférent, disons-le, hypocrite — « Ne réveillons surtout pas ces grands malades » —, ce ton même que j'avais adopté en classe envers les professeurs qui enseignaient les disciplines qui m'ennuyaient à mourir, ne réservant mes insolences qu'à ceux qui parlaient des choses que j'aimais. Après tout, même si le communisme m'avait délégué d'autres représentants que des parents paresseux ou des dirigeants souvent criminels, m'aurait-il séduit pour autant ? Faux communistes, bons communistes croient que l'on peut changer le monde, les hommes, qu'on n'arrête pas le progrès et, têtue, obstinée, indécrottable, une petite voix, ma seule vraie compagne, chantonnait gaiement je dois l'avouer : « Tout ça, c'est de la blague ! Ça va de mal en pis ! il est probable que jamais les hommes n'ont été aussi misérables qu'aujourd'hui. » Quand vint la guerre d'Algérie, je ne pensais pas différemment. Je n'ai jamais cru au socialisme arabe. Pas davantage que le départ des Français améliorerait les choses, dans l'immédiat. Mais, puisque les Algériens avaient l'air d'y tenir, qu'ils étaient capables de se faire tuer pour leur indépendance et que les Européens, depuis trop longtemps, s'étaient conduits comme des salauds, eh bien, que les Algériens l'emportent et se débrouillent avec leur victoire et son inévitable portée de colonels. Il n'y avait pas de quoi pavoiser, mais, égoïstement, je préférais voir nos colonels énervés par les idées en prison ou à la retraite et que les Algériens connaissent la grisante liberté de voir les leurs au pouvoir. Aref[1] il y a peu, Boumediene, Nasser : quand je pense qu'il y a des intellectuels de gauche, dans ce pays, pour se passionner à propos de cette voie originale du socialisme !

Je me souviens de la visite d'un écrivain sioniste, Arnold Mandel, rue des Saints-Pères, où j'habitais alors, qui était venu me poser quelques questions pour le compte d'une revue juive, *l'Arche* : un bel emmerdeur, cet Arnold Mandel, un curé. Il me soupçonnait, j'imagine, d'être un juif antisémite *camouflé.* Il voulait me débusquer à tout prix. Me pousser dans mes « derniers retranchements ». Il ne comprenait pas que je ne pratiquasse pas la religion de mes grands-pères, encore moins que je n'eusse jamais eu la curiosité d'aller en Israël, ignorant que je détestais autant les voyages que la chaleur et qu'il n'était pas dans mes habitudes d'avoir l'air de m'intéresser à des usines de chaussures, à des champs de blé, à des expériences collectives, que je n'aurais pas eu l'idée ni l'envie de visiter ou d'étudier, quand bien même tout ce beau monde se serait trouvé à portée de main et sous un climat plus tempéré. Les églises de Barrès m'ennuient déjà assez sans que j'applaudisse Sartre d'être imbattable sur la culture de la canne à sucre à Cuba et

1. Ancien chef d'État de l'Irak.

Simone de Beauvoir sur les hauts fourneaux de Han-K'eou. Les raisons de préférer le Cuba de Castro à la Bolivie de Barrientos sont suffisamment claires sans qu'on les obscurcisse, sans qu'on les mette à l'épreuve par des chiffres.

En désespoir de cause, Mandel me demanda si j'accepterais de figurer dans une anthologie d'écrivains *juifs*. C'était son piège suprême : « Mais bien sûr, si ça peut faire plaisir à ceux qui la composent. — Mais pourtant vous vivez en France, vous êtes français, vous n'avez aucun lien avec le judaïsme, vous vous en défendez du moins ; l'État d'Israël vous ennuie ; non, non, ne protestez pas, on sent que vous vous intéressez infiniment plus à Guez de Balzac qu'aux kibboutz (et comme il avait raison !) : n'y a-t-il pas contradiction ? — Mais qu'est-ce que ça peut faire », lui dis-je, le plus doucement possible, car Mandel était un petit homme fragile et je n'avais pas l'intention de le voir tomber de sa chaise cannée, ce qui serait certainement arrivé si j'avais soufflé trop fort — on n'est pas impunément un descendant de ces juifs alsaciens aux nuques de boucher. Mon Dieu, ces curés, quelle race ! Cette impossibilité, pour cet homme, de comprendre que je n'avais pas besoin de me justifier, qu'un tel exercice n'était pas sain, que je ne le faisais déjà que trop. Que, certes, j'étais pourri de contradictions, comme il est dit dans les manuels de littérature, et que je les regardais comme un vieux chat une portée de souris. Ah ! lui dire, lui crier — et tant pis, cette fois-ci, s'il tombait — que je m'en fichais bien si des flics, des personnes trop curieuses, trop naïves allaient se demander pourquoi je figurais dans une anthologie d'ailleurs inexistante, sous prétexte que je n'avais pas toutes les étoiles jaunes désirables. Je m'intéressais plus à la France qu'à l'État d'Israël parce que c'était ainsi, parce que c'était une longue histoire et de plus toute naturelle, mais cette préférence n'appartenait qu'à moi ; elle ne devait pas me servir d'alibi, de sauvegarde ; ça n'avait rien de glorieux d'être français par rapport à des Français. Avec les Français qui m'auraient demandé si j'étais français, je n'avais plus envie de l'être. Il fallait choisir : s'ils étaient français, ces gens-là, eh bien, moi, je demandais un congé à la France. Ce n'est pas par hasard si c'est sur des fiches de police que l'on indique que l'on est français, lorsque la France est vaincue et que les salauds sont au pouvoir. Si ma « juiverie » affichée chagrinait, exaspérait tant de bonnes âmes, jamais je ne l'exhiberais assez. Je crois que j'avais compris : comme tous les juifs français, j'étais imaginairement juif et réellement français. Mais de se dire, de s'affirmer français pour un juif était un pléonasme ou une vulgarité. Les Français qui se vantent d'être français sont des Français dangereux, des malades. Ils vivent eux aussi la France, leur qualité de français comme un imaginaire : seulement cet imaginaire-là est agressif et conduit, les circonstances aidant, à la délation et au meurtre. Tout au contraire, faire semblant d'être juif alors qu'on ignore tout du judaïsme (et je ne dis pas que cette ignorance soit louable, mais je suis aussi fermé à la religion qu'à la peinture) et qu'on n'a nulle envie de devenir citoyen d'Israël reste un bon révélateur de la bêtise des autres et un moyen de lutter contre la sienne propre. Être juif, même si c'est devenu une espèce de mensonge (et c'est un mensonge inoffensif, sauf pour soi), c'est ma façon de m'intéresser aux autres, c'est ma seule éthique.

L'État d'Israël aussi est un imaginaire, et qui me semble devoir s'évanouir un jour. Mais il ne disparaîtra pas, comme les Arabes le souhaiteraient, par l'anéantissement des Israéliens. Ce sera moins sanglant : si Dieu n'existe pas, dans un siècle, tous ces juifs assemblés, fatigués d'entendre les trompettes de Jéricho vanter les mérites du Coca-Cola, se demanderont dans la lassitude ce qu'ils font ensemble et rejoindront leur pays d'origine, laissant au désert et aux sauterelles arabes le soin de recouvrir et de dévorer ce qui fut le plus grand, le plus beau des clubs de la Méditerranée jamais construit. Les juifs se diront qu'ils ne peuvent pas rester collés les uns aux autres pour combler quelques centaines de rabbins ou pour le plaisir douteux de s'affirmer juifs, comme d'autres, durant tant de siècles, se sont affirmés français. Dans cent ans, si cette terre n'est pas détruite, je vois mal les juifs continuer à jouer au nationalisme, alors que la France, l'Allemagne, l'Italie auront sans doute disparu sous leur forme politique actuelle. Ce qui fut le résultat de la plus atroce nécessité ne doit pas se transformer en éternelle bouderie. Quant aux États arabes, j'espère qu'ils seront devenus de grands garçons et qu'ils auront abandonné ces culottes courtes qui excitent si fort l'appétit des connaisseurs. Israël ne sera pas éternellement là pour justifier leurs maquereautages. Comme ce petit État les sert, qui leur permet de ne rien faire, de ne jamais s'entraider, tant leurs nerfs sont à vif. Pauvres limaces, qui dégorgent leur trop-plein d'eau, qui bavent misérablement sous le nocif effet du gros sel juif[1].

Mon ami Ricardo Paseyro, longtemps consul de l'Uruguay en France, ennemi juré de Neruda, mais grand poète et gendre de Supervielle — remercie-moi, fidèle lecteur, de te faire rencontrer au détour de ma plume du si beau monde —, m'a raconté un jour une histoire bien émouvante et que je confie volontiers aux pleureuses arabes. Il m'a affirmé qu'au Brésil, près de la frontière du Paraguay, se trouve un superbe monument aux morts, qui célèbre l'un des épisodes les plus tristes de cette maudite guerre qui opposa pendant six ans (de 1864 à 1870) le Brésil, l'Argentine et l'Uruguay au Paraguay — la proportion est approximativement de cent contre un. Et, sur ce monument, est inscrit ceci : « A la mémoire glorieuse des cinquante soldats brésiliens lâchement assassinés lors d'une embuscade tendue par un soldat paraguayen. » Je n'insulte pas ici la misère arabe, je n'essaie pas de faire rire un lecteur poujadiste égaré dans mon livre sur la prétendue paresse arabe (de toutes les façons, la paresse me paraîtra toujours respectable) : j'insulte les hommes d'État arabes qui démontrent par leur comportement l'échec de toute colonisation.

L'acmé fut la Chine. En 1959, avant que la Chine n'ait viré sa cuti aux yeux des fidèles militants du IXe arrondissement, ma grande tante y avait été en délégation. Pour fêter son retour, mon oncle et ma tante organisèrent un grand raout où leurs camarades de cellule et les esprits éclairés de la famille furent conviés. Ce trognon de famille éprouvait à mon égard une espèce de curiosité effrayée. On se souvenait que j'avais écrit

1. De quoi je me mêle ? Si les juifs veulent rester en Israël, c'est bien leur droit (mars 1970).

jadis dans *les Temps modernes,* ce qui, en son temps, avait déplu, mais comme on ignorait que je n'en faisais plus partie depuis belle lurette, on me prenait pour un compagnon de route. Enfin, j'étais un écrivain et, tout en sachant que ces vilains oiseaux font souvent pleurer le Parti, on se disait que je ne pouvais pas l'être sans m'intéresser à la Chine. J'avais des idées un peu différentes, car depuis Claude Roy, bon sprinter, la Chine, qui n'avait pas encore suscité sa révolution à l'intérieur de la révolution pour relancer notre intérêt, commençait à m'écorner les oreilles. Gascar, Étiemble, Simone de Beauvoir, Lucie Faure, Bodard m'avaient comblé. Ce n'est pas que je trouvais la soupe mauvaise, mais trop abondante. Pourquoi fallait-il que nos écrivains ou nos journalistes se passionnassent toujours pour les pays où régnait la misère ? Quelle secrète complicité ? Que l'on soit contre l'injustice sociale, rien de plus naturel. Que l'on soutienne, avec les moyens du bord, les régimes qui tentent de l'abolir, quoi de plus légitime ? Mais pourquoi penser, une fois pour toutes et quoi qu'ils fassent, que ces régimes suivent automatiquement la meilleure voie ? Alors qu'il est évident que, si les successifs dirigeants soviétiques s'étaient davantage occupés du bonheur de leur peuple plutôt que d'étouffer leurs rivaux, l'Union soviétique serait la nation la plus riche et la plus enviée de la terre. Qu'en est-il aujourd'hui, cinquante ans après la révolution d'Octobre, de cctte grande lueur venue de l'Est ? Un gros pays malsain, qui tente de profiter de la saloperie américaine au Viêt-nam pour imposer son diktat à la Tchécoslovaquie de Dubcek. Un pays de pères fouettards, qui n'a jamais su ce que voulait dire le mot « liberté » et qui ne sait même plus ce que veut dire le mot « socialisme ». Une sorte de dégoûtant cyclope, qui voudrait bien que les « petits » continuent à lui obéir au doigt et à l'œil, afin de protéger sa lourde sieste digestive, qui voudrait surtout faire ami-ami avec la belle Amérique que l'on envie et que l'on admire depuis que Khrouchtchev a découvert la succulence du maïs et des porcs du Middle West. Ah ! s'il n'y avait pas la Chine, comme on s'aimerait, quelle bamboula !

Non, les intellectuels n'ont pas la passion de la misère, mais la nostalgie. Un pays où règne la misère permet de repartir de zéro. C'est parce qu'il n'y a plus de famine en France que notre pays est philosophiquement maudit. L'esprit n'aime pas les détails qui gênent la machine à progrès. Pour que Marx puisse fonctionner — c'est écrit dans la notice —, il faut laver avec soin un pays, qu'il n'y ait plus de miettes — les ouvriers qui ont la télévision retardent la révolution. Ce sont brindilles, grains de sable qui irritent l'homme d'esprit. Ce que dit ma grande tante sur la Chine, je l'avais déjà entendu mille fois ailleurs, mais je pris cet air appliqué, qui me permet de penser à des choses plus gaies. Et puis, nous étions en 1959 ; je buvais tous les verres qui me tombaient sous la main, et jamais la formule qu'il n'y a pas d'ennemis à gauche ne m'a semblé plus vraie. Deux heures plus tard, à table, je regrettais ma politesse. On parlait littérature (pas moi, pas moi, je le jure) et ma grande tante fit la remarque que Proust était un malade et un vicieux. Et, inversant les idées généralement reçues, elle assura à la cantonade qu'un malade, et un vicieux, ne pouvait pas faire de bonne littérature. Ou alors, si la littérature exigeait de pareils spécimens, on pouvait s'en passer. J'étais ennuyé au possible, presque autant qu'un agent de change à qui l'on demande un tuyau boursier, car je venais de publier un essai, et visiblement l'assistance attendait mon avis. Je devenais subitement la littérature en question. La littérature ne savait où se mettre et finit par rougir. Ma grande tante, elle-même, par son silence, montrait assez qu'elle daignait attendre mes explications. Que ce Proust m'embêtait, qui m'empêchait de boire, manger, fumer et me taire. On n'avait pas idée, à la fin, d'être une sale tantouse, un asthmatique, de crever les yeux des rats et de faire insulter des duchesses aux noms de fée par des garçons bouchers aux rêches tabliers sanglants sans se préoccuper de ceux qui dînent. D'un autre côté, ma grande tante n'irait pas au paradis, avec ses mots démodés, qu'on aurait crus issus d'un *Larousse* du XIXe siècle. Pourquoi, tant qu'elle y était, ne pas parler des dangers de la masturbation ? J'étais si furieux d'être dérangé que je répondis je ne sais plus quoi, tel que je me connais, probablement que « Proust, en effet, était un malade et un vicieux et le rôti, exquis ». Eh bien, j'avais tort de ne pas me fâcher. De ne pas demander ce qui se passait dans la tête de parents charmants (pas la grande tante), plutôt doux, généreux, compréhensifs, pour qu'ils en arrivent à dire pareilles bêtises? Ils étaient chez eux. Personne ne les menaçait. Personne n'allait les dénoncer. Ne croyez pas que je plaisante. Que, pour faciliter mon analyse, j'emploie l'échelle familiale. Tout communiste a sur la conscience un Proust « vicieux et malade » *sans nécessité.* Et c'est lui rendre un fâcheux service que de prendre l'échelle de secours quand il commence à s'oublier. Lorsqu'on étudiera ces cinquante dernières années, ce qui frappera le plus nos petits-enfants, c'est notre silence devant la bêtise inutile. Et quand nous n'étions pas silencieux, c'était pis : tout ce déploiement d'intelligence pour justifier la bêtise. Mais tout se tient : nous ne sommes pas plus farauds lorsqu'il s'agit de porter un jugement sur une littérature illisible. Nous avons tellement peur de passer pour des réactionnaires, de mêler notre voix à des voix suspectes que, lorsque nous lisons un brouillon prétentieux et non comestible, que, lorsque nous apprenons qu'on a découvert un charnier dans un pays socialiste, loin de nous indigner, loin de crier que c'est inepte ou monstrueux, au fond de nous-mêmes, nous nous persuadons que c'était nécessaire, que la bonne littérature est au bout du brouillon, une société plus fraternelle au bout du charnier. Le charnier et le brouillon, c'est la taxe que nous devons payer pour accéder au beau et au bien — nous en avons pris le pli — et c'est peut-être ce qui nous distingue le plus de ces jeunes gens et jeunes filles qui se sont agités au mois de mai et dont je finirai par parler.

Ce que je cachais à ce fouineur de Mandel, tandis que je m'étranglais et que je toussais à fendre l'âme, parce que je venais d'avaler de travers et trop goulûment une gorgée de whisky pour tenter d'oublier le côté purge de cette interview (ce qui permit au photographe qui accompagnait Mandel de prendre une des photos les plus affreuses de moi), c'est que j'avais perdu l'habitude d'appartenir à une majorité, si étroite fût-elle. Je crois que, pour une fois, le mot « horreur » ne serait pas trop fort. Si je n'allais pas en Israël, si, certainement, j'avais éprouvé un grand malaise à New York, c'est que d'être minoritaire était devenu chez moi une seconde nature, une drogue, un vice si vous voulez. Je ne pourrais pas supporter d'être juif parmi des juifs contents de l'être. Fou d'angoisse à Tel Aviv, je finirais par devenir arabe. Et, comprenez-moi : ce n'est pas parce que j'aurais peur d'être déçu par les juifs que je ne pourrais pas vivre dans un pays, dans une ville à majorité juive, comme ces nigauds de juifs qui vont en Israël, ivres de joie et qui en reviennent la mine sévère, lourds de récriminations rentrées — « Entre nous, ces Israéliens sont impossibles, d'une arrogance, mon cher » —, ne s'apercevant pas qu'ils ont regardé ces Israéliens avec les lunettes des antisémites et que, s'ils les ont trouvés ou trop ceci ou trop cela, c'est que, sans s'en rendre compte, ils les *surveillaient,* et qu'il suffit de se mettre dans la tête l'idée que quelqu'un est différent pour le trouver différent ; non, non, dans mon cas, il ne s'agirait pas de cela, ni même de l'envie de me singulariser ; bien plutôt que, étant singulier, j'aurais peur de découvrir en Israël que ce n'était pas uniquement parce que je suis juif que je le suis resté. Pour employer le jargon de la psychanalyse, ma névrose juive m'est bien commode : c'est un garde-fou. Précisément, ce qui m'effraie et me dégoûte chez nos étudiants, c'est qu'ils ne répugnent pas à s'unir, qu'ils acceptent que la jeunesse soit un programme. Je n'arrive pas à penser que d'avoir entre dix-huit et vingt-cinq ans, ce soit une idée. A leur âge, je n'avais qu'un désir : fuir la Sorbonne, les cafés du Quartier, mon âge ; je me suis inscrit aux Langues orientales, non parce que j'avais la moindre vocation pour étudier le russe ou le chinois, mais parce que cette école était rue de Lille : loin du bruit. Comme s'ils avaient renoncé, ces garçons et ces filles, à faire parler d'eux autrement que collectivement, la ruche leur semblant la seule issue à leur solitude. Si, dans sa grande époque, Johnny Hallyday, en jetant sa chemise trempée à ses fans en délire, avait crié : « A l'Élysée, je suis trop seul ce soir, à l'Élysée », dans un grand bruit de fauteuils cassés, la Ve République aurait vécu. Que cette agitation soit mondiale n'est pas fait pour dissiper mon malaise. A mon goût, ces migrations révolutionnaires font trop appel à l'instinct. Qu'est-ce que c'est ces manières ? On veut changer le monde deux, trois ans, et puis, comme ces insectes qui ne durent qu'une nuit, on disparaît. C'est comme si on m'annonçait que les cigognes de Colmar se sont envolées deux mois plus tôt que de coutume, cette année, pour l'Égypte. Un Sauvageot a des idées sur la société, combien de temps ? Jusqu'à son premier cheveu blanc ? Sa première dent de sagesse arrachée ? Ce que je dis est futile et inutilement méchant mais je n'aime pas cette survivance du règne animal qu'est le pouvoir étudiant. Leur histoire ne peut pas marcher, c'est faux, du cinéma.

Le côté de ma mère était moins traditionnel. Aux Samuel, qui avaient classiquement émigré après la défaite de 1870, d'Haguenau, de Strasbourg, pour s'installer à Melun, aux Frank, Parisiens depuis au moins quatre générations — j'ai lu dans de vieux papiers qu'un Frank était forgeron dans la commune libre de Belleville —, répondent les Naxara, les Carrance ; à Bordeaux, Strasbourg. J'ai bien failli choisir Carrance comme nom d'écrivain, que j'aurais associé à mon deuxième prénom, Benjamin, si je n'avais pas craint — Dieu sait pourquoi — de tricher. Quand on s'appelle Benjamin Carrance, on n'a pas besoin de faire de grands efforts pour appartenir au Lanson : c'est un nom aussi évident que Racine ou Corneille. Il aurait suffi d'un rien, qu'un *c* s'intercale entre *n* et *k*, pour me décider. Je ne pouvais me douter alors que les critiques, les échotiers, aidés des typographes, allaient enrichir mon nom de ce *c* maudit un nombre de fois incalculable, gâchant les petits plaisirs de ma vanité. Cette sotte impression, que ça ne se faisait pas de changer de nom, qui a pu me la donner ? Je me disais peut-être que, si j'agissais ainsi, je tenterais vilainement de surcoter la marchandise proposée au lecteur, en la fourrant dans un étui de luxe, et que c'était là procédés bons pour des Beyle, des Herzog, des Quoirez, mais que, moi, je pouvais tout me permettre, que j'aurais même dû m'appeler Dupont ou Lévy, pour rendre la performance plus intéressante encore ; et puis, je me suis laissé influencer par ces néfastes conseils d'amis sur les plaisanteries faciles que Carrance susciterait. Et pourtant, si je m'en étais tenu à mon envie première, non seulement je me serais fait plaisir, je serais un écrivain aussi illustre que Malraux, Sagan,

Troyat ou Michel de Saint-Pierre, mais encore j'aurais fait le bonheur des nombreux Bernard Frank, écrivains comme moi, qui voudraient bien que je m'ôte de leur soleil. Et là, je me vois dans l'obligation de réciter deux histoires que j'ai déjà racontées à tant de personnes, à mon actuel éditeur par exemple, que je prie ces esprits frondeurs, blasés, de bien vouloir quitter ce livre sur la pointe des pieds pour ne pas gêner par leurs mimiques le plaisir des générations futures. Charbonnier est maître chez soi, et il ferait beau voir que, par de niais gloussements de fille chatouillée, quelques chahuteurs s'amusent à rompre la ferveur de mon auditoire. Dans ce livre, on n'est pas à Nanterre.

Le premier Bernard Frank qui me chercha querelle avait commandé en 1914-1918 un sous-marin. Il s'était illustré à Gallipoli. Après la Grande Guerre, il écrivit des livres de marin qui eurent du succès et furent publiés, je crois, par Flammarion. Le plus célèbre a pour titre *En plongée.* Ce Bernard Frank adorait Jules Verne, peut-être à cause de son fameux *Nautilus.* Il a d'ailleurs publié un livre sur le grand homme de Nantes. Sans rien connaître de la vie de mon homonyme, je la crois heureuse : une retraite confortable, des livres qui se vendent et d'innombrables conférences sur ses deux sujets favoris dans toutes les villes de France, dans nos possessions d'outre-mer, en Belgique, en Suisse, au Canada, et, pourquoi pas, en Amérique du Sud et en Turquie. C'est par ses conférences qu'il connut son malheur. Un vilain jour de 1953 ou de 1954, une vieille dame furibonde lui tendit un de mes livres : « Commandant, vous êtes un cochon et un sale juif. » C'est dur, pour un marin, après trente ans de conférences qui boucanent le visage, de se faire traiter comme un rampant. Il mit son beau béret, prit sa plus vieille canne, alla consulter à l'hôtel Massa quelques confrères, écrivains comme lui, qui l'encouragèrent à se montrer ferme, et, tout ravigoté, se rendit chez mes éditeurs d'alors, Colette et Jacques Duhamel, qui s'occupaient de la Table Ronde entre deux bébés, entre deux ministères, pour leur demander que ce scandale cessât et que je n'abusasse pas plus longtemps de sa célébrité. Il eut un argument péremptoire : pourquoi ne prenais-je pas, comme lui, un pseudonyme ? Il s'appelait en effet Poulailler, et ce ne fut que lorsqu'il commença à taquiner les muses qu'il s'empara, comme un fier corsaire qu'il était, de ce Frank qui croisait dans les parages. Je ne suis pas sûr qu'il ne poussât pas la générosité jusqu'à proposer à mes éditeurs, si je manquais d'imagination, de m'abandonner son vrai nom. Colette Duhamel fut impressionnée par ce raisonnement. C'est une jeune dame myope, exquise, et qui ne peut pas supporter l'injustice. Il lui semblait qu'en signant mes livres de mon nom je choisissais la facilité. Quant à Jacques Duhamel, on se souvient qu'il est aujourd'hui un des leaders du centre ; autant dire que son sens de la démocratie, de la justice et de la liberté le pousse à rechercher un compromis qui ne lèse personne. Je ne fus donc pas surpris, lorsque je reçus une lettre de mes éditeurs, me disant que, toute réflexion faite, ils n'étaient plus tellement sûrs de mon bon droit, que j'avais des chances réelles de perdre le procès que m'avait intenté le commandant et qu'en conséquence ils n'avaient pas l'intention de dépenser de l'argent à fonds perdu en m'offrant un avocat (les bougres savaient que je n'avais plus un sou). Bien sûr, j'étais libre, je pouvais agir comme je l'entendais, mais je ferais mieux à leur sens d'ajouter un deuxième prénom à mon nom, ou même, ce qui serait l'idéal, d'en changer carrément ; ils étaient mes amis, je le savais, et c'était en amis qu'ils me parlaient. J'avais trouvé la démarche de Poulailler si ridicule que j'aurais été près d'abonder dans son sens. Je me mettais à sa place, trente ans de paix royale, trente ans à se prélasser comme un pacha dans cet admirable nom de Bernard Frank, et puis, la catastrophe, le vrai propriétaire du château qui revient en fanfare tel Robin des Bois, et mon Poulailler, la révolution abolie, renvoyé à sa basse-cour. Mais cette lettre des petits Duhamel me fit oublier le plaisir qu'il y aurait eu à s'expatrier en Benjamin Carrance. De plus, je me souvins que cette Table Ronde, qui m'avait consenti une maigre mensualité, ne me la versait plus. Plus d'argent, plus d'éditeur. Je m'agitai deux mois, le temps que la mensualité fût rétablie et doublée, l'avocat trouvé et payé, mais c'est comme si je les avais quittés ; ce que je fis deux ans après. Mon avocat gagna ce procès, qui fit jurisprudence. C'était la première fois qu'un pseudonyme demandait à un nom de quitter la place. Le juge, dans ses attendus, disait, fort irrévérencieusement à mon égard, qu'il y avait peu de chance que le public confondît un écrivain qui s'était illustré dans sa jeunesse dans la marine de guerre avec un autre qui avait fait ses débuts dans *l'Observateur* ou la revue de Jean-Paul Sartre. L'an dernier, ce Bernard Frank est mort, et désormais plus rien ne l'empêche de s'appeler ainsi pour l'éternité. Au royaume des ombres où ce brave m'a précédé, je lui souhaite tous les succès de la terre et j'espère venir l'importuner le plus tard possible.

J'ai eu des relations plus gracieuses avec un autre Bernard Frank, qui doit avoir mon âge et qui a admirablement traduit à la N.R.F. *les Chants de Narayana* qui sont, comme vous le savez, un des classiques de la poésie japonaise. Ce Bernard Frank-là ne m'était pas un inconnu, son nom me disait quelque chose. Quand j'étais élève à l'École des langues orientales dans les années 50, sans avoir jamais eu le plaisir de le rencontrer, je n'ignorais pas qu'il avait passé avec brio sa troisième année de chinois ou de japonais et je me disais avec amertume que j'aurais du mal à le rattraper. J'avais tort de me décourager. Au début de l'année 1958, mes parents, qui ne savaient pas comment se débarrasser de moi, vendirent *leur* avenue de Wagram pour s'enfouir à Theil-sur-Vanne, près de Sens, me laissant pratiquement à la rue. Dieu merci, j'avais signé un accord avec René Julliard et, sans vivre grandement, j'avais de quoi me loger et prendre ces taxis qui me permettaient de sauter d'un arrondissement amical à un arrondissement passionnel. Quand je lis dans les journaux ce que coûte aujourd'hui un taxi, j'éprouve un frisson rétrospectif. J'avais trouvé, à l'angle de la rue du Général-Foy et de la rue de Monceau, une chambre, un bureau, une salle de bains, chez une dame aveugle qui revenait d'Indochine et dont j'étais séparé par un long couloir sinistre. De tous les meublés où j'ai traîné ma malle en osier contenant éternellement des complets fatigués, quelques livres, du papier blanc, des correspondances, de vieux cahiers, celui-ci fut le plus dur à supporter, avec son méchant divan, ce genre de salle de bains qui n'est jamais propre et son bureau, ni ancien ni moderne, bon marché. Et puis je ne sais pas si vous voyez où se trouve la rue du Général-Foy, écartelée entre Saint-Augustin et le boulevard des Batignolles. Ah ! qui dira l'horreur de ces immeubles sombres où l'on n'a qu'une envie, se jeter par la fenêtre ! La seule note gaie. c'était un restaurant incroyable, tout noir, tout en bois, avec un superbe zinc IIIe Empire, que Saint-Germain-des-Prés aurait acheté une fortune, et tenu par un vieux couple de tenanciers comme sorti des *Misérables*. Rue du Rocher. A midi, c'était plein de secrétaires, de maçons, de petits fonctionnaires mais, le soir, personne, quelques vieux célibataires du quartier, des types dans mon genre. Et tous les plats qu'on aime, sauf quand on les lit sous la plume des chroniqueurs gastronomiques : des œufs frits, de l'oseille, de la tête de veau, des ragoûts, des pommes sautées, de la salade de pissenlit au lard, le camembert à point, la crème au caramel, la crème au chocolat, le savarin. Avec des prix rassurants, des 58 francs 50 centimes[1]. Quand j'allais y dîner, fumant Gauloise plutôt que Craven A, je me trouvais sympathique, que j'aurais pu écrire avec une tête et une existence pareilles une littérature *modeste,* ou mieux être archiviste à Belfort. Ça m'arrivera peut-être, si j'ai le temps d'écrire cinq ou six livres encore. Où je suis, je me surprends bien à me poser des questions à haute voix sur les noms des arbres, des herbes et des fleurs qui m'entourent. Un après-midi morose, où j'attendais sans impatience que la bonne, une Normande, m'apportât les journaux et mon courrier, c'est-à-dire, dans la plupart des cas, des bulletins d'éditeur vantant leur camelote et quelques exemplaires dédicacés de cette camelote, j'eus l'agréable surprise de la voir arriver avec une lettre de la N.R.F. qui contenait un chèque à Bernard Frank destiné. Comme j'achetais la revue de Paulhan et d'Arland, je ne mis pas longtemps à comprendre le pourquoi du chèque. Cette revue publiait je ne sais plus quoi de japonais traduit par Bernard Frank, et la comptabilité n'en connaissait qu'un ! Le chèque n'était pas outrecuidant, 20 000 ou 30 000 francs anciens, mais il avait cette vertu d'être inattendu et immérité. Jamais argent ne

1. Anciens, bien entendu.

fut mis en banque avec plus de célérité et dépensé avec plus d'appétit. Ce qui me rendait particulièrement gai, c'est que, si je n'avais pas lu la japonaiserie, je savais qu'elle était à suivre. Je ne craignais pas que mon homonyme pointât son nez à la caisse : je me disais que c'était un professeur et que l'honneur de voir paraître sa traduction dans cette illustre N.R.F. endormirait sa vigilance. Effectivement, le mois d'après, je touchai le salaire de ma renommée, et la traduction n'était pas finie. Pourtant ce fut tout : plus de chèques; la N.R.F. ne devait plus représenter ce qu'elle avait été à mes yeux, ou bien on nous a changé nos professeurs! Je rends cette justice aux Gallimard, à leur comptabilité et à la N.R.F. que, s'étant rendu compte de leur erreur, ils n'eurent pas la faiblesse de m'en agacer les oreilles. Et je ne crois pas, ce que de mauvaises langues ont en vain tenté de me persuader, qu'ils ont fait la retenue à l'autre Bernard Frank! Enfin, quand, pour revenir aux sources, je signerai avec le joyeux Claude Gallimard un dernier contrat, nous mettrons cette bouchée de pain sur mon ardoise. J'ai d'ailleurs essayé de mériter mon salaire un an plus tard, lorsque j'ai reçu d'Alice Giono, qui s'occupait du bulletin de la N.R.F., un mot où elle me renvoyait les épreuves du prière d'insérer. « C'est très bien, me disait-elle, mais c'est trop long de onze lignes. Coupez. » Comme c'est facile, quand on est Bernard Frank, de couper dans la prose de Bernard Frank.

Quand je prétendais que le côté de ma mère était moins traditionnel, je ne voulais pas dire que l'esprit petit-bourgeois n'y régnait pas. C'est dans les professions que je crois apercevoir quelque différence. On en changeait. On avait des hauts et des bas. On jouait aux courses, on était gros mangeur, gros buveur. Il y avait pléthore dans l'organisme. Les hommes mouraient plus facilement d'apoplexie, d'angine de poitrine dans la rue que dans leurs lits. Les femmes, rendues prudentes, suivaient d'interminables régimes qui, de solides matrones bordelaises, les transformaient en petites souris. Il y avait des têtes brûlées. On n'était pas forcément médecin, avocat, boursier, mais volontiers voyageur de commerce (profession qui, ma crise de snobisme passée, me fait rêver d'envie), modiste. On était dans les affaires, mais sans qu'on puisse les définir d'un mot. Un de mes oncles, entre 1921 et 1926, se livra, dans le Rif, au trafic d'armes pour le compte d'Abd el-Krim, mais ne put empêcher la soldatesque française et espagnole de l'emporter. La sœur de ma grand-mère appartenait au corps de l'Opéra-Comique et était atteinte, disait-on, du délire de la persécution. C'est vite dit. Je n'ai jamais vu les docteurs qui l'ont soignée, en admettant qu'on l'eût soignée. Et ce n'est pas la parole des médecins qui m'aurait pour autant convaincu. Ni les commentaires de la famille, toujours lâche dans ces cas-là. On la cachait, la pauvre chère femme, on craignait son exaltation. Elle venait rarement à la maison. Elle avait des yeux superbes. Mais les enfants sont comme les domestiques ou les chiens de race : ils ont peur de ce qui est original. Victime d'une injustice au tableau d'avancement (je ne sais pas si cette expression toute militaire s'applique à l'Opéra : je l'avoue, si, de l'armée, rien ne m'est étranger, je suis fermé aux beaux-arts et ferais un très médiocre ministre des Affaires culturelles), elle prit sa retraite. Elle avait refusé de coucher avec l'illustre Rouché. Comme cet horrible détail, je le tiens d'une rumeur familiale des plus suspectes, je ne voudrais en aucun cas blesser les descendants du grand Rouché, s'il en existe encore. Ils doivent comprendre dans quel esprit j'avance ces choses et savoir que je les tiens pour fausses, si elles les gênent le moins du monde. Si j'excepte les rares visites de cette Madeleine Carrance — on ne voulait pas que je la voie, car on me savait sensible, nerveux, influençable ; soyons clair, on avait peur que sa folie ne me *contamine* —, je n'allais lui tendre ma joue, agnelet docile, que le premier de l'an. Solidement encadré par ma mère et ma sœur aînée, je lui remettais un bouquet de fleurs en échange d'un paquet de bonbons. Elle nous offrait, dans son petit appartement obscur de la rue Demours, un doigt de porto, où je faisais fondre un biscuit Lu. Ah ! ce XVIIe arrondissement, plus que l'Alsace ou le Bordelais, c'était devenu notre vraie province. Ma grand-mère tenait l'avenue de Villiers, toute proche de la place Pereire. Une de ses filles avait émigré boulevard Pereire, à l'angle de la rue Laugier. Tante Clarisse et tante Angèle, dans ce même boulevard, dominaient l'avenue Niel. Quoique né à

Neuilly, j'ai contemplé le monde d'un rez-de-chaussée de la rue Faraday avant de me hisser, à l'âge de sept ans, au second étage de l'avenue de Wagram, entre la rue de Prony et la rue de Courcelles. Mes noms de maréchaux sont modestes : rue Rennequin, rue Gustave-Flaubert, rue Poncelet, rues de marchés et de petits restaurants. Je suis traversé par l'*U,* par le *S,* plus tard par le *84,* le *94,* le *83,* le *31,* et bien d'autres chiffres ou lettres que j'ai oubliés. Nous avions le XVIIe facile, comme les secondes classes, quand nous prenions le train [1]. Pendant l'Occupation, Madeleine Carrance ne quitta pas la capitale et sa rue Demours. Elle fut la seule personne, avec Simone Weil — une folle avérée, celle-là — à ne manger rien d'autre hormis la maigre pitance des cartes d'alimentation. Elle n'en mourut pas. Plus tard, me sachant « artiste », elle aurait souhaité me rencontrer, mais l'adolescence « inquiète » n'est pas plus fraternelle à ces destins sinistres que l'enfance raciste. A sa mort, que je situerais entre celle de Blum et de Staline — excusez-moi du peu mais ma mémoire est politique —, on découvrit une invraisemblable collection de l'hebdomadaire *Arts,* aujourd'hui disparu. Il n'est pas besoin de se voir souvent pour s'aimer, et j'imagine que Madeleine Carrance m'a légué sa paranoïa. Ce côté de ma mère m'a d'ailleurs gâté. Je lui dois une tension découverte fort jeune qui, malgré sa persistance et à la grande fureur des médecins, ne m'empêche pas de m'endormir presque aussitôt couché. Cette tension abrégera mes jours mais, pour le moment, m'a fait gagner un nombre de mois plaisants appréciables. Je lui dois d'avoir été réformé en 1954, alors que mon sursis était à bout de souffle. (1954, excellente année, il est vrai, sauf pour les vins : notre campagne d'Indochine se terminait et l'algérienne n'avait pas vraiment commencé.) En me rendant vers les 2 heures de l'après-midi à cet ultime conseil de guerre, j'avais pris soin de garder superstitieusement mon taxi, un vieux *G 7,* dernier lien avec les plaisirs de l'existence, car, si j'étais reconnu bon pour le service, je partais le soir même vers une de ces villes de garnison

1. A l'époque la S.N.C.F., ou ce qui en tenait lieu, avait trois classes à proposer.

dont les noms si lorrains auraient fait frémir de joie notre cher Maurice Barrès, aussi célèbre en 1922 — je parle pour les jeunes générations — que Maurice Chevalier en 1948. Cette garde à vue dura cinq heures, mais jamais taxi ne me parut aussi aimable et le pourboire valait l'attente. Pour justifier ce qu'avait d'étrange mon comportement, j'avais dit à mon chauffeur que j'avais quelque chose de grave à la jambe gauche. Ce qui me contraignait de boiter lorsque, toutes les vingt minutes, j'allais le rassurer en lui montrant que j'étais toujours là. Qu'il me soit permis ici où les attendrissements sont rares de remercier Pierre Mâle [1]— quand bien même ce *satisfecit* pourrait plus le gêner que lui plaire —, médecin à l'hôpital Henri-Rousselle et l'un des rares de sa profession que j'aie jamais pu supporter et même pour qui j'éprouve comme une sorte d'affection du petit mot qu'il avait griffonné à l'usage de ses confrères de l'armée, où il était dit sèchement que je souffrais, bien entendu, de tension essentielle, mais, ce qui était plus gaillard, de troubles du sommeil et d'asthénie — ce mot démodé me fit sourire — et, pour finir, qu'il ne me croyait pas apte au service militaire. « Il n'y a aucune raison que vous perdiez votre temps dans l'armée. Vous n'êtes pas fait pour elle », m'avait-il dit avant le conseil. Les médecins militaires (ils étaient deux) qui me réformèrent étaient ronds, jeunes et joviaux. Le paysan qui me précédait fit les frais de leur bonhomie. « J'ai des fugues, c'est plus fort que moi. » Il quittait sa ferme, ses enfants, sa femme. Des fois, ça durait huit jours. Des fois moins, des fois plus. D'ailleurs tout était expliqué là. Et il tendit à nos rigolos un nombre incalculable de radios qu'ils regardèrent avec dégoût. Je vous laisse imaginer le sel attique de leurs moqueries. Ils nous prenaient à témoin, et moi et ceux qui étaient derrière moi, du côté farce de la chose. Vous vous doutez du bon gros rire franc qui nous secouait. « Mon garçon, vingt-quatre mois sous les drapeaux ne peut te donner que du plomb dans la tête, et c'est de plomb que tu manques le plus. » Malraux a sans doute raison de dire que ce sont toujours les mêmes qui prennent des beignes. Je tendis mon

1. Il est mort en 1976.

ordonnance aux duettistes. Ma réforme dura trois minutes. « On lui prend sa tension. — Regarde de qui est le certificat ? — Pas la peine, alors. — Qu'est-ce que vous faites ? — Je suis écrivain. — Vous écrivez des romans gais ? » Une heure après, une sorte de conseil de guerre, disposé en fer à cheval dans une grange, nous lisait nos résultats. Ces officiers, ces sous-officiers avaient la tête, le képi, l'habillement des officiers et des sous-officiers qui avaient capitulé en 1870 à Sedan. J'étais fou de joie quand j'appris que j'étais réformé sauf en temps de guerre, ce qui était l'idéal, puisque, en France, depuis trente ans, on est plus à l'abri au front qu'à l'arrière, mais je me disais aussi que je ne connaîtrais plus de cérémonie sociale qu'à mon enterrement — où je serais si fâcheusement absent. A cette époque, j'étais vraiment heureux, car je venais d'être libéré par une femme de mes devoirs d'amant. J'avais deux livres d'avance, j'étais rigoureux, je n'avais fait de peine à personne ; tout pouvait m'arriver : tout m'arriva.

La famille de ma mère avait aussi une section communiste sous la forme d'un cousin germain qui habita, de retour de Syrie où il avait fait la guerre de 1940 — ce qui lui permit d'éviter la douce quiétude des stalags —, le grand appartement que mon père avait loué à Aurillac et dont j'ai déjà parlé. Ce cousin était loin d'être sot, autant que mes souvenirs ne m'inclinent pas à l'indulgence, car je ne l'ai pas revu depuis vingt-trois ou vingt-quatre ans et je ne le reverrai plus jamais, car il a dénoncé le pacte tacite qui unit les familles en ne venant pas à l'enterrement de mon père et, ce qui est sans précédent, en n'envoyant pas un mot de condoléances. Bien plus que ce cousin, je fais figure d'étranger, de mauvais parent, moi qui ne suis qu'indifférent ; et pourtant, si je suis à Paris, j'ai l'enterrement facile ; absent le mot que l'on garde, que l'on devrait garder. Du côté de ma mère, c'est encore le village : les brouilles sont longues, aussi inexpiables que mystérieuses. L'amour-propre joue son rôle, mais il entre aussi bien dans la fraîcheur des huîtres que dans une moquerie un peu vive sur la voilette dont s'était affublée cousine Léonce le jour de l'enterrement de cette pauvre tante Zoé. Ces brouilles ne sont pas gaies pour des parents portés sur la gueule.

A cause de ce cousin, toute une partie de la famille n'assiste pas à l'excellent dîner que donne[1] l'oncle Gaston de l'avenue de Messine. La route du foie gras et du homard à l'américaine est coupée. On avait bien songé à un deuxième service, mais ça revenait trop cher, et cela d'autant plus que certains membres de la famille, qui renoncent à prendre parti dans des histoires dont ils ignorent le premier mot, auraient bien été capables de participer aux deux pour mieux montrer leur neutralité. De cet appartement d'Aurillac, de cette existence dans le Cantal, entre 1939 et 1946, je reparlerai dans un livre nommé *Vichy,* tant cette époque m'est encore claire, et c'est la seule. Avant c'est confus, après c'est soit ennuyeux, soit déjà écrit, et puis ça pue le whisky. A moins que je ne me décide à écrire un roman sur cette France d'opérette d'où nous sortons. Qui a regardé avec passion la province française en ces années-là ne s'étonne plus des mascarades actuelles de notre histoire. De Syrie, ce cousin avait rapporté, dans de belles boîtes vertes, d'exquises cigarettes — du moins qui me paraissaient telles —, des Ardath peut-être, des narghilés, des coffrets dont le bois était piqueté de nacre et son *Journal intime,* agrémenté de photos qu'il me montrait sans me le laisser lire. Ce qui m'étonne aujourd'hui, c'est qu'en marge de certaines pages je crois bien avoir remarqué le mot *censure.* Mon cousin voulait-il se faire peur ? C'est sans doute en suivant ses conseils que mon père acheta en 1941 *les Sept Piliers de la sagesse,* qui firent les délices de mes onze ans. T. E. Lawrence remplaçait les romans de Mayne-Reed qui se passent en Afrique du Sud. Même saveur de l'antilope ou de la gazelle avec, en plus, la séance de cravache chez les Turcs. Maintenant je trouve ce « Triomphe » dur à lire et je comprends la question que me posait Sartre, il y a longtemps : « Mais qu'est-ce que vous lui trouvez donc à ce T. E. Lawrence ? » Pendant l'Occupation, déjà chauvin, je regrettais de ne pouvoir lire les *Mémoires* du général Brémond, une culotte de peau française qui tentait de sauvegarder notre influence en Syrie et que méprisait cordialement T. E. Lawrence. Ce général et ses *Mémoires,* je les avais

1. « Que donnait », il est mort ; je l'aimais beaucoup.

dénichés dans un placard publicitaire inséré dans *la Revue universelle* de Jacques Bainville. Mon père, connaissant mon goût vicieux pour ces antiquités, avait acheté à la salle des ventes d'Aurillac la collection complète de cette revue de 1932 à 1937, ce qui fait que je n'ignore rien d'Henri Massis, du très jeune Thierry Maulnier, des frères Tharaud et de mille autres écrivains aussi palpitants. Mon cousin Serge avait également ramené de Syrie *la Condition humaine* de Malraux. Mais ce livre n'était pas pour moi, disait-il. J'ai ainsi doublement connu Malraux, à onze ans : il figurait dans la bibliothèque familiale et je n'avais pas le droit de le lire. Dans la mesure où j'avais déjà lu Lawrence, *les Confessions* de Rousseau, *les Liaisons dangereuses,* etc., c'était beaucoup faire d'honneur à Malraux ! Plus justement mon père me cachait *le Mur* de J.-P. Sartre. Que contenait d'autre l'enfer de notre bibliothèque ? *Le Cabinet de l'histoire* du docteur Cabanes et un roman fort connu à l'époque de Lucien Fabre, *Rabevel ou le Mal des Ardents* (Gallimard). En 1944, juste avant ou après le débarquement, mon cousin, qui ne s'entendait plus avec son oncle, nous quitta pour devenir F.T.P. et communiste. Il est vrai que nous avions changé d'appartement, quitté le quartier résidentiel de la ville pour gagner à pas de loup un deux-trois-pièces à l'orée de cette rue du Buis tristement célèbre pour ses maisons. Ce deux-pièces, s'il nous sauva la vie — la milice, qui ne se refusait rien, venait d'installer sa permanence dans ce qui avait été le *Cercle des messieurs bien,* situé juste à l'étage en dessous de notre ancien appartement, demanda en vain aux nouveaux locataires où nous pouvions bien nous trouver car elle avait pour mission de nous remettre à la Gestapo —, n'était pas fait pour donner de la cordialité à des rapports interfamiliaux qui s'éternisaient. C'était presque l'été : il y eut, je crois, des propos échangés sans douceur sur les draps, les serviettes-éponges, les gants de toilette, que ce n'était pas un hôtel ici ; bref, pour mille raisons, il était temps que les Allemands quittassent la France et que mon cousin prît le maquis. La rue du Buis devint à son tour suspecte. Nous découchâmes pour nous installer dans une des villas situées dans la banlieue d'Aurillac, sur la route, pour ceux qui connaissent le pays, de Saint-Simon. L'un des libraires de la ville, M. Delprat, qui nous fournissait en « Pléiade », denrée rare à l'époque, et qui aimait parler bourse avec mon père, nous avait offert une grande chambre mansardée dans sa propre maison, qui avait l'inappréciable avantage de n'être habitée que par lui et sa femme. Depuis plus d'un mois, je n'allais plus au lycée : j'avais quitté ma troisième sans regret, car mon professeur de lettres était un endormi de première qui ne comprenait rien à ce qu'il nous lisait, que ce fût *Iphigénie,* Salluste, Isocrate. Je me demande encore comment cet imbécile avait pu passer sa licence de lettres. Aujourd'hui, je ne me ferais pas de souci, puisque les diplômes sont bradés par nos ministres de l'Éducation nationale pour apaiser les innombrables associations de parents d'élèves qui ne peuvent pas souffrir que leurs petits chéris échouent à leurs examens ou fassent de la vilaine politique dans le même temps où ces petits chéris n'acceptent, la mine boudeuse, le crachat à la bouche, ces diplômes offerts que si on leur donne le droit par écrit — et pas de forfaiture, s'il vous plaît — de faire cette révolution qu'a manquée jadis Lénine, gêné à l'époque par les forces de l'ordre. Je conseille à nos républiques dans l'embarras de prendre exemple sur la royauté, qui avait la manière pour faciliter ses fins de mois difficiles, en vendant aux plus hauts prix titres de noblesse et charges en tout genre. On entendrait à la criée, dans de nouvelles salles Drouot, un commissaire-priseur s'égosiller ainsi : « Qui veut une agrégation de philosophie ? Elle est mise aux enchères à un million. Un million deux : qui dit mieux ? Personne ne dit mieux. 1, 2, 3. Soit. Une agrégation de philosophie est donc adjugée à un million deux. » Courtoisement, j'avais été prévenir le proviseur et le censeur (le pot) que les événements m'obligeaient à prendre les champs. Le censeur, qui était une brute — et ne me parlez pas de son grand cœur —, me dit qu'événements ou pas l'année scolaire n'était pas finie et que, si je m'en allais, on se reverrait à la rentrée. Étant comme le pape Pie XII — vous savez, la vieille fille hystérique qui avait des visions — et ignorant donc l'existence des fours crématoires, je n'eus pas la présence d'esprit de lui répondre que tel était mon plus cher désir. D'ailleurs, je ne le revis pas : en octobre 1944, il était trop occupé à faire régner l'ordre dans un camp improvisé où l'on avait fourré ces personnes qui avaient collaboré, c'est-à-dire, le plus souvent, qui n'avaient pas pris le maquis à temps et qui n'avaient pas pu trouver place dans des prisons gorgées à ras bord, malgré la bonne volonté des tribunaux spéciaux qui tentaient de les dégarnir par des fusillades généreuses. Cette année-là, nous n'allâmes pas dans notre maison de campagne du cap del Bos. Maison, je fabule un peu. J'aimerais vous la montrer, la revoir ; je me souviens du grenier rempli de flèches, de sabres et d'épées en tout genre. Au premier étage, trois chambres, dont une minuscule. Et je me demande avec inquiétude si mes parents n'y avaient pas fourré mon cousin, si je ne les avais pas incités à le faire par une maussaderie perpétuelle, qui sait, par d'habiles crises de larmes. Au rez-de-chaussée, une pièce à tout faire, une cuisine obscure, avec une vieille cuisinière en fonte où ma mère préparait des pontis, des gaudes, des clafoutis, enfin la chambre de mes parents, le tout sans meuble, rien que les lits, les placards, les tables en bois, achetés dans des salles de vente vraiment sans gloire. Le cap del Bos était à trente kilomètres d'Aurillac, soit une bonne heure et demie à bicyclette, car la route qui mène à Montsalvy, dont nous étions à cinq kilomètres peut-être, est rude. Mon père avait loué cette maisonnette en 1941 à des paysans assez riches, les Prat, qui habitaient de l'autre côté de la route, dont nous étions séparés par un jardinet. Mais, à cette époque, même en pleine saison, pour employer une expression moderne, la route était déserte. Pourquoi faut-il être vaincu et en danger de mort pour être tranquille ? Seuls un car à gazogène, trois fois par semaine, et la bicyclette du facteur venaient égayer notre solitude. Le derrière de la maison donnait sur des bois assez grands pour que je m'y perdisse sans comédies. Comme mon père, j'aimais tapoter sur le baromètre, dans l'espoir récompensé que l'aiguille se déplaçât vers *tempête.* Ayant la collection complète des romans d'Alexandre Dumas (que ma tante de droite m'avait rapportée de Paris, avant de repartir pour Toulouse) et tout en cueillant des cèpes, des girolles, parfois des morilles, j'emportais chaque matin dans les bois des moissons de rêveries historiques. Comme j'ai été heureux dans cette maison, mais il y a eu trop d'enfances dites pour que je vous donne de mon bonheur une idée vraie, du moins dans ce livre. Entre dix et treize ans, j'ai été un garçon charmant : il est dommage que des sorcières m'aient contraint à avaler un brouet qu'elles faisaient mijoter depuis longtemps, j'imagine. En 1944, je ne me rappelle plus bien pourquoi, nous passâmes un été mouvementé à Raulhac plutôt qu'à Montsalvy. Si je continue de vous sortir de mon chapeau des noms de villages qui vous sont inconnus, je vais devoir exiger de mon éditeur, ce qui va lui déplaire, qu'il vous offre une carte du Cantal sinon vous allez vous ennuyer. Raulhac n'avait rien à voir avec Montsalvy, aucun charme. Au fait, ma mère avait dû partir s'y reposer à Pâques : c'était probablement pour cette raison qu'on y retournait. Le dernier endroit où se cacher. Le maquis venait se ravitailler, boire au village et, pour justifier une présence que personne ne songeait à lui contester, sous l'impulsion d'un commandant amoureux de stratégie, barrer les routes par où les Allemands lentement remontaient vers le Nord. Les Allemands s'énervaient, franchissaient les barricades vides et encerclaient le village, tombant ainsi dans le piège qu'on leur avait tendu. Il s'agissait d'une opération de retardement à lointaines conséquences. Les paysans, gaullistes, mais non maquisards, partaient alors cacher leur or dans les collines : nous, les juifs, un peu désœuvrés, forcément, on les suivait. Le stratège local dispersait ses troupes aux environs, espérant que les Allemands tomberaient dans une autre embuscade. Au début, nous habitions l'hôtel du Midi. Un jour où nous en avions eu assez de suivre l'or de la République, j'avais trouvé moyen de m'étaler de tout mon long, en butant sur la marche qui menait à la salle à manger de l'hôtel, remplie alors de soldats allemands. Horrible position pour un jeune héros ! Dans ma douleur, de toutes les tables proches de la porte, je vis se lever ces hommes exécrés, visiblement décidés à me porter secours. Malgré une forte entaille à l'un de mes genoux, je me relevai tout seul comme un grand et rouge de honte, à l'idée d'être aidé par l'ennemi. En boitant, sans remercier personne, je me rendis à la table de mes parents, qui était, pour mon malheur, au fond de la salle, ce qui fit que mon fard ne cessait de s'agrandir, m'isolant du monde. A cause de ce va-et-vient perpétuel, il n'y eut bientôt à l'hôtel qu'une chambre pour nous tous, et, comme j'avais solidement quatorze ans, il me parut impossible de coucher dans la même chambre que ma mère. Je savais que ma sœur avait regagné la rue du Buis à Aurillac. Je décidai de la rejoindre. Quant à mon père, j'ignore où il se trouvait, mais, ce dont je suis sûr, c'est qu'il n'habitait ni Raulhac ni Aurillac. C'est la bizarrerie de ces derniers jours d'occupation : j'avais un père d'une grande prudence pour les siens, qui avait couvé sa famille, en la nichant depuis 1939 dans cette innocente ville d'Aurillac ; et, pour finir, comme ces joueurs de chemin de fer qui ont patienté pendant des heures, accumulant une petite fortune et qui n'en peuvent plus de jouer un jeu contre leur nature, disent « Banco » comme d'autres ont crié « θάλασσα, θάλασσα », la famille Frank perdit la tête entre avril et juillet 1944 et aurait pu être déportée comme un rien. Mon phare de bicyclette ne marchant plus, je dus m'arrêter à mi-chemin, sans doute à Labesserette, où il y avait un hôtel-pavillon de chasse qui me semblait follement élégant et qui était tenu par une jolie femme. Des couples dansaient au son d'un vieux phonographe. Elle regarda, du moins telle fut ma douloureuse impression, avec un mépris amusé, ma chemise Lacoste blanche et l'immense short rouille dont la longueur démesurée n'arrivait pas à complètement cacher celle de mes jambes. Je ne sais dans quel tissu ce short indestructible avait été construit, mais il aurait certainement pu servir de bâche et recouvrir les barques amarrées sur le pont d'un bateau et les protéger contre n'importe quel gros grain. Elle me demanda si j'avais faim et, malgré mon absence de ticket, me confectionna un gros sandwich avec du pain du pays et des ritons, sorte de rillettes locales. Elle me fit boire un ballon de rouge et me montra une chambre qui avait tout d'une boîte d'allumettes. Craignant de ne pas avoir assez d'argent et voulant dormir la conscience tranquille, je prétextai un départ plus que matinal pour lui régler ma note. Elle me dit que je ne lui devais rien, qu'il valait mieux que je garde mon argent pour m'acheter des espadrilles. Elle faisait allusion à la vilaine paire de chaussures montantes, en faux cuir délavé, munies d'énormes semelles de bois, qui complétait ma vêture d'adolescent. Je la vis repartir toute rieuse vers la fête, me laissant à ma bougie et à mon éternelle rougeur, qui m'a seulement quitté il y a cinq ans. Je soupçonne l'alcool d'avoir suscité ce miracle. A force de boire, je suis devenu si souvent rouge sans timidité que j'ai fini par perdre l'habitude de rougir aux bons moments. Cette hôtelière a perdu quelque chose en croyant que le plaisir était dans la salle au phono avec les grandes personnes toujours vulgaires et non en restant avec moi, qui serais tombé amoureux d'elle. Elle aurait dû me cacher deux mois. Deux mois, c'était possible. J'aurais écrit à mes parents que j'étais dans le maquis. Si elle me l'avait demandé, je serais devenu son garçon de salle. Je n'en aurais pas eu honte, puisque j'avais lu Rousseau et qu'on pouvait être valet si l'on savait le latin. C'est bien simple, j'aurais fait tout ce qu'elle voulait. Et, au mois d'octobre 1944, je serais rentré en seconde, fier comme Artaban, ne disant rien et sachant tout. Peut-être, ne serais-je jamais devenu un écrivain et ainsi j'aurais fait quelques heureux. A midi, le lendemain, je retrouvai ma sœur rue du Buis, qui m'apprit que, la veille au soir, au Rex, il y avait eu rafle. La Gestapo, soutenue par la milice et sous l'œil débonnaire des policiers français, avait procédé à des vérifications d'identité. Des juifs, des Espagnols et des jeunes gens avaient été arrêtés. C'était embêtant, cette affaire, car on jouait au Rex *les Visiteurs du soir* de Carné, et, pour rien au monde, nous n'aurions voulu manquer ce film. « Au fond, dis-je à ma sœur, c'est bon cette histoire : s'il y a eu rafle hier, il y a peu de chances qu'il y ait rafle aujourd'hui. Et puis, tu sais, ils ne demandent les papiers d'identité qu'aux hommes. Quand ils sont jeunes, ça leur permet de les envoyer au S.T.O. [1]. Aux femmes ils ne demandent rien, rappelle-toi ce qui m'est arrivé avec maman, en mars. On ne craint rien. » Ce n'est pas que ma sœur avait besoin d'être rassurée — dans la famille, elle avait toujours passé pour le garçon — mais, comme elle était mon aînée de

1. Service du travail obligatoire. Si ça ne vous dit rien, consultez une histoire de Vichy.

quatre ans, je jugeais plus poli de lui offrir l'ébauche d'un raisonnement pour qu'elle conciliât au mieux son envie d'aller au cinéma et son sens de la responsabilité. La Gestapo eut la bonté de montrer combien j'étais un enfant gâté en se gardant de troubler la soirée. En mars, c'était plutôt ce qui ne m'était pas arrivé qui aurait pu convaincre ma sœur. Ma mère et moi, nous avions voulu quitter Aurillac en car pour gagner une de ces fermes amicales, généralement sales, où, après une heure ou deux de conversation, on repartait l'estomac plein pour la journée et le sac pour la semaine. Mon Dieu, ce que le beurre dans ces régions était rance ! Les grosses fermes plus propres, l'expérience aidant, étaient évitées, qui préféraient la vertu maréchalesque, c'est-à-dire le marché noir organisé, et qui méprisaient le piéton et sa douzaine d'œufs. Ce que l'Occupation m'a appris, c'est le goût du paysan pour la conversation et le temps perdu. Il n'y a pas de paysans et surtout de paysannes qui résistent à un jeune garçon bien élevé et muni d'un vieux canif. Mes campagnes électorales, je les ai faites pendant quatre ans, de 40 à 44, dans des dizaines de fermes du Cantal ; alors qu'on ne vienne pas me parler du succès étonnant que remporterait M. Pompidou dans mon département. Après une demi-heure, assis sagement sur les vieilles banquettes du car, nous n'étions toujours pas partis. Et pourtant, nous avions des soldats allemands avec nous. Pour un peu, les passagers du car leur auraient conseillé de se fâcher — c'était une honte de les faire attendre. Comme on entendait au loin des explosions, j'avais fini par descendre ; ma taille ne me disait rien de bon. Je souriais à ma mère de loin. A la fin, d'autres soldats allemands vinrent annoncer en hurlant que le car ne partait plus. Ma mère et moi, peu enclins à nous mettre martel en tête, nous décidâmes de partir à bicyclette. Ah ! les bicyclettes ! C'est peut-être ce qu'il y a de meilleur dans les mémoires de Simone de Beauvoir, ces longues randonnées avec Sartre sur les routes de France. Un Sartre faux jeton, resquilleur, soit dit au passage, toujours prêt à s'évanouir, à tomber malade, à voir partout des langoustes pour éviter une vingtaine de kilomètres à pied, pour pouvoir s'effondrer enfin dans un bon lit ou s'installer à la terrasse d'un café.

Les Français, sous l'Occupation, sont devenus des Danois. Quant à moi, je ne tiens pas à me souvenir de ce que j'ai pu inscrire de kilomètres à mon compteur — oui, j'avais un compteur et un frein à tambour, j'en demande pardon aux jaloux — devenu tragiquement sédentaire, je craindrais l'infarctus à l'énoncé du chiffre.

A la sortie d'Aurillac, sur la route qui mène au pont d'Arpajon... Je donne tous ces détails à l'usage des professeurs de lettres, s'il en existe encore, qui publieront des manuels de littérature et des morceaux choisis des écrivains du XXe siècle : je sais qu'ils adorent ce genre de précision. Pour illustrer ma première ligne et celles qui vont suivre — patience, patience —, ils offriront, par exemple, aux jeunes gens du XXIe siècle une photo d'Arpajon tel qu'il est en l'an 2000, sans herbes, sans rivière, sans bas-côtés, et pourtant, écriront-ils sous la photo, « si grande est la magie des mots, c'est comme si on revoyait les silhouettes fugitives d'un garçonnet et de sa mère », etc. De mon temps, l'agrégé, qui avait ouvert cette voie royale de l'explication de textes par l'image, s'appelait Crouzet. Ciel, je vois que mon lecteur d'aujourd'hui fronce les sourcils ; il est interloqué, chiffonné, disons le mot, agacé par ma vanité, par ma certitude d'être lu dans cent ans. Même si c'était vrai, ça ne se ferait pas de le dire. De le dire empêche d'être lu dans cent ans. Na ! « Et puis, on nous a déjà fait le coup ; cette fois-ci, ça ne prend plus. Ce monsieur croit peut-être qu'il est Stendhal. Stendhal, c'était autre chose, il avait écrit *le Rouge et le Noir, Lucien Leuwen* ; c'était facile, évident de prévoir qu'il serait Stendhal. » Mais non, lecteur bougon, je ne suis sûr de rien ; simplement, aujourd'hui je me sens d'humeur joyeuse, et il me plaît d'ébouriffer tes cheveux, tes croyances et ton sérieux sur le sérieux du grand écrivain. Pour une fois que je ne parle pas des juifs, du suicide, de la révolution de Mai, du communisme, de tous les vilains sujets, tu pourrais m'en être reconnaissant, aimer ce grand rire décapant qui vient de me saisir, et qui, finalement, te fait peur, car tu ne sais plus qui je suis, malgré les mots que je feins d'entasser sur moi. « Mais un fou, mon ami. Comme toi. Mais moi, je sais que je suis fou et je le supporte, alors que ce n'est pas toujours la fête dans la baraque ; tandis que toi, si tu découvrais ta folie, tu deviendrais fou à lier. Je n'ai pas grand mérite. Il faut être fou comme je le suis depuis ma jeunesse et sans l'avoir jamais dit à personne pour supporter sa folie. C'est ainsi que je suis devenu bêtement écrivain. Dans un sens, aucun mérite. » Si tu m'avais lu, tu saurais que ça m'a toujours amusé de mettre des pétards au coin de mes paragraphes. Si j'avais été Proust, j'aurais mis un autre mot que le mot temps comme mot de la fin. Ce mot-là est trop souligné. J'aurais voulu que le narrateur nous dît que « si longtemps il avait préféré les glaces à la vanille et à la framboise, maintenant il ne supportait plus que celles à la noisette et à la banane ». Une des raisons qui me pousseraient à tenter (j'ai bien dit tenter) d'écrire un chef-d'œuvre (j'emploie ce mot pour simplifier), ce serait pour pouvoir lui donner un coup de pied au derrière, le détruire. Plus exactement que le coup de pied, la destruction fonde le chef-d'œuvre. Que le lecteur ne soit plus sûr de rien, bref qu'on en finisse avec le bon ou le mauvais goût. Une dame de mes amies m'affirmait le plus sérieusement du monde, il y a à peine trois jours — et pourtant elle lit les journaux ! — qu'aujourd'hui, ce n'était plus comme avant (elle disait peut-être les choses plus subtilement, montrait ses jambes, mais vraiment ça revenait au même), il n'y avait pas de grands écrivains méconnus, ce n'était plus possible. Et certes, je lui aurais volontiers accordé qu'il n'y avait peut-être plus de grands écrivains — ignorant ce que cela voulait dire —, que la littérature s'accordait mal avec une certaine peur, mais ce toupet de vouloir me faire croire que l'intelligence était notre fort, cette croyance pathétique et sotte que, d'une façon quelconque, le progrès devait se manifester en 1968 ! Sapristi, avait-elle regardé nos H.L.M., se souvenait-elle que Brejnev et Johnson inspireraient la politique des deux plus grandes nations de ce monde ? Pour cette dame, les ordinateurs, les têtes chercheuses, l'électronique devaient s'accoupler pour repérer infailliblement le médiocre, le moyen, le bon, le grand, le super-grand écrivain ! Et ce qu'elle pensait dans la confusion, la plupart des écrivains d'aujourd'hui, qui fondent ces prix de qualité, ces prix rouspéteurs, puants à force de suffisance rentrée, ont tendance à le penser également. Jurés et lauréats sont pressés, avides, et, tout en faisant main basse sur l'avenir. ils veulent être également la littérature de maintenant, à la fois triomphante et méconnue, et, pour cela, ils ont besoin d'une opposition ridicule, cette grosse bécasse de littérature d'hier, qui se cramponne aux recettes du père Balzac, ce hier que l'on veut, pour sa gloire, simultanément tout-puissant et méprisé. C'est vrai, d'ailleurs, qu'il n'y a pas, en ces années 60, de bons écrivains véritablement méconnus, mais il en a toujours été ainsi. Chaque écrivain a toujours été récompensé suivant ses mérites. Je ne crois pas, à la différence de Proust, que Sainte-Beuve méconnaissait le talent (pour employer un mot modeste) de Stendhal, de Balzac, de Victor Hugo, de Vigny et de tous les écrivains dont nous avons retenu les noms et dont nous lisons parfois les œuvres. Ce que l'on feint d'oublier c'est que, chaque semaine, il y a des centaines de livres qui paraissent et que les histoires de la littérature affichent déjà *complet.* Les critiques ont bon cœur. Ils lisent d'abord les écrivains médiocres. Si l'on ne s'occupe pas dans l'immédiat et longuement de certains écrivains, on ne s'en occupera jamais. La médiocrité est pressée. Ce que l'on appelle la bonne littérature peut attendre. Si Sainte-Beuve avait consacré, par exemple, deux cents *Lundis* à Baudelaire, Baudelaire aurait perdu la tête. Il n'aurait plus su où se mettre : que faire de ses manies. Sainte-Beuve aurait été un sadique. Aujourd'hui, nous avons un exemple précis de ce que j'avance, les six cents pages que Sartre a consacrées à Genet. Sartre s'est bien amusé, a écrit un livre prodigieux, mais Genet n'écrit plus. C'est un génie, pourquoi voulez-vous qu'il abîme son génie en écrivant ? Admettons même qu'il écrive une œuvre encore plus géniale et qu'on le lui dise, que voulez-vous que ça lui fasse ? En littérature, quand on a gagné et qu'on a eu la méchanceté de vous le dire, personne ne peut plus vous réveiller, même pas soi. Je sais ; de temps en temps, on joue de lui une pièce de théâtre : mais le théâtre, c'est un jeu, un rêve à l'intérieur du rêve.

Nous sommes davantage à notre aise pour écrire sur un

plumitif qui ne nous intéresse pas que sur un auteur qui nous inspire du respect. Et de même que l'on fait de l'excellent cinéma avec de la mauvaise littérature, c'est dans bien des cas sur le dos de cette mauvaise littérature qu'un critique devient un écrivain. Malraux, dans sa *Psychologie de l'art,* prête à la critique, et sans doute à Sainte-Beuve, le raisonnement suivant (là où j'écris, je n'ai pas de bibliothèque pour vérifier les citations) : « Vous ne me ferez pas croire que le petit Beyle, qui était hier soir, chez la comtesse Daru, mon voisin de table, a du génie ; que *le Rouge et le Noir,* écrit par ce garçon qui aime tant les épinards, est un chef-d'œuvre au même titre que le *Britannicus* de Racine. » Si nos contemporains avaient du génie, la vie de société ne serait plus possible ; il faudrait garder tout le temps notre casquette à la main. La critique, aidée par le grand public, en nivelant tous ceux qui écrivent, fait preuve d'infiniment de tact et de politesse. Il est souhaitable que les écrivains décents ne soient pas couronnés, sinon les écrivains médiocres, qui ne se vendent pas et qui ont tendance à s'identifier à eux, ne sauraient plus à quelle bouée se raccrocher. Les éditeurs sont parfois si méchants, si bêtes (la première fois que je disais cela, les miens riaient ; mais, vous allez voir, ils vont finir par se demander si je ne pense pas à eux ! Pour les rassurer, je vais sur-le-champ leur faire comprendre ce que j'entends par éditeur « bête et méchant » : celui qui ne me donne plus d'argent. Alors, nigauds, ne pleurez pas) qu'ils seraient capables de ne plus les éditer. Afin que l'air reste respirable, la critique s'arrange pour que la littérature contemporaine ressemble à une pelouse après que la tondeuse du jardinier est passée[1]. Elle aime pratiquer le jeu de la fausse piste. Délicatement, pour mieux égarer le public, elle mettra en valeur de faux grands écrivains, aux talents d'ailleurs fort différents, comme Robbe-Grillet, Butor ou Sollers. Butor a écrit *l'Emploi du temps,* et ce livre très curieux qu'est *Degrés,*

1. Il m'est arrivé une fois de dîner chez les Pompidou dans le Midi. Eh bien, la femme du président avait, mettons, Buffet à sa droite et le président, je ne sais plus qui, Annabelle ou Jacques Chazot. Sans le savoir, le député du Cantal et son épouse faisaient ainsi de l'excellente critique.

sorte de *Bouvard et Pécuchet,* contestation et délectation de l'enseignement, mais voilà, qu'est-ce que ça donne ? Un livre manqué, qui se veut tel et s'inspirait déjà d'un livre fameux et inachevé ? Avec Robbe-Grillet, il ne faut pas chercher malice. Il est si évident qu'il n'est pas doué pour la littérature, pour exprimer les idées les plus simples que ça devient plutôt drôle, tous ces paragraphes, articles, livres, thèses, films qui lui sont consacrés dans le monde entier. Si l'on se souvient qu'en 1954 le prix des Critiques fut décerné à Françoise Sagan et l'année d'après à Robbe-Grillet, on peut dire que Jean Paulhan et ses amis ont eu le chic de lancer ces années-là dans le cosmos littéraire des fusées porteuses qui n'en finissent plus de nous éblouir les yeux. Quant à Sollers, un jour que j'avais parlé dans *l'Observateur* sans effusion de sa revue *Tel quel,* il trouva bon de se procurer mon numéro de téléphone pour me traiter de « sale con » et raccrocha tout aussitôt, comme si j'allais lui courir après. Ce jeune homme, ce bourgeois de Bordeaux qui commence par écrire un gentil roman joliment écrit sur ses amours avec une gouvernante et finit (n'exagérons pas, il n'est pas mort) dans un stalinisme à la Pétrarque, a, en fait, une âme d'indicateur. Et, comme il mélange tout, Daix et Mallarmé, il doit s'imaginer que ses brèves violences téléphoniques rappellent les fureurs surréalistes, les superbes excommunications de Breton. En accablant ou en applaudissant ces trois écrivains d'une façon superfétatoire, les critiques remplissent leur tâche, qui est, comme je l'ai déjà dit, d'empêcher que, s'il y a un Baudelaire en gestation, il ne soit tué dans l'œuf, aux dix premiers poèmes, par les rayons mortels de la télévision. Le rôle de la critique a toujours été de protéger les écrivains contre la publicité. On se doute qu'aujourd'hui plus que jamais elle a du pain sur la planche. Elle tente l'impossible pour que cet éventuel grand écrivain ignore qu'il l'est et continue d'écrire dans le désespoir, sachant bien qu'il a manqué tous ses livres. Je vous assure qu'elle a un beau palmarès de sauvetages à son actif. La plupart des écrivains morts que nous avons du plaisir à lire, elle les a persuadés qu'ils étaient des grotesques. Et certainement, ça leur fouettait le sang et l'esprit. Bien sûr, il y a eu des défaillances, des traîtres dans la profession. On le sait depuis 40, que la ligne Maginot peut être tournée. Mais rendons cette justice à la critique : lorsqu'elle se décide à louer un écrivain, c'est que ses livres, en général, ne valent plus grand-chose, ou que c'est devenu si notoire de dire qu'il en est un qu'elle finirait, en feignant de l'ignorer plus longtemps, par se ridiculiser, sans profit pour celui qu'elle avait voulu protéger. Sainte-Beuve avait beau répéter, dans les replis de son âme graisseuse, que l'on nomme parfois *Mes poisons,* qu'il avait couché avec Adèle, qu'il avait cocufié Victor, ça n'empêchait plus Hugo d'être universellement Hugo. Des trois auteurs que j'ai cités, il y en a un dont le déconcertant succès me réjouit, c'est Robbe-Grillet. Je ne le vois guère, mais, de mon temps, c'était un homme sympathique, presque jovial. Il riait gentiment de sa réussite : « Ah ! mon cher, me disait-il, l'important, c'est de savoir se prêter aux commentaires, de les susciter à l'infini. » Robbe-Grillet avait compris que, d'une façon générale, la critique aime la pauvreté, qu'elle a de la tendresse pour ces os de poulet où l'on a vraiment enlevé le blanc, la peau, tout, qui brillent à force d'être nus, et où elle peut ajouter sa farce, le plus souvent sa bouillie. C'est un plaisir de voir que l'on parle tant de Robbe-Grillet, ce faisant, on ne risque pas d'abîmer quelque œuvre secrète, quelque fleur délicate, Robbe-Grillet a mis tous ses produits à la devanture, et, quand on le loue au lieu de l'endormir, on ne peut qu'ajouter à son contentement. Mieux, comme écrire est la chose la plus facile du monde, on peut espérer que, dans quelques années, las d'être reçu par le général de Gaulle à l'Élysée et de souffrir les compliments de Pompidou dans *le Figaro littéraire,* il écrira ses mémoires : *Mes romans et mes films,* un peu comme Kathleen Windsor, qui, après son fameux *Ambre,* tenta d'écrire un second livre qui démystifia le premier. Si le lecteur ne se fie pas — Dieu sait pourquoi — à son jugement, je vais lui indiquer une recette des familles pour tenter de s'y reconnaître dans ce que disent les critiques. On distingue souvent un bon écrivain d'un médiocre à ce qu'il ne donne jamais un livre vraiment satisfaisant. Oui, quand un critique dit d'un écrivain que son livre est intéressant, mais qu'il faut attendre le suivant, on a de bonnes chances que ce livre soit le meilleur livre de cet écrivain. Parce que, ce que le critique attend, c'est le ronron, et ce qui l'a intéressé, mais inquiété, c'est la rupture, le talent.

Bien entendu, ce n'était pas d'Arpajon près de Paris que je parlais, mais d'Arpajon-sur-Cère. Brusquement des Allemands — dont les chars et les mitrailleuses étaient cachés par les herbes très hautes, d'un vert dur, tant il avait plu en ce mois de mars ou d'avril 1944 sur cette banlieue d'Aurillac, inondée par la Cère — me demandèrent mes papiers. C'est ennuyeux d'avoir des jambes longues, lorsqu'on a quatorze ans. Ma mère s'était arrêtée, mais les Allemands — ce n'était pas des Allemands d'ailleurs, même s'ils portaient l'uniforme des *Waffen SS,* mais des Géorgiens — répétaient avec obstination : « Pas les femmes, pas les femmes », en tout cas pour les papiers. Et vraiment, avec la meilleure volonté du monde — ce qui explique l'étonnement, quand ils sont jugés, de ces criminels de guerre qui ont tué ou laissé tuer des milliers de gens et qui, pour leur défense, disent alors qu'ils ne se souviennent de rien, sinon d'avoir été de bons fonctionnaires ; que, maintenant, ils ont une femme, de beaux enfants, une profession honorable et qu'on leur fait bien des misères — je ne peux pas, je ne peux plus vous dire ce que je savais du sort que me réserveraient les Allemands d'Arpajon s'ils découvraient que j'étais juif. Trop de juifs et de non-juifs ont parlé, écrit, il y a eu trop de films, trop d'images ; ce qui est arrivé aux autres, c'est ma seule mémoire. Je pourrais affirmer que je savais des choses affreuses, mais c'est l'évidence, je ne savais rien. Et tout aussitôt, j'ai envie de me reprendre : oui, c'est vrai, je ne savais pas les détails, je ne pouvais pas les imaginer, j'étais trop égoïste pour cela, mais je savais l'essentiel, qu'il y allait de ma peau, car j'ai réagi, j'ai eu les solides réflexes de défense que j'ai quand ma vie est en jeu, et qui me surprennent toujours, me scandalisent même, car ils font apparaître des qualités dont je ne fais jamais preuve dans la banalité quotidienne. Ainsi, lors d'un accident de voiture, une agilité de lièvre pour me faufiler sous la roue d'une voiture retournée, et cela avec d'innombrables fractures, et, quand raison se perd, une patience de limace pour écrire le livre qui va arranger mon existence pendant quelques années, etc. Ce matin-là, les rougeurs avaient vite disparu, et mon émotivité de petite fille, j'ai compris la situation avec la raison et le regard d'un âge qui ne m'appartenait pas. Qu'il était urgent que ma mère s'en allât, que ces Allemands avaient raison de lui montrer le pont et, avant le pont, en contrebas, une sorte de grand square bourré d'herbes, d'arbres, de bancs et traversé par une rivière minuscule qui n'était pas la Cère ; que ce n'était pas le moment qu'elle s'avisât de jouer la mère poule, même si c'était dans son caractère, même si c'était sa vraie nature. Que si elle restait plantée là à contempler son intéressant poussin, les Allemands finiraient par lui demander sa carte d'identité, où il y avait, tamponné en rouge, le mot juif. « Ne m'attends pas. J'en ai pour une seconde. Va t'asseoir plus loin sur un banc, ça vaut mieux. » Je suis incapable aujourd'hui de savoir pourquoi ma mère m'a obéi. Avait-elle songé au *juif* de sa carte d'identité ? Avait-elle été sensible au ton de ma voix ? Ce ton d'exaspération qu'adoptent les grands garçons avec leurs mères lorsqu'ils partent en excursion, à l'aventure, pour deux, trois jours, et qu'elles se croient obligées de leur faire d'ultimes recommandations devant leurs camarades rigolards, gâchant ainsi, pendant une heure au moins, le plaisir de la marche, le plaisir du départ. Qu'elle s'en fût allée sur sa bicyclette fut notre commune chance. Les *Waffen SS* en effet me demandèrent mes papiers d'identité — je vous épargnerai les expressions allemandes que l'on se croit obligé d'employer dans les films français sur la résistance — avec une obstination qui n'avait d'égale que celle que j'avais à leur montrer ma carte d'alimentation et ma date de naissance. « A quatorze ans, pas de carte d'identité en France. » Et comme c'était vrai — ce n'était obligatoire qu'à partir de seize ans —, je m'accrochais à cette vérité avec un entêtement tout géorgien. J'ai oublié de vous préciser — décidément, je ne devrais jamais tenter de raconter une histoire, je suis nul à ce jeu : déjà, en classe de français, autant la psychologie de Cinna n'avait pas de secret pour moi, autant la narration me laissait sans mot, surtout cette sorte de narration où, sur un canevas d'une demi-page, il fallait en broder quatre — que, sur ma carte d'alimentation — qu'est-ce qu'on était à quatorze ans : un J2 ou un J3 ? — j'étais un Français anonyme, il n'y avait pas le tampon rouge avec le mot juif. Ah ! pourquoi ne pouvions-nous pas rester éternellement une carte d'alimentation ; comme c'est doux d'être seulement 100 grammes de beurre, 200 grammes de pain, 50 grammes de sucre — oui, la seule bonne nationalité, c'est « carte d'alimentation » ! En y réfléchissant et comme va le monde, je trouve admirable que le maréchal Pétain et son gouvernement n'aient pas fait des cartes d'alimentation spéciales pour les juifs. Après tout, des personnes qui étaient des sous-Français auraient mérité des sous-cartes d'alimentation. De nos jours, je ne crois pas que ç'aurait beaucoup ému les populations. Il y aurait un gouvernement de Vichy en France, ça ne fait pas l'ombre d'un doute qu'il aurait eu cette idée. En 1940, on n'avait pas la manière, on était encore sous le choc de près d'un siècle de république. Maintenant on est plus gaillard. Hitler a gagné. Il a osé pour tout le monde, ce pionnier. Comme on a l'impression que, après un type pareil, on ne peut pas faire mieux — et on se trompe — on se sent de la marge, les coudées franches dans la bassesse et le crime. Et vous vous doutez que je ne pense pas qu'aux juifs et que la France n'est pas mon tourment. Au nom du bonheur des hommes, des milliers d'idées abjectes circulent, scintillent d'un continent à l'autre.

Les Géorgiens — vous en avez la preuve — finirent par se lasser de mon opiniâtreté à leur montrer une carte d'alimentation qui n'avait même pas de photo et qui, somme toute, les laissait sur leur faim. J'imagine qu'ils en eurent assez d'apprendre par cœur ma date de naissance. Ce narcissisme dut leur paraître précoce. Ils me laissèrent rejoindre ma mère, qui m'attendait sagement deux cents mètres plus loin, sur l'un des bancs en question. Malgré tout, nous fûmes ravis de nous revoir et, comme ces émotions nous avaient creusés, nous décidâmes de brûler nos cartouches en mangeant sur-le-champ le sandwich au jambon du pays prévu pour la mi-course ; nous l'arrosâmes d'une boisson maltée encore brûlante dans le gobelet du thermos. Je me souviens que, pendant que je me félicitais de mon sang-froid, approuvé sur ce point par ma mère, des camions allemands traversèrent le pont, et comme il n'y avait que nous, les soldats entassés à l'arrière nous firent de grands signes d'amitié, s'arrêtant un instant de chanter leurs hymnes guerriers. Ma mère leur sourit par courtoisie et agita à son tour une main timide, en murmurant à voix basse l'un des rares mots anglais qu'elle connaissait : *bye, bye,* ce qui lui valut de furieux regards de ma part. C'est que ma rencontre avec les Géorgiens armés jusqu'aux dents avait dû susciter en moi un nouvel épisode de *la Vie secrète de Walter Mitty*[1]. Sans doute étais-je devenu un mince Anglais blond qui, parachuté dans le Cantal, avait réussi, par son ascendant et son flegme, à unir et à diriger les maquis de la région ; aussi le petit signe de ma mère n'était pas de saison.

Mon père avait fini par trouver un endroit plus confortable que cet hôtel de Raulhac, du moins plus digne de nous servir de loge en cet été de débarquement. Rien d'épatant : chez l'habitant, dans une maison à deux étages, une chambre au premier et trois pièces lugubres découpées dans un rez-de-chaussée-sous-sol. Mais j'aimais ma chambre, isolée, si fraîche, qui donnait sur un sentier à forte pente, étroit, caillouteux, qu'empruntait chaque matin, pour aller conduire son troupeau de moutons au pré, une fille de quatorze ans, qui habitait la ferme contiguë à la maison où nous nous étions tapis. Comme cette fille m'agaçait, que je devinais plus dégourdie que moi, lorsque, de mon lit, à travers les barreaux de ma fenêtre, je la voyais, toujours escortée d'un chien borgne et d'une bande de garçons rieurs, se dandiner dans sa drôle de robe rose pâle toute déchirée, qui avait dû appartenir à sa mère et qui mettait en désir son corps de blonde épaisse aux jambes encore fines, que j'aurais volontiers, dans ma simplicité, culbutée dans les champs et cinglée d'un knout emprunté à l'arsenal de mes livres d'enfant. Dans cette chambre obscure, où, même aux heures les plus vives d'un jour d'été, une lampe à pétrole m'était nécessaire, j'avais Michelet et son *Histoire de la Révolution.* Mon père, dans la pièce à côté,

1. Fausse note explicative. Je me suis souvenu à temps que, en matière de culture cinématographique, mes contemporains n'avaient pas besoin de moi.

sagement assis sur une caisse en bois, continuait sa lecture des *Origines de la France contemporaine,* qu'il avait commencée, il y a trois ans peut-être, recopiant de sa belle écriture de comptable appliqué, dans des cahiers d'écolier, illustrés de table d'arithmétique, des passages entiers de cet ouvrage, qui m'apparaissait, avec sa montagne de faits, comme une immense fourmilière historique. Je ne lui ai jamais demandé ce qu'il comptait en faire. Ces lectures parallèles, j'en devais connaître l'équivalence, des années plus tard, lorsque mon père, n'ayant plus son bureau de la Chaussée-d'Antin et s'étant réfugié dans la salle à manger désaffectée de notre appartement de l'avenue de Wagram, passait son temps, debout, devant son haut pupitre, à tracer de délicats et assez inutiles graphiques boursiers, ne rangeant ses crayons de différentes couleurs que vers les 6 heures, pour aller chercher la dernière édition du *Monde* et mes Craven du soir, tandis que, dans la pièce presque vide — les Allemands avaient aéré notre appartement de Paris — qui me servait de chambre, avec la même application, j'écrivais mes premiers livres, seulement dérangé par des coups de téléphone de dames, qui voulaient me faire croire que je n'avais plus quatre ans, et d'amis sans emploi, qui s'inquiétaient de savoir si ma nuit était libre ; et si oui, ils souhaitaient que je la passe à bridger avec eux jusqu'à l'heure du laitier.

Raulhac était un village dont les maisons enchevêtrées semblaient s'éloigner par saccades de la zone dangereuse, la place. Avec ses bouts de chemin de terre battue où l'on croisait des porcs en liberté, il évoquait pour moi ces bourgs d'Ukraine dont j'ai cru voir, il y a longtemps, une photographie dans la *Géographie universelle* de Vidal de La Blache. Je n'ai jamais aimé Raulhac, mais on ne risquait pas d'y être arrêté par surprise. Et puis, la propriétaire de cette maison, qui était l'une des plus éloignées de la place, femme de quarante ans à la tête de pékinois et aux jambes courtes et lourdes, avait une particularité d'existence qui aidait à notre confort. Elle était folle amoureuse d'un joli cordonnier de vingt ans — en gentil, il ressemblait à Guy Béart — qu'elle couchait le plus souvent et le plus longtemps possible dans son grand lit en acajou. Elle le dorlotait, le bichonnait, passait sans cesse une grosse main pataude dans ses cheveux ; ça me laissait rêveur. Elle vivait dans la terreur que les Allemands, la milice, le maquis, les vilaines gens en général lui enlèvent sa petite perle ; aussi pouvait-on compter sur sa vigilance, dormir à poings fermés : elle veillait.

Après la prise à revers de Cherbourg, mes souvenirs sont confus. Raulhac était toujours encerclé par le maquis, qui surveillait les convois de troupes allemandes ; Aurillac par contre était libéré et son commandant de gendarmerie passé par les armes. La diversité des partisans et la jeunesse nerveuse de leurs chefs expliquent ces mesures expéditives. Le commandant de gendarmerie se serait accroché à la vie un mois de plus, on l'aurait décoré. Ma sœur, qui en avait assez de se cacher et qui n'avait pas mon goût pour l'histoire, après quelques jours passés parmi nous, était retournée à Aurillac, ignorant d'ailleurs que c'était une ville libre. Mon cousin, qui s'était fiancé avec une ancienne amie de ma sœur, avait, deux mois avant, manqué laisser sa peau en tentant de s'agglutiner à un faux maquis qui, en fait, était truffé de collaborateurs. Maintenant tout était arrangé ; il avait pignon en forêt. L'amusant, c'est qu'il se trouvait à trois ou quatre kilomètres de Raulhac, dans un maquis F.T.P. tout neuf, ce qui lui permettait de concilier ses opinions politiques, celles de sa future femme et sa ferveur patriotique. Je crois me souvenir qu'il avait un grade. Son chef, qui n'aimait pas l'humidité des bois, la fraîcheur des petits matins, occupait un beau château muni d'une cave riche en bordeaux, laissant à ses troupes les bureaux de tabac, l'argent des postes et les jambons fumés des fermes. Un jour où fort courageusement mes parents et moi nous étions de promenade sur la route principale, je crus reconnaître en la personne qui faisait des signes à travers la glace arrière d'une quinze chevaux Citroën, voiture prestigieuse à l'époque, ma sœur. Ce n'était pas elle. Ce n'était pas possible. Si. Une de ses amies, Odette V., que j'aimais beaucoup, arriva tout essoufflée en bicyclette d'Aurillac pour nous prévenir, les larmes aux yeux, comme les confidentes du théâtre de Racine, que ma sœur venait d'être enlevée ce matin même, rue du Buis, par des hommes munis de mitrailleuses. D'après les renseignements qu'elle avait pu obtenir de voisins de palier, ma sœur était accusée de savoir l'adresse où se cachait un jeune homme qui s'était mal conduit pendant l'Occupation, et de ne pas vouloir la donner. On lui faisait prendre l'air pour lui changer les idées, j'imagine. Je me souvenais de ce garçon. Il avait été le galant de ma sœur deux ou trois ans avant. Il préparait l'École normale pour devenir instituteur. De famille modeste, ambitieux sans doute, il s'était engagé dans la milice comme on passe un concours supplémentaire ; ma sœur avait rompu avec lui, quand elle avait su la chose. Il faut que le lecteur se mette dans la tête que, Vichy, ce fut aussi une opérette, que les sentiments *pompiers* étaient de rigueur. En 1942, ce garçon avait voulu jouer aux échecs avec moi, et ma sœur, amoureuse, aurait souhaité que je lui accordasse cette grâce, mais j'avais refusé assez sèchement, me souvenant de cet après-midi où nous avions été au cinéma tous les trois ensemble — je servais de chandelier —, et où il s'était permis d'embrasser ma sœur en plein film, ce qui avait stupéfié mes douze ans peu précoces : j'avais cru que le pire était arrivé. Tremblant de rage, je m'étais juré de ne pas accorder à celui qui avait déshonoré ma sœur la jouissance de me mettre échec et mat. Ce que racontait Odette V. me bouleversait, bien entendu, mais m'intriguait. Comment se faisait-il que le maquis F.T.P. de la région, occupé à de si nobles besognes, ait gardé en mémoire les amours d'une jeune fille de dix-neuf ans ? Enfin, ne rêvassons pas ; je devais me féliciter que ce fût le maquis de mon cousin, le maquis d'une ancienne amie de ma sœur qui l'eût enlevée. Après tout, elle aurait pu aussi bien être kidnappée par un maquis inconnu, qui aurait ignoré cette histoire. La famille a du bon. Le lendemain matin, je pris ma bicyclette, décidé à retrouver ce cousin et persuadé que, lorsqu'il apprendrait que ma sœur avait été enlevée par ses hommes, elle serait libre sur-le-champ. Si bizarre que cela puisse paraître maintenant, les maquis de ma connaissance avaient beau se cacher dans les forêts les plus sombres, on savait toujours où les trouver. Les kilomètres n'étaient rien, mais la bicyclette solitaire m'était devenue une corvée. Je commençais à éprouver cette sorte de maladie de l'esprit qui faisait que, lorsque je ne parlais pas à quelqu'un ou que je n'arrivais pas à me réfugier dans un imaginaire, je ne savais plus qui j'étais. Si j'avais été voir un médecin de campagne, il aurait parlé, en riant, des troubles de l'adolescence ; si j'avais lu Sartre, j'aurais su que j'avais la nausée ; si j'avais osé sonner à la porte d'un psychanalyste, j'aurais découvert, dans la crainte et le tremblement, que j'avais une brave névrose qui remontait au ventre de ma mère, mais que, avec quelques millions, tout cela pouvait s'arranger ; hélas, j'habitais l'Auvergne et, dans ces régions frustes, on ne savait pas encore qu'être un étranger à soi-même allait remplir les tiroirs-caisses des limonadiers d'un quartier de Paris. D'avoir des doutes sur son identité est bien encombrant en pleine descente. Brice Parain faisait la remarque, dans le film de Godard dont je vous ai parlé, que Porthos est mort, le seul jour de sa vie où il s'est mis à penser. Je n'envie pas Poulidor, je ne réponds de rien, s'il lui arrive, dans une étape de montagne, d'éprouver ce que j'éprouvais en allant délivrer ma sœur. Je ne suis pas sûr que cette maladie m'ait quitté (le sentiment de n'être rien), mais, en vieillissant, si rien ne s'arrange, tout s'assoupit ; on se dit que ce moi vacillant, ce moi qui cloche, il vous a bien servi de masure pendant près de quarante ans, alors, désabusé, on se persuade que, en le rafistolant, il finira l'étape. On accepte d'être normal par courtoisie. Plus j'approchais de mon cousin, plus j'étais pénétré de la majesté de sa résistance. Derrière des branchages, là, sur votre gauche, m'avait-on dit, était son P.C. Effectivement je fus arrêté par une sentinelle, qui avait la bonté d'être simple soldat comme à la guerre, et qui gardait les abords du quartier général. Avant que la sentinelle ne me repoussât, j'avais vu mon cousin qui bavardait avec un autre gradé fort occupé à faire fonctionner son téléphone de campagne. Cette vision me rendit rouge de plaisir ; je prévoyais une scène attendrissante à la Jean-Jacques Rousseau. Mais la sentinelle n'avait pas mon imagination : « Le lieutenant est occupé, et qui me prouve que vous êtes son cousin ? » Ce qu'il y avait de ridicule, c'est que le cousin en question, à deux mètres de moi, avait reconnu ma voix ; mais il préférait parler avec animation et sévérité au monsieur du téléphone. Le maquis, le béret, le revolver avaient donné fière allure à mon parent. Maintenant que j'y repense, je me dis qu'il ressemblait étonnamment à Malraux. Enfin à cette photo de Malraux où il est en béret, vous savez, quand il commandait la brigade Alsace-Lorraine. Dans la ressemblance, le béret doit compter pour beaucoup, le béret et le maquis. Anticipons : mon cousin ne poursuivit pas longtemps ses études militaires, la prise de Raulhac lui parut sans doute un fourreau digne de lui pour rengainer son épée ; il siégea un temps au tribunal révolutionnaire d'Aurillac, se maria, devint membre du Parti communiste et se fâcha avec les miens, un an plus tard, pour la vie, comme je crois l'avoir déjà dit. A Malraux, mais aussi à cet acteur, Fernand Gravey. Malraux pour le béret, Gravey pour la moustache. « Serge, m'écriais-je, Serge, je suis là. » J'avais complètement oublié son nom de résistance, qu'il nous avait pourtant confié avant de gagner le maquis. Je compris que j'aurais mieux fait de m'en souvenir, que, lorsqu'on se bat, on n'est le cousin de personne. « Eh bien ! entre, me dit-il, qu'est-ce qu'il y a ? Pourquoi ce bruit ? » J'étais vraiment congestionné de honte. Je balbutiai : « C'est personnel, Serge. — Il n'y a pas de secret entre le lieutenant Gilbert et moi. Nous ne sommes pas pour les confidences bourgeoises. » Le lieutenant Gilbert eut la délicatesse d'écouter mon récit en feignant de s'occuper du téléphone de campagne. A la fin, mon cousin me posa une main protectrice sur l'épaule et m'entraîna hors de son P.C. « Mon petit Bernard, me dit-il, tu es intelligent, en avance pour ton âge ; comprends bien qu'en France, et je ne pense pas qu'à la France, rien ne sera plus jamais pareil. Je t'ai déjà parlé de Marx : eh bien, ce qu'il avait annoncé va se produire. Nous sommes à l'aube d'une société nouvelle, où l'argent ne sera plus la seule règle. » Il parla longtemps ; j'étais rêveur et je n'osais...

Le livre est fini (IV).

La dernière page de ce chapitre a disparu. C'est ma faute. On était dans les derniers jours de l'été 1968 et, du Midi, j'avais envoyé, comme d'habitude, des pages fraîches, des pages manuscrites, à ma maison d'édition. Mme Muret de chez Grasset a parmi d'autres qualités ce don de pouvoir lire mon écriture. Ce n'est pas qu'elle soit difficile, mais il n'y a pas de marge dans les pages, pas de pause, pas de blanc. Je veux être sûr qu'une page de moi, ce soit une page de livre. Comme un imbécile, la dernière page de ce chapitre X n'étant pas terminée, j'avais coupé ce qui restait de la feuille de papier, non pour faire des économies, mais pour qu'on ne vît pas les quelques lignes que j'avais barrées, et qu'on ne se dît pas : « Tiens, il n'avait pas vraiment fini, s'il s'est arrêté, c'est par négligence, par paresse. » Vous pensez, comme c'est plausible ! Il faut être un maniaque comme je le suis pour croire une seconde que, dans une maison d'édition, les éditeurs à peine remis de leurs vacances vérifient ce genre de choses. Et quant à Mme Muret, qui n'a pas peu contribué à ce que ce livre soit — au passage qu'il me soit permis de lui dire ma gratitude —, c'est plutôt du contentement qu'elle aurait éprouvé ! « Toujours ça de moins à taper. » Je vois ce qui a dû se passer. En retirant de la lettre missive les pages, la mutilée a dû glisser et disparaître dans une corbeille.

Quand, plus tard, je reçus la copie dactylographiée privée de sa fin et qu'après échange de lettres j'en compris la raison, je n'en fis pas, on l'imagine, une maladie : « Bah ! au moment de corriger, ça ne me demandera pas dix minutes pour récrire les vingt lignes perdues. » Le moment est venu et un bâillement incoercible, un bâillement de bête me saisit : « J'étais rêveur et je n'osais. » Bavarder soit, mais récrire de l'anecdote, c'est la mort. Quand je pense que je n'avais pas hésité, après avoir quitté Paris juste avant les grèves, à envoyer de Saint-Tropez mes huit premiers chapitres à mon éditeur en plein juin 1968, faisant ainsi une confiance à la poste de ce pays qui tenait du délire, si ces chapitres avaient disparu, devant mon peu d'ardeur à recommencer ces vingt lignes, je peux affirmer que ce livre n'aurait jamais existé. J'aurais définitivement renoncé à écrire — ce qui n'aurait pas été si grave — mais je n'aurais jamais pu persuader mes intimes que je m'étais remis au charbon.

On peut s'étonner du temps que j'ai mis à écrire ce *Siècle débordé* — en admettant qu'il paraisse en février ou mars 1970, alors que j'en ai commencé les premières lignes en septembre 1967, on peut s'esclaffer : « Près de trois ans pour accoucher de cette grosse souris moribonde ! » Mais ça ne s'est pas vraiment passé ainsi. Il a dû y avoir tout au plus six mois de vrai travail, sectionné de dix façons, comme un gros ver blanc qui n'arrête pas de gigoter d'une façon si obscène qu'on a envie d'en brûler les différents morceaux à l'aide d'une allumette. Que de déplacements pour un oui ou pour un non. Que de temps perdu à empaqueter et à dépaqueter. Paris-la Côte, la Côte-Paris, Air Inter et le train Bleu. Chaque fois que mon éditeur cessait de m'envoyer de l'argent, je restais rêveur, stupide pendant des mois. Mes éclaircies, c'étaient les chefs-d'œuvre des autres ou les policiers du « Masque » (finalement plus supportables que ceux de la « Série noire », car sans prétention, ni vulgarité). En vieillissant, je retrouvais ces boulimies de lecture que l'on prête à l'adolescence. Et puis, quand l'argent arrivait enfin (cet argent dont je n'avais pas besoin pour vivre), j'allais à Cannes ou au Cercle de l'aviation le réduire en fumée, ayant ainsi l'impression illusoire de punir mon éditeur de ses retards. En mai 1968, tout m'intéressait plus que ce que je pouvais écrire. J'étais ce qu'écrivaient les autres, pour Raymond Aron.

Il suffit. Essayons plutôt de récrire ces vingt lignes qui

manquent. Il n'est pas décent que mon lecteur souffre de mes étourderies, il a assez cher payé, pour avoir le droit de lire ce chapitre dans sa totalité. « Il parla longtemps ; j'étais rêveur et je n'osais pas, sans doute, le couper pour revenir au but de ma visite qui était la libération de ma sœur. » C'est bizarre : cette histoire, je ne l'ai pas inventée, et pourtant, depuis que je l'ai écrite, c'est comme si je ne m'en souvenais plus. Écrirait-on pour oublier ? Ou plus exactement pour oublier ce qui était derrière l'écrit, avant l'écrit ? N'est-ce pas pour ça que j'ai par trop tendance à me sentir bon, généreux, honnête, une âme pure, sans haine ni envie, à la différence de mes semblables ? M'étant ôté de l'esprit que ce que j'écris est le plus souvent un règlement de comptes, une manière d'effacer ce qu'il y a sur le tableau noir, je suis stupéfait, les rares fois où je ne baigne pas dans une indifférence cotonneuse, de voir comment les autres se comportent.

Il me semble que Serge m'invita à déjeuner (encore que dans l'autre version, si mes souvenirs sont exacts, je refusais dignement cette invitation) avec le lieutenant Gilbert dans le restaurant du village qui servait de popote à ces messieurs. Nous mangeâmes des sardines, du porc froid, une bonne salade de pommes de terre à l'huile et nous bûmes beaucoup de gros rouge, ce qui me rendit rubicond. On déplora, surtout le lieutenant Gilbert, qui avait l'air de l'aimer, que ma sœur se fût éprise d'un aventurier et non d'un brave garçon comme lui. Je les quittai tard dans l'après-midi. Serge me dit qu'il allait voir ce qu'il pourrait faire pour ma sœur. On me confia une paire de bottes que j'attachai avec beaucoup de mal au porte-bagages fixé sur le garde-boue arrière. On me donna le nom du cordonnier de Raulhac où je devais les porter, à la barbe de l'ennemi. Rendu faraud par cette mission de confiance, calmé par le gros rouge, je ne sentis pas la route au retour. Mon père, le lendemain, se rendit au château où siégeait le commandant. Ma sœur nous rejoignit trois heures plus tard, elle emprunta à ma mère une bicyclette et repartit pour éviter toute effusion de larmes à Aurillac. Les Allemands encouragés par cet exemple quittèrent définitivement Raulhac. Une heure après, le maquis s'en emparait.

De cette Libération, j'ai gardé un souvenir. Un matin, il y avait attroupement près de cet hôtel du Midi où je m'étais écorché le genou. En m'approchant, je vis une belle femme brune qui discutait gaiement avec le commandant du maquis. Elle finit par monter dans une *302* Peugeot bourrée de valises et de cageots. Elle dit quelques mots à l'homme qui se trouvait au volant. Il semblait ne rien entendre, ne pas voir ces paysans, ces maquisards, ces réfugiés qui entouraient sa voiture. Il démarra, on s'écarta avec lenteur. Un maquisard, petit et laid, dit à l'un de ses camarades : « Cette pute a couché au château, hier soir, avec le commandant. — Ce sont des étrangers, des youpins », dit son camarade avec dégoût. Du moins, la Libération ne me prendrait pas au dépourvu. J'allai relire quelques pages de *Simon le Pathétique.* Giraudoux avec T. E. Lawrence avaient été mes deux cachettes favorites pour éviter l'Occupation. Même maintenant où nous étions libres, ces refuges pouvaient encore servir.

XI

Quand ils doutent de leur volonté, certains joueurs, avec une ostentation — « Retenez-moi, sinon... » — dont ils ne sont pas toujours conscients, se font interdire, c'est-à-dire confient à la société le soin de les protéger contre eux-mêmes. Ils rédigent un formulaire destiné à l'un des services du ministère de l'Intérieur, sont convoqués par un aimable fonctionnaire chargé de ces questions, signent un papier et, pour une période limitée, pour la vie s'ils le souhaitent, ils n'auront plus le droit d'entrer dans aucun des casinos de leur pays, quand bien même ils auraient soudain une folle envie de contempler un tapis vert, de prononcer le fatidique banco. Je n'aime pas ces pratiques qui établissent un lien, si faible soit-il, de complicité avec la police et laissent supposer ainsi qu'elle aurait été créée pour autre chose que de nous casser les pieds. En matière de police, je vous en prie, ayons des idées simples : elle existe, évitons-la ; ne nous en servons jamais, parlons-en le moins possible, et si, malgré toutes ces preuves de bonne volonté, ces recettes éprouvées, nous nous frottons à elle, ameutons le ban et l'arrière-ban de nos relations pour qu'elles nous sortent le plus tôt possible de ce guêpier-violon où nous nous serions éventuellement fourrés. L'homme qui vous parle ainsi n'a pas toujours été aussi sage : il s'est longtemps promené, la nuit, l'insulte aux lèvres, mais il est désormais convaincu que, en provoquant la police à tout bout de champ, il acceptait de jouer avec elle, de la reconnaître. Ce sont deux charmantes jeunes femmes, ces dernières années, qui, par leur comportement, m'ont aidé à voir ce qu'il y avait de suspect à claironner sans cesse « sa haine des flics ». Ces enragées me donnaient la chair de poule lorsqu'elles évoquaient les supplices qui attendaient sergents de ville, motards, C.R.S., gendarmes, le jour où elles arriveraient à en épingler un dans une île déserte. Elles ne me rassuraient pas davantage lorsqu'elles affirmaient qu'elles ne pouvaient pas supporter l'uniforme, ni l'odeur de ces types. C'est qu'elles avaient l'air, en les menaçant imaginairement, de reporter leur courroux sur moi, de me rendre responsable de leur existence. Aussi l'avouerais-je ? — « Oui, oui » — je fus presque soulagé d'apprendre, à quelque six mois d'intervalle, que l'une avait téléphoné à police secours et que l'autre s'était ruée en voiture vers la gendarmerie la plus proche de sa villa et, toutes les deux, pour dénoncer leur amant qui, pris de boisson et dans la meilleure tradition de *l'Assommoir,* leur avait octroyé une paire de baffes, laquelle, dans un cas, avait déclenché un saignement de nez, dans l'autre, un coquard à l'œil. Il me fut impossible de leur faire admettre que, lorsqu'on avait la force peu commune de vaincre la répugnance que l'on ressent, j'imagine, à dénoncer son amant à la police, avec un léger effort, on devrait avoir l'âme suffisamment trempée pour supporter un peu de chaleur passagère au visage. Comme dirait Lacan, dans ses jours de modestie, il y a du Freud là-dessous, une sorte d'attirance et de répulsion sexuelle. La police, c'est le père fouettard, le père rêvé, qui corrige ce père faible qu'est l'amant.

Le jeu, qui, longtemps, me rendit fou, a cessé, je crois, de m'intéresser. C'est que je n'ai plus assez d'argent pour m'endetter, pour dépenser celui des autres : sans risques graves, le jeu est un divertissement comme un autre. On joue pour oublier tout ce qui n'est pas le jeu. Sur le tapis, il n'y a pas que l'argent, Dieu merci, qui disparaît, mais le temps, sinon autant s'acheter un billet de la Loterie nationale, jouer au tiercé. Contrairement à ce que les faux grands joueurs répètent à satiété pour faire frissonner les petites filles admiratives : « Moi, quand je vois un tapis vert, je n'arrive plus à me contrôler, je deviens marteau », le jeu, précisément parce qu'il est une passion, peut s'évanouir.

Et l'on se demande alors avec surprise comment le fait de composer avec deux, mettons trois cartes un neuf plutôt qu'un zéro pouvait naguère faire battre si fort un pauvre cœur. Lucien Barrière est pour beaucoup dans ma guérison. Il a employé (ou laissé employer) à mon égard des procédés si petits que j'aurais presque honte pour moi de les évoquer si, pour finir, ils ne me rappelaient pas une de ces situations royales qui semblent ne jamais devoir vous arriver autre part que dans votre lit, lorsqu'on rêve sans dormir. Si vous ne lisez pas les potins dans les journaux, vous êtes tout excusé de ne pas savoir qui est Lucien Barrière : vous ne faites que devancer le temps. En deux mots, c'est un neveu, le neveu d'André, qui fut le roi du Touquet, de Deauville, l'empereur des casinos de France ; le neveu, mais rien à voir. Je venais de perdre 600 000 francs, ce qui était, en 1961, quelque chose pour moi, et, comme ils ne salissaient pas les poches de mon pantalon, j'avais signé sans bien faire attention un de ces chèques pour rire que les caissiers du casino où vous avez vos habitudes s'empressent de placer à la hauteur de votre stylo à ces moments vagues du petit jour où vous êtes si las que, pour un dernier whisky, quelques grains de caviar, l'argent du taxi vous seriez prêt à vous débarrasser de la pacotille de roi blanc qui encombre votre poignet, montre de chez Cartier, boutons de manchettes de chez Boucheron. Il me suffisait, pour retrouver le lit frais du manoir du Breuil, d'indiquer, tout en haut de ce chiffon de papier, sur une ligne réservée à cet usage, le nom d'un établissement bancaire, et j'étais sûr que le caissier tout guilleret s'en irait dormir. Un rien rassure les hommes, et il y a tellement de banques. Pour aggraver le plaisir du casino, j'avais écrit le nom et l'adresse d'une charge d'agent de change. C'est qu'un agent de change, ça fait encore plus chic, plus rupin, comme dirait l'excellent Ribouldingue de Forton, qu'une malheureuse banque. D'ailleurs je n'inventais rien : j'avais bien eu un agent de change, mais j'avais fermé mon compte chez lui, il y a plus d'un an, pour ne pas déprimer à l'excès un ami qui œuvrait dans cette charge et qui, jadis, pour me récompenser d'avoir songé à lui confier mes sous, m'avait obtenu un énorme carnet de chèques — Dieu sait si les agents de change en sont chiches, lorsqu'il leur semble que la fortune de leurs clients est médiocre — et qui n'en pouvait plus de le voir revenir en pièces détachées pendant les trois mois *chauds* de Deauville. Ce carnet de chèques, on aurait dit les feuilles d'un artichaut trop cuit. Aujourd'hui, cette charge n'est plus ; mon ami a quitté la France : il est consul aux Bahamas. *(Allons reviens, Henri, je ne joue plus !)*

Ce matin-là, je ne changeai pas mes habitudes : faire une confiance totale au casino et à ses employés. Je leur dis : « Vous gardez ce chèque pour mémoire, et je vous en envoie un à la fin de la semaine, un autre un peu plus tard, et puis, s'il manque quelque chose, vous attendez ma venue (ce serait bien le diable si je ne faisais pas un saut à Deauville avant Pâques). — Mais bien sûr, monsieur Frank. » Ils n'avaient pas tort d'accepter ma confiance : que je leur laisse autant de papiers signés par moi ; j'étais un habitué pratique. A la table, jamais un mot de trop, à la différence de tant de jeunes et vieilles toupies (le joueur ressemble sur ce point à un automobiliste : il est misogyne). Toujours prêt à laisser quelqu'un s'associer à ma banque. (Consulter, le cas échéant, les règles du chemin de fer.) Des pourboires exubérants. Je perdais avec régularité des sommes qui n'étaient pas fabuleuses, mais je pouvais figurer à une grosse table, en cas de besoin, sans faire honte à la maison. Et avec ça, toujours prêt, avant lc Grand Prix, à hiberner jusqu'à l'heure du croissant. Des joueurs comme moi, il y en avait, il y en a sans doute, mais pas si nombreux qu'on l'imagine. Le jour des 600 000, je ne changeai pas mes habitudes, mais je crois me souvenir que je commençais à être agacé par ce folklore. A quoi cela rimait, à la fin, de toujours me croire obligé de trouver de l'argent pour *rien,* d'être si avare à mon égard et, dans une mesure moindre, à l'égard des autres, et si dispendieux, si inventif pour un plaisir disparu ? Le jeu devenait à la fin trop moral, s'articulait comme une ennuyeuse dissertation philosophique.

Consultée, Françoise Sagan, longtemps complice de mes sottises, pour me tirer d'affaire, m'associa au scénario d'un film sur Landru dont le metteur en scène était Claude Chabrol et le producteur le fameux Beauregard, le mécène du cinéma nouveau. Beauregard, apprenant que j'étais écrivain, me parla d'abondance, pour me montrer qu'il avait des amis dans la profession, de *la Religieuse,* qui n'avait pas encore trouvé son Rivette. « Voilà un sacré roman qui ferait un sacré film », me dit ce jovial petit bonhomme, toujours prêt à vous raconter, à écouter, d'ailleurs, une histoire salace. Ils sont épatants, les producteurs : ils donnent dix sur dix à chacun des romans archiconnus qu'ils viennent de lire. C'est qu'ils s'étonnent tellement d'avoir pu les lire jusqu'au bout qu'ils veulent les mettre *en* cinéma, un peu comme d'autres maniaques ne voient dans les légumes de leur jardin que les futures conserves maison. Quand ils lisent, c'est comme s'ils avaient une idée *formidable* de film : lire, c'est leur manière d'avoir du génie. Beauregard trouvait que les écrivains morts étaient des types plutôt causants, plus simples qu'il ne les avait imaginés. Ils auraient fait de bons scénaristes, si le hasard dans sa maladresse ne les avait pas fait naître à des époques cornichonnes. Beauregard était prêt à passer l'éponge sur cette défectuosité existentielle ; il leur donnerait ce coup de main qui les rendrait enfin célèbres. Comme le contrat Landru était déjà signé et que je ne pouvais vraiment jouer qu'un rôle de supplétif, on ne me proposa que 1 200 000 francs pour apposer le sceau de mon talent sur le dos de cette entreprise (le lecteur s'aperçoit peut-être que, lorsque je l'introduis dans le monde des affaires, je demande volontiers à Balzac de guider ma plume). D'un coup d'œil je jugeai la situation : j'empochai la moitié de la somme qui m'était indispensable pour rester un honnête homme, puis je renonçai sans phrase au reste et à la gloire, cloué d'ailleurs au lit par un horrible lumbago. Avant de m'allonger dans une clinique pour un bon mois, j'envoyai dare-dare 300 000 francs à ces messieurs du casino, 200 à une personne qui en avait infiniment plus besoin qu'eux, et quant aux 100 derniers, je les gardai pour me persuader que je n'avais pas signé pour rien, que je n'avais pas rêvé, que, comme Cary Grant, j'avais bien fait du cinéma dans ma vie.

Je n'étais pas sorti de mon lit que déjà je ne devais plus au casino que 100 000 francs, somme d'autant plus médiocre que, lorsque j'avais fait mes débuts de joueur, j'avais été *garanti*, et cette fois-ci j'emploierai le langage de la midinette, par une personne célèbre et fabuleusement riche, Ali Khan, pour — précisément — cette somme de 100 000 francs : ce qui voulait dire, en bon français, que j'avais la possibilité de tirer des chèques jusqu'à concurrence d'environ un million et que, de toutes les façons, si je mourais ou m'enfuyais à Bruxelles en état de péché de dettes, mon tuteur, prévenu, se serait fait un plaisir de donner au casino 100 000 francs, et beaucoup plus le cas échéant. Aussi ce fut vraiment par courtoisie et surtout parce que je venais de recevoir une invitation pour l'ouverture du casino d'hiver que j'écrivis à Gilbert[1] que, si, souffrant, je ne venais pas à cette « première », je comptais bien venir à Pâques, et sûrement au mois de juillet. Gilbert me répondit qu'il était désolé mais que, sans nouvelles de moi, il avait confié mon *affaire* aux mains de la justice. Effectivement, je reçus une convocation du commissariat de Saint-Germain-des-Prés. La bêtise ne plaisante pas ni ne commet d'erreur. Bien que l'époque favorise les rencontres entre la police et nous, on éprouve toujours une fureur à en être arrivé *là*. On, je veux dire moi. On se dit surtout que l'affaire est trop minable pour vous être arrivée. Mais, précisément, on oublie que les affaires de police sont toujours minables. Le policier chargé de l'affaire, et qui, d'après lui, ne comprenait rien au jeu, m'interrogea longuement et avec courtoisie avant de me faire signer une déposition. Au passage, il me montra une demande de renseignement du fisc, à mon sujet, qui s'étonnait de ma distraction à son égard. « Je vous la signale, hein. Nous n'avons rien à voir là-dedans. » Le policier ne comprenait pas pourquoi le casino prétendait que je lui devais 600 000 francs, alors que je lui en avais déjà payé plus de 500 000 et que j'avais la possibilité de le prouver. Il y avait donc eu accord entre le casino et moi et non signature de chèque sans provision. Si le policier n'avait aucune amitié pour moi, je voyais que, dans son échelle des valeurs, un directeur de casino, c'était quelqu'un d'assez proche d'un

1. Pas le poète, le directeur du casino de Deauville.

truand. Les truands larmoyants ne l'intéressaient pas. Sans tomber dans des attendrissements hors de saison, j'étais forcé de conclure que, entre Barrière et le policier, je préférais le policier. Ça ne veut pas dire qu'il faille admirer la police, mais ça veut dire certaines choses sur Barrière et les casinos. Ça veut dire, par exemple, que je ne sangloterai pas le jour où les casinos de France, avec leur cuisine immonde et hors de prix, fermeront les uns après les autres, où il ne restera plus à nos bougnats qu'à cuver les reliefs de la fortune de leurs grands-parents avec des petites dames, tandis que nous traverserons gaiement le Channel pour donner notre picotin à la vieille Albion. Ce fut chez Castel de la rue Princesse, qui venait juste d'ouvrir, que cette affaire eut un rebondissement heureux. Castel, c'est l'un de ces endroits à la mode où, d'après les chroniqueurs de l'an 2000, nous nous sommes follement amusés entre 1960 et 1970. C'est possible. Je n'y ai jamais fait bien attention. Tous ces endroits se valent : une table, une chaise, une marche d'escalier, un verre à la main, et des gens qui ont l'air si excités d'être là qu'on a envie de leur demander s'il y a fête ce soir et où. Puisque ce que j'écris s'égare chez Castel, parlons de Régine. On a les Corneille et les Racine, les Voltaire et les Rousseau que l'on mérite. Je sais bien que le temps presse, que la bourgeoise va encore me faire une scène, oui, la grande littérature, qui est en train de me foudroyer du regard, qui essaie d'ajuster sur son œil de cyclope un lorgnon hautain. Tant pis, ne tenons pas compte de ses comédies, asseyons-nous tranquillement, toujours prêt à peser le pour et le contre. C'est une des dernières joies qui me restent, sentir que cette vieille gueuse de littérature fulmine. Longtemps j'ai cru préférer Castel à Régine, jusqu'au jour où il m'a semblé que les visages avaient l'air de *parler* trop affaires chez Castel. Que Castel, c'était pour les industriels en tous genres, la *nursery* rêvée. On perd sa graisse, on garde la forme au *Président*[1], et puis, la nuit venue, on se délasse des fatigues du jour chez Castel. Chez Régine, il y a le noir qui sauve tout.

Je me trouvais au premier. Ce n'était pas encore le restaurant

1. Cette salle de gymnastique où les P.-D.G. perdent leurs kilos.

coquet que c'est devenu. Castel croyait alors qu'il fallait amuser son Paris pour le retenir. Il avait installé un orchestre « impayable », avec de vieilles dames qui chantaient des rengaines comme *Frou-Frou,* et d'autres plus charmantes encore, que la clientèle avait le plaisir de reprendre en chœur. La clientèle savait que ces chansons étaient d'un autre âge, ce qui lui permettait de se sentir jeune et nostalgique à peu de frais. Ce soir il y avait foule, il fallait tenir serré son verre, et, tout à coup, une solide main me happe : « Viens donc à notre table, tu seras mieux. » C'était une amie grecque, Ariane Zographos, qui avait cette particularité d'avoir pour famille une dynastie de joueurs. Par joueurs, je n'entends pas ceux qui perdent, je parle de ceux qui jouent contre les joueurs : les gagnants, les organisateurs. Elle me présenta à son cousin, que je connaissais depuis longtemps, puisque à Deauville, au baccarat, c'était lui qui tenait la banque. Le casino prêtait la salle, les chaises, les jetons, les cartes, les valets, j'imagine, moyennant un pourcentage sur les bénéfices. C'est alors qu'Ariane me présenta à Lucien Barrière, comme vous l'avez déjà deviné. Il était tout sourire, ravi, mais il ne connaissait que moi, bien sûr ! « Ce monsieur veut m'envoyer en prison », dis-je après avoir posé mon *scotch.* Et je racontai l'histoire à cette amie grecque qui voulait tout savoir. « Mais c'est infâme, dit-elle en se tournant vers Lucien Barrière. Vous ne savez donc pas que ce garçon est le plus grand écrivain de sa génération ? Le seul. [Lecteur, rassieds-toi : elle n'avait pas lu une seule ligne de moi.] Expliquez-vous. » S'adressant à son cousin : « Donne à Lucien l'argent dont il a l'air d'avoir si grand besoin. » Barrière, qui a ce qu'on appelle un physique avantageux, bredouilla que c'était une erreur de son administration, qu'il ne pouvait pas être partout à la fois. Qu'il allait voir, qu'il ferait son possible. Le cousin, sans broncher, avait déjà sorti de son portefeuille la somme en litige et la tendait à Barrière, qui, tout rouge, se demandait ce qu'il devait faire. Sentant que c'était 1789, je me levai pour être mieux à même de contraindre l'aimable cousin à reprendre son argent et, buvant enfin mon *scotch,* je criai qu'il n'était pas question que je donnasse un sou à Barrière avant qu'il n'eût retiré sa plainte. Bref c'était le bonheur. J'étais d'une humeur exquise. Ceux qui ont aimé, qui ont été émus par ce passage des *Confessions* qui ouvre, je crois, le livre III, où le jeune Rousseau, lors d'un grand dîner donné à Turin (il n'y assiste pas, on le sait, comme invité, mais pour aider le maître d'hôtel et les valets à servir les plats et les vins), grâce à la complicité du vieux comte Gouvon, a la chance miraculeuse d'expliquer, devant les convives piémontais stupéfaits et sa bien-aimée qui ne l'est pas moins, qu'il n'y a pas de faute de français comme ils le croyaient dans la devise de la maison des Solar, *Tel fiert qui ne tue pas,* qu'il faut bien un *t* à fiert, car fiert ne vient pas de *ferus* (sauvage, orgueilleux), mais de *ferit* (il frappe), comprendront la vivacité de mes sentiments. Quant à ceux qui ignoreraient ce passage de Rousseau, je me demande pourquoi ils perdent leur temps à me lire. C'est un monde, c'est une chose qui me stupéfiera toujours, le nombre de bons livres qui ont été écrits depuis des siècles et qui n'ont pas encore été lus ou l'ont été d'une manière négligente par des gens qui achètent des crottes modernes (je ne pense pas à moi d'ailleurs, merci) et qui les lisent parce que ça vient de paraître. Si j'étais *Gauleiter* de l'édition, je vous jure qu'on n'entendrait plus les critiques se plaindre d'être débordés. En musique, c'est encore plus rigolo. Des tas de gens qui ne savent pas reconnaître *do* de *ré,* de *fa,* de *si,* de *la* ont des passions exclusives, farouches pour des musiciens qui leur semblent la modernité même. Il y a trente endroits à Paris et en province où je ne mets plus les pieds, parce qu'on me collait obligatoirement, avant, pendant et après le dîner, Bartok. Ce n'est pas que je déteste Bartok — à vrai dire je n'en pense rien, mais comme tout le monde, m'étant renseigné à droite et à gauche, je peux vous confirmer au passage que c'est un musicien honorable. « Plus qu'honorable ? — Ainsi soit-il », mais pourquoi s'arrêter à Bartok, se buter sur son nom comme un mulet calabrais ? C'est que les illettrés de la gamme souffrent de leur passivité musicale. Acheter des disques, les poser sur un pick-up, tourner de multiples boutons et se contenter de les entendre leur paraît du dernier commun. Leur fanatisme efface ce qu'il pourrait y avoir de plat dans le fait d'appuyer et d'écouter. Ah ! comme ils souffraient lorsque je leur disais : « Allons, puisque vous tenez à mettre un disque avant le poulet, on pourrait changer, essayer Mozart, Beethoven, Chopin. Comme nous ne connaissons rien à la musique, nous ne sommes pas obligés de feindre de nous intéresser aux *recherches musicales*. L'ignorance est charmante lorsqu'elle nous contraint à trouver notre plaisir dans le génie [1]. » Ils ont des goûts comme d'autres créent.

Nous bûmes beaucoup ce soir-là, et Barrière régla en champagne et au-delà le différend qui avait failli nous brouiller. Je dis failli, car, si je songe à ma joie, j'oublie ce que je viens d'écrire à son sujet. Je m'épanouis dans le plaisir vaniteux qu'il m'offrit sans le vouloir, et, après tout, cette rencontre délectable s'étant passée chez Castel, vive Castel ! Cela fait d'ailleurs belle lurette que la police s'amuse à vouloir faire partie de ma banque. Au moment du manifeste des 121, un commissaire divisionnaire de Caen et un inspecteur de la D.S.T. (je prie la police de vouloir m'excuser, si j'emploie pour désigner ses hommes et ses services des appellations fantaisistes) firent irruption, en *ID* d'usage, dans le parc du manoir du Breuil, soucieux au dernier degré d'apprendre si, Françoise Sagan et moi, nous avions bien rédigé ce manifeste et, dans le cas contraire, quelles personnes nous l'avaient envoyé, qui l'avait écrit ? J'appris ces détails plus tard, car ces messieurs, ignorant mes habitudes quasi kantiennes, n'avaient trouvé (vers les 19 heures) pour les accueillir que la maîtresse de maison. Comme de coutume, je m'étais offert un casino d'après-midi, un de ces 5 à 8 où, sans faire d'éclat, sans perdre des sommes dramatiques, il vous arrive de gagner ces 200 000 francs qui vous mettent de bonne humeur et vous prédisposent, après le savoureux dîner familial — il me semble en effet que, à l'époque, la maison de la rébellion abritait des mères, des nièces, des amis intimes —, à repartir aux alentours de minuit, fringué comme un lord, vers la chute ou le

1. Par ce culte de Bartok et de deux ou trois autres, et surtout par cette décision résolue d'écarter cette masse indifférenciée de chefs-d'œuvre, ils tentaient ainsi de se persuader qu'ils n'étaient pas des consommateurs, mais des artistes.

salut. Je n'aurais sans doute jamais vu ces messieurs — Sagan savait trop son monde pour me déranger dans ma partie, et cela, pour me présenter à des personnes dont elle ignorait, après tout, si j'avais envie de les voir — s'ils ne lui avaient pas clairement dit qu'ils étaient sûrs de ma présence dans les parages et que, faute de pouvoir me poser deux ou trois questions maintenant, ils reviendraient demain vers les 5 heures du matin, devant rentrer à Paris et à Caen au plus vite pour rendre compte à leurs supérieurs des résultats de leur mission. Je crains que Sagan n'ait eu alors des doutes sur moi, sur ma vaillance à 5 heures du matin. Qu'elle n'ait imaginé le pire, que, réveillé en sursaut et n'ayant pas eu le temps d'avaler mon *nésal*[1] quotidien, une mégalomanie déjà bien installée dans ma nature ne me poussât à réveiller toute la maison en criant à ces policiers que c'était moi, moi tout seul qui avais écrit ce manifeste, ou, tout au contraire, que, effaré par la méchanceté des policiers, troublé par les songes et le jeu, dans le simple appareil d'une beauté qu'on arrache au sommeil, je ne me misse à réciter docilement tous les noms qui me seraient passés par la tête. Toujours est-il qu'à mon grand effarement un valet, alors que cela allait être mon tour d'avoir le sabot, me fit part, aussi discrètement que possible, du désir que Mme Sagan avait de me voir au Breuil sans tarder. Dans le taxi qui avait pris cette vieille route de Honfleur, presque écœurante à force d'avoir été traversée et retraversée tant de fois, avec des sentiments divers, route qui, à la fin, était devenue comme immobile, je n'envisageais comme hypothèse qu'un décès ou la police. Ma rêverie refusait de s'organiser autour de la notion de police, par superstition : ç'aurait été trop beau. Aussi je fus soulagé de voir devant la maison une *ID* inhabituelle. Tandis que je réglais ma course, Godot, une amie de toujours, belle et drôle, s'approcha pour me confirmer que c'était ce que je craignais le moins qui était arrivé. Et comme elle avait de la tendresse pour l'Algérie française, elle me dit, me montrant

1. Excellent médicament composé de différents bromures, de belladone, de gardénal, dont je prends religieusement, depuis plus de vingt ans, une bonne cuillerée à mon réveil, et qui a cet heureux effet sur moi, une heure après, si rude qu'ait été la nuit, d'ouvrir mes yeux au jour, mon âme au monde.

l'allée sous la pluie : « Tu peux choisir ton arbre, mon vieux : les shérifs t'attendent. » Elle allait, la très chère, ce soir-là, ne pas chômer, pendant notre interrogatoire : il lui fallut divertir la famille qui se trouvait là, en la persuadant que, Sagan et moi, nous parlions avec de *très importants* producteurs de cinéma. Ah ! ce n'est pas facile d'être des héros paisibles, d'être l'intrépide Lili et l'affreux Jojo quand on ne veut faire de peine à personne. Françoise, à son tour, m'apparut devant le seuil de sa maison, les yeux brillants, mais avec cet air de perplexité rêveuse qu'ont les chattes lorsqu'elles veulent sortir et que la pluie les en empêche. Elle me demanda d'une voix pointue si j'avais gagné, ce qui me choqua, car ce ne sont pas des questions que l'on se pose entre joueurs (on est d'une pudeur farouche et l'on attend sans impatience que l'autre parle) : sans doute voulait-elle attirer mon attention, et effectivement : « Ne dis pas... », et là, malheureusement, je n'entendis pas bien ce que je ne devais pas dire, ce qui eut l'effet de me persuader que j'allais ajouter une gaffe de plus à celles, trop nombreuses, que j'étais sûr de commettre. Ce bout de phrase manquant gêna ma liberté d'esprit d'une façon extravagante. C'est comme si j'avais eu un gros bouton sur le visage le soir même où je devais dîner avec une actrice célèbre. A la réflexion, et pour éviter les ricanements des intimes, j'avoue avoir eu plus souvent de gros boutons que de dîners avec des actrices célèbres. Je me persuadais que, dans la *fine partie* qui allait se jouer, je partais avec un lourd handicap, puisque Sagan serait certaine, à un moment et sur un point précis, qu'elle pouvait compter sur moi et que, en fait, à cause de ma sotte surdité ou de sa manie de bredouiller, il n'en était rien. Ce que je vis, dans le petit salon où elle avait fourré ces messieurs de la police armés de leur serviette, de leurs godillots et de leurs lourds manteaux, ne me plut pas outre mesure. D'abord qu'elle les ait rangés là, dans cette pièce où il y avait un bon feu et qui nous servait de salle à manger quand nous étions entre intimes. Il est vrai que cette pièce avec son canapé de velours rouge, ses fauteuils recouverts du même tissu, son antique télévision, son pick-up qui ne marchait plus, son immense panier à disques, la plupart cassés, servait à tout : la preuve. Mais je ne m'attendais pas qu'il y eût, sur la table où nous avions si souvent tapé le carton — oui, Chazot, Bob, Jean Grouët, et les amis de la semaine —, un plateau tout préparé où vraiment rien ne manquait, ni le seau à glace, ni la pince, ni les quarts Perrier, ni l'ouvre-bouteilles, ni les trois verres, ni la bouteille de Haig qui allait bon train, autant que mon jaloux regard sur son niveau en pouvait juger, ni même ce quatrième verre qui semblait vouloir calmer mon courroux. Certes je m'en emparai, mais c'était pour avoir une raison d'ignorer ces mains de flics qui se tendaient vers moi lorsque Sagan nous eut présentés. Cela jeta un froid. Je vis avec plaisir la cordialité se retirer du visage de l'inspecteur et du commissaire, comme l'eau verte de nos belles plages normandes à certaines heures de la matinée. Il y a peut-être des marées du soir, mais je ne suis pas un spécialiste de la Manche à ces moments-là. Je sentis que, pour la maréchaussée — ce n'est pas la maréchaussée, mais j'abrège, ou alors je ne finirai jamais ce chapitre, et les 121, c'est de l'histoire ancienne, comme ce livre, qui doit comprendre qu'il n'est pas seul au monde, que j'ai d'autres livres à écrire, et qu'il n'y a pas que lui et moi de toute façon, qu'il y a les lecteurs, les critiques, que, de nos jours, un livre qui s'étire, ça crée des embouteillages —, les choses désormais étaient claires : il y avait d'un côté une personne charmante, célèbre, polie, certainement à mille lieux de toutes ces vilaines histoires d'Algérie, mal conseillée — elle était si jeune —, et de l'autre, un butor à peine français : ça se voyait assez d'où venait tout le mal. C'est toujours la même comédie : je suis rigoureux par peur de flancher. N'ayant pas le courage naturel, étant ennemi de toute violence physique, craignant les coups — et c'est un travers qui s'aggrave avec l'âge, avec les sciatiques, les gencives qui ont l'air de se désintéresser de mes dents, un pouls qui voudrait parfois me persuader que je suis une voiture de course —, j'essaie de me mettre dans une situation où le courage est la seule issue, où c'est moins gênant d'être courageux que lâche. En fait, c'est Sagan qui avait raison : nos deux bonshommes ne demandaient pas mieux que de ronronner dans leur fauteuil, verre en main, pensant sans doute à l'amusant récit qu'ils feraient à leurs femmes et à leurs collègues dans quelques heures. Je n'avais pas réfléchi qu'ils pouvaient, dans un interrogatoire pourtant lymphatique, me poser des questions qui me laisseraient coi, du moins bredouillant. « Bon, c'est entendu, vous ne savez rien ; mais, tout de même, vous avez signé ce manifeste. Vous prétendez que c'est une œuvre collective, que vous l'avez tous écrite. Qu'accuser l'un plutôt que l'autre n'a pas de sens. Cependant, comme vous êtes en Normandie depuis pas mal de temps — cela, nous le savons —, à qui avez-vous fait part de vos idées, à qui avez-vous téléphoné ou écrit, ou, si vous préférez, qui vous a téléphoné, écrit ? » Paulhan, dans des circonstances moins rigolotes — il était interrogé par la Gestapo —, raconte, je crois, qu'il en était venu à comprendre les raisons pour lesquelles certains résistants avaient pu trahir leurs compagnons. Bien sûr la torture, mais bizarrement l'amour-propre. C'est que ça finit par être démoralisant de répondre toujours non, de nier l'évidence, de paraître plus bête que ceux qui vous interrogent. La logique policière est tellement simple qu'elle en devient agaçante. On voudrait briller, ne pas toujours avoir l'air d'un pauvre type. Ce qui était par contre réconfortant dans le manifeste, c'est qu'on avait l'esprit tranquille : on n'avait pas besoin de nier qu'on l'avait signé puisqu'on l'avait signé précisément pour que les populations le sussent. On n'avait pas à craindre de dénoncer les autres, puisque les autres avaient eu la politesse de se dénoncer. Ce que la police tentait, à l'évidence, c'était de trouver les meneurs, les mauvaises têtes. Et ce qu'elle espérait, c'est qu'ils fussent obscurs, le moins souvent possible cités par Carmen Tessier. J'ai découvert, ce soir-là, que je suis pompier quand je ne peux pas m'exprimer en toute liberté et que je me réfugie dans des attitudes qui se voudraient nobles et qui sont seulement ridicules, attitudes qui me sont dictées par des images d'Épinal. Je ne sais plus ce que j'avais pu dire d'agaçant, mais mon commissaire Bourrel perdit patience ; fini le côté salon ; au vous succéda un tu de garnison, de salle de police, et je découvris que ce que je croyais être les dialogues des mauvais films policiers français suivait assez exactement la vérité : « Dis donc, si tu veux faire le méchant, on peut fouiller toute la boîte, on a la nuit pour causer. » Mais oui. Ça se calma, au soulagement général. Nous fîmes une tranquille déposition où nous confirmâmes notre total accord avec l'esprit et la lettre du manifeste. Les policiers envolés, Françoise s'écroula dans un fauteuil en se servant un whisky bien tassé, tout en poussant des gémissements de comédie : « Mais tu es fou, fou à lier, tu oublies qu'à tous les étages de cette maison, dans toutes les chambres, il y a la collection complète des journaux du F.L.N., qu'évidemment tu n'as jamais lus. Songe aux lettres qui traînent, à tous ces manifestes, aux carnets pleins d'adresses. Ils n'auraient même pas eu besoin de fouiller. Tu as trop lu de romans de chevalerie. » Dans la grande salle à manger, on s'impatientait. Le soufflé au poisson allait s'effondrer. C'était bien la première fois que Françoise se montrait aussi impolie envers ses hôtes, et cela pour de vulgaires producteurs de cinéma.

Toujours est-il que cet interrogatoire en douceur m'a convaincu que je n'étais pas doué pour les résistances. J'ai sans doute eu de la chance, pendant l'occupation allemande, de ne pas avoir l'âge où l'on a l'envie et la possibilité de jouer les héros. Avant de vouloir servir une cause, il faut être sûr de soi, sûr qu'éventuellement on aura le courage de se supprimer. En mai 1968, j'ai eu des doutes du même genre. Quand on est un homme de gauche, on s'imagine que, sans qu'on s'en donne la peine, l'histoire servile vous aura réservé ses loges d'honneur. Par exemple tout intellectuel français a été un communard. Tout intellectuel français qui se respecte s'est demandé et se demande ce qui a bien pu se passer dans la tête d'un Flaubert, d'un Goncourt, d'un Renan, d'un Taine pour qu'ils aient été si choqués par la Commune, ce qui leur a pris, à tous ces écrivains, pour ne pas s'être retrouvés devant le peloton d'exécution, au mur des Fédérés, avec le capitaine Rossel cher à Roger Stéphane. Nous verrons ça.

Sans les juger vraiment, et en leur accordant, on l'imagine, les circonstances atténuantes, je n'approuve pas davantage ces alcooliques, ces drogués, si fiers jadis de leurs penchants, qui, subitement, se dénoncent à leurs médecins pour qu'ils les envoient dans des cliniques de désintoxication. Brusquement, il n'y a plus personne. Au lieu de s'arrêter de boire sans tapage, ce qui n'est pas si difficile, ou au lieu de continuer, ce qui l'est plus à partir d'un certain âge, on préfère se dire que l'on est un raté et qu'il y a des sages, des psychologues, des types formidables qui peuvent vous tirer d'affaire. Sans être raciste, vous en connaissez des médecins qui soient capables de vous débiter autre chose qu'un prospectus pharmaceutique ? Les médecins, c'est la vie dans son horreur, et la vie, comme disait Barbey d'Aurevilly dans un de ses jours de gaieté, nous la laisserons à nos domestiques : c'est leur dimanche. Eh bien, ce qui me paraît niais pour l'alcool, la drogue ou le jeu, ces interdictions, ces cures, ces pilules, j'ai décidé que c'étaient choses bonnes pour la politique. Je suis désormais un homme de gauche en disponibilité.

« Quoi, vous accepteriez de passer pour un réactionnaire ? — Si vous voulez, si ça vous chante, si ça vous plaît. — Mais enfin vous avez appris que chaque homme est lié au monde, que nous sommes tous dans la même marmite ! — Turlututu, chapeau pointu ! Je laisse aux avantageux, à Butor, à Sollers, à Sartre, à Mitterrand, à Lacan, à Rocard, à l'oisillon Sauvageot, le soin de guider notre gauche, notre France et sa littérature vers les cimes. — Méfiez-vous. La plaisanterie n'existe pas. Votre conduite est infantile, c'est celle du désespoir, du laisser-aller de la paresse. — Bravo ! — Alors vous êtes définitivement gaulliste ? — Certainement pas. J'aimais bien le latin, le grec, les compositions, les révisions, les notations, les cancres, les bons élèves, les examens, les tricheries, les colles, le chahut qui soit un risque : de Gaulle, par démagogie, pour garder le micro encore quelques mois, quelques années, essaie de nous enlever tout cela, avec le soutien des “ parents d'élèves ” et des révolutionnaires. Le bougre s'attaque au latin : c'est assez, s'attaque aux juifs : c'est trop. Seulement, à la différence de l'homme de gauche, je ne veux pas penser plus loin que le bout de ma plume. Je ne tiens pas à être récompensé. Assez de médailles, assez de certificats de bonne conduite. Si je penche pour Israël, je ne veux pas rappeler dans le même temps à ce peuple qu'il se doit à lui-même, qu'il doit à la France, à l'Angleterre, aux États-Unis, à l'U.R.S.S. et à la Chine (ces bonnes âmes, ces petites sœurs des pauvres, ces filles chéries de Dieu) de résoudre le douloureux problème des réfugiés palestiniens. — Comment, la misère de ces pauvres gens ne vous serre pas la gorge ? — J'y pense peu. — Et les milliards de gens qui crèvent de faim ? — Je suis gras, savez-vous : mon problème, à moi, c'est de perdre dix kilos. — Quelle horreur ! Misérable provocateur, vous n'êtes même pas drôle. — Votre bonté me touche. — Vraiment, la classe ouvrière, la réforme de l'enseignement, les hôpitaux, les Arabes, changer la vie, l'imagination au pouvoir, la paix, la lutte contre le cancer, la lune, les greffes cardiaques, c'est fini pour vous ? — Oui. Oui. Oui. A mon sens, nous déraillons complètement. Nous sommes fichus. Mais il y aura encore des moments de gaieté. Et puis, je peux me tromper. Je ne demande pas mieux que de me tromper. Seulement, je ne veux tromper personne. Écrire, un point, c'est tout. Moins l'individu a d'importance, plus les *je* s'affolent, s'emmêlent, *brouillent les ondes.* Nous devenons pathétiques à force de vouloir faire notre tour de chant, notre *one man's show.* Lisez un hebdomadaire, écoutez la radio, regardez la télé, et c'est une puanteur de subjectivités qui vous assaillent, mille chats affamés qui vous sautent à la gorge. Comme si les gens n'avaient plus le courage de vivre sans faire connaître au monde entier qu'ils sont là et un peu là ! Dans les événements de mai 1968, il y avait de ça : la jeunesse avait besoin de ce haut-parleur qu'est le nombre pour se sentir exister, pour passer la rampe. Il y a deux classes, les inadaptés et les autres. Avec des subdivisions à l'infini. Mon vice, c'est d'être un inadapté pauvre qui s'est amusé à mener l'existence d'un inadapté riche. »

XII

A. — *Avant-propos.*

Notre époque, qui est tellement sollicitée à droite et à gauche, à hue et à dia, a besoin de s'intéresser à de grandes marques toutes simples. Elle n'a pas de temps à perdre si elle ne veut pas manquer la dernière exposition, le dernier concert, le dernier film de la semaine. Aussi, autant elle a la bonté de se soucier du troisième mari de notre poétesse nationale Bernadette la Frime et s'il préférait, le bougre, à son petit déjeuner, du Quaker oats mélangé avec de la compote de pommes plutôt que du Lapsang Souchong tea, autant elle est discrète sur ce chérubin de Kanters, que l'on s'accorde à considérer comme l'un des meilleurs critiques de ce temps, je me demande pourquoi [1]. Pour nous résumer, si ce n'est pas une coutume tombée complètement en désuétude de lire un inconnu, on peut ajouter que l'on ne facilite pas la tâche de ceux qui se donnent ce mal. « Tout est dans l'emballage », me disait mon excellent ami Bleustein-Blanchet, les trop rares mois où j'ai eu l'honneur d'être son collaborateur dévoué à Publicis. L'œuvre, c'est beau, mais ceux qui daignent l'écornifler voudraient en savoir davantage. Cet écrivain qui feint de dormir sous l'Arc de triomphe (que les anciens combattants n'agitent pas leurs béquilles, ils ne sont pas concernés), on aimerait, que voulez-vous, connaître sa date de

1. Quand je lis les autres, je sais pourquoi (mars 1970).

naissance, savoir ce qu'il a écrit, quels furent ses éditeurs, ses amis, ses ennemis, ses maîtresses, ses maîtres, ses disciples, ses opinions politiques, s'il préférait le cuit ou le cru, le bordeaux au bourgogne, son père à sa mère, quelles furent les nuits de Gênes qui changèrent irrémédiablement sa destinée. Certes, ces brindilles de connaissance, l'écrivain les a racontées mille et une fois dans son œuvre et, j'en mettrais la main au feu, dans ce livre que l'on vient précisément *d'achever,* comme disait Gide dans son patois classique. Mais le lecteur n'en a cure ; il lit les yeux fermés ; ce que l'écrivain dit sur lui-même dans ses livres n'a pas de valeur : c'est de la littérature. Nous avons donc pensé que ce livre, tout livre, avait besoin d'un *résumé des chapitres précédents,* qui mettrait les choses au point. Si nous nous avons préféré employer le mot chapitre plutôt que celui de biographie, c'est que nous pensons que si, vous et moi, nous avons une vie bien à nous, un écrivain en est dépourvu.

On voudra bien nous pardonner certaines lacunes : nous ne sommes pas orfèvres en la matière. Les dates ne sont pas notre fort. Ni l'enfance ni la généalogie. Souvent, nous sommes tombés sur des becs, sur une volonté délibérée de camoufler les faits. Nous avons ouvert une voie. Nous laissons à d'autres, plus qualifiés, mieux armés, plus curieux de nature, le soin d'approfondir telle période, de rectifier telle erreur. Pour tenter de justifier nos manques, il faut que nos lecteurs aient présent à la mémoire que l'objet de notre étude n'était pas cliniquement mort, au sens où l'on entend la chose aujourd'hui — on peut le regretter, c'est un terrible handicap — pendant nos recherches. Pas davantage la plupart des personnes dont il parlait. Il nous était difficile d'aller plus loin sans heurter les sensibilités les moins vives, les bienséances les plus naturelles.

Un mot encore (et que les faits trop longtemps contenus parlent) : qu'il nous soit permis de remercier l'objet de notre étude, qui, dès que nous lui avons fait part de nos intentions, s'est mis en quatre pour nous aider, l'œil vif, les jambes frémissantes ; nous avons assisté à une véritable résurrection. Il n'a pas hésité à téléphoner dix fois devant nous à sa chère maman pour obtenir une date, un prénom, une profession, une tare familiale, trépignant de rage si elle ne s'en souvenait pas. Il a harcelé des amis qu'il ne voyait plus depuis vingt ans, parfois trente, de petits mots dont nous dirons ce que disait Cicéron des *Commentaires* de César : qu'ils étaient *nudi, recti et venusti,* et cela pour obtenir la confirmation d'une belle journée au Bois, d'une place de composition. De temps en temps, il avait des trous et s'en désolait. Et lui qui a brocardé la psychanalyse, s'est tant moqué du docteur Lacan — celui-là même qui, tel le coureur de Marathon, a *porté* la parole de Freud jusqu'à nous —, nous l'avons vu s'exclamer — et c'est peut-être la leçon la plus importante que nous ayons tirée de ces entretiens : « Mon Dieu, comme je suis puni de ne pas m'être fait psychanalyser de bonne heure : j'aurais tellement plus de choses à vous raconter ! Ah ! mon seul regret... ah ! j'espère bien qu'avant de mourir... » Il se tut, mais nous avions compris qu'il aurait été cruel d'insister.

B. — *Résumé des chapitres précédents.*

1929.

Bernard-Benjamin Frank est né le 11 octobre 1929 à Neuilly-sur-Seine à 8 heures du matin.

Balance donc, mais quel ascendant ? Nos faibles connaissances en astrologie ne nous permettent pas de répondre à cette question[1]. Les natifs de la Balance passent pour des natures hésitantes, un peu molles, toutes tournées vers elles-mêmes. Nietzsche et Amiel étaient Balance, ce qui n'arrange pas les choses. Il semble que l'objet de notre étude ne s'intéressait pas à l'astrologie. « Nous sommes si nombreux... », disait-il. Il aimait pourtant raconter que, lorsque sa camarade Sagan lui disait qu'elle était née le même jour que Sartre, il lui rétorquait aussitôt qu'il était né le même jour que Mauriac. Ça semblait leur faire plaisir, comme si, en plus de leur talent, ils touchaient

1. Scorpion (1987).

des coupons sur le talent de ces deux maîtres. Nous lui disions alors : « Mais vous faites profession de détester Mauriac. — Oh ! Vous savez, on exagère toujours. Ceux qui n'écrivent pas prennent toujours pour de la méchanceté, de la haine, ce qui n'est qu'exercice de style. Mauriac, en littérature, n'a pas dépassé son bac de première — enfin, je parle du vieux bac —, ça lui sert, d'ailleurs. Un classique, c'est un écrivain qui ne sait pas grand-chose. Mais, si vous voulez, comme écrivain, je préfère Chardonne. D'ailleurs, tous tant que nous sommes, nous venons du XIXe siècle, avec Proust qui nous est resté dans la gorge. Par bonheur, il y a eu les surréalistes. Même si on ne les a pas lus ou lus quand ça n'avait plus d'importance — ce qui est mon cas —, ils avaient eu le temps de passer la consigne, qu'elle imprégnât l'air : " Si la littérature vous embarrasse, dites qu'elle est morte et prenez la clef des champs. " Ce qui a égaré d'excellents esprits, ce sont les écrivains américains du XXe : on croyait que c'était la modernité même pour pasticher Baudelaire, alors que, avec un siècle de retard, c'était la version *rough* des romanciers anglais, français et russes du XIXe, un débarquement comme seuls les Américains savent les pratiquer sur nos côtes. »

Un fait est certain pour ceux qui l'ont connu, c'est qu'il se réjouissait d'être né à Neuilly. Comme si c'était un titre de noblesse. Il devait trouver ça à la fois *smart* et feutré. Loin de toute Pologne, de toute Bessarabie. Neuilly lui apparaissait comme une clinique de luxe. A la différence des écrivains de sa génération, il n'éprouvait aucune fascination pour les rues célèbres de la rive gauche. On ne l'entendait jamais dire : « Neuilly, le XVIe, quel ennui ! On est loin de tout. Il n'y a pas de boutiques. C'est la mort ! » N'aurait pas détesté habiter le boulevard du Commandant-Charcot. Un hôtel particulier. Délabré, un peu en retrait. Une grande maison blanche, comme issue d'un roman de Faulkner. Notons au passage que, à part le laps de temps (assez considérable) où il a vécu chez ses parents — avec les limites que cela implique —, il n'a jamais eu de maison à lui. Des meublés ou les maisons des autres. Apparemment, cette idée lui procurait du plaisir. Dans *Maisons et Jardins,* sous le titre « les Arrondissements », s'étale sans vergogne ce goût vicieux de Neuilly; en voici des fragments : « Je connais mal Paris. Ce n'est pas une ville que j'aime. Je lui aurais sans doute préféré Londres, si j'avais réussi à comprendre une autre langue que la mienne. Mais aucune chance. Il faudrait avoir de la spontanéité, et j'en suis cruellement dépourvu... Je n'avais pas encore dix ans lorsque j'ai quitté la capitale et j'en avais déjà seize lorsque je l'ai retrouvée en janvier 1946. C'était alors une ville froide, grise, vraiment sans feu, avec des petits journaux, des tickets d'alimentation, un gouvernement Gouin. Notre appartement était vide, sans moquette. Mon seul plaisir, c'était de me *couler* en douce vers Neuilly et son lycée Pasteur, que j'avais préféré au lycée Carnot, pourtant à deux pas de chez moi : mais je l'avais jugé trop sale. Le lycée Pasteur, avec son faux chic anglais (Tudor), ses tennis, ses ping-pongs dans la rue d'à côté, c'était une manière de tourner le dos à la ville. La guerre n'avait pas eu lieu. Je n'étais pas le fils de bourgeois ruinés, déchus. J'avais toute ma vie pour écrire, pour passer des examens inutiles... Quand j'avais le temps, je descendais la rue de Courcelles jusqu'à la place Pereire. Je prenais l'avenue de Villiers, saluant au passage l'ancienne concierge de ma grand-mère maternelle, la mère Mahu et ses gros chats coupés. Arrivé porte Champerret, je dérivais vers Neuilly, en empruntant des rues calmes, provinciales, la rue Camille-Borghèse par exemple. Si j'étais en retard ou fatigué, ou trop déprimé pour me supporter vingt-cinq minutes, j'avais pour m'y conduire le *84* jusqu'à son terminus et le *163* Bineau-Inkermann (2 tickets). » Comme nous le questionnions sur son goût des beaux quartiers, il nous confia qu'en fait, aujourd'hui, il s'en foutait royalement : « Tout ce que je demande, c'est une chambre sur cour. Pas de vue, pas de bruit surtout. Une salle de bains. Et tant mieux s'il y a de longs couloirs, de la place perdue. Le luxe, quoi ! »

Il serait intéressant pour mener à bien notre entreprise de savoir ce qui se passait cette année-là en France et dans le monde. Ne jamais oublier le contexte, qu'il soit politique, social, littéraire, etc. Mais cela demanderait des bibliothèques pour de piètres résultats. Tout ce qu'il put nous dire : « 1929, n'est-ce pas une excellente année pour le bordeaux ? » Nous lui parlâmes du meurtre de Rathenau[1], de la grande dépression américaine : « Vous avez raison d'insister sur ce point. Ce n'est pas pour rien que, dans notre langue, il n'y a qu'un seul mot pour désigner deux maux aussi cruels, la dépression financière et la dépression mentale. Tout se tient. Les Anglo-Saxons, naturellement plus concrets que nous, ont deux mots distincts : *krach (crash)* et *nervous breakdown*. Enfin, pour 1929, si vous souhaitez d'autres renseignements, je vous conseille de consulter l'*Almanach Hachette*[2]. »

La famille.

Sa famille était un produit typique de la bourgeoisie laïque de la IIIe République. Avant 1939, un peu de religion traînait du côté des femmes. Du côté de sa mère (née le 11 août 1896 à Montpellier), l'on venait de Bordeaux. Du côté de son père (né le 25 octobre 1893 à Paris), on avait quitté l'Alsace en 1870 pour ne pas devenir allemands. Tous ces détails, il les a décrits avec minutie et complaisance dans plusieurs de ses livres. Au fond, il était très content d'avoir quatre générations de Parisiens derrière lui. Que sa famille fût installée depuis des siècles en France. « Pendant l'occupation, c'était pratique d'être un juif français. Les médailles de mon père, sa bonne tête, ça facilitait les rapports. Les gens ne comprenaient pas pourquoi on lui faisait

1. Remarquons que Walther Rathenau, l'ancien ministre des Affaires étrangères de la République de Weimar, n'a pas été assassiné en 1929, comme semble le croire l'auteur, mais en 1922. (1987.)

2. Ce conseil entre dans la nouvelle réglementation des vingt lignes de publicité autorisées par livre. Comme on le sait, M. Pompidou, avant de sauver la République en mai-juin 1968, avait fait justice, à l'Assemblée nationale, des pseudo-arguments de l'opposition qui lui reprochait de vouloir juguler la presse libre. « Et d'abord, s'était exclamé Monsieur-donne-tout-pourvu-que-je-reste-au-pouvoir, je peux avancer, sans crainte d'être démenti, que la seule presse libre en France, c'est celle qui se vend. Bravo, Messieurs, si vous considérez qu'une presse vendue est une presse libre. A part trois ou quatre exceptions, vous savez aussi bien que moi que la seule presse qui se vende, c'est celle à scandales. Vous voulez donc traîner la liberté dans la merde. J'en prends acte. »

des misères. Évidemment, j'avais du mépris pour les juifs étrangers, les étrangers en général, mais c'était un mépris solitaire, qu'on n'encourageait pas et que je n'exprimais pas. Pas vraiment du mépris : un sentiment plus simple, plus bas, plus terre à terre : « Quand je pense que, sans tous ces Polaks, je serais un enfant comme les autres. Mon père travaillerait, ma mère serait invitée. Ma sœur se marierait fort jeune avec un notable. J'aimerais la France normalement. On ne me soupçonnerait pas de l'aimer pour me faire bien voir. » Plus tard, à la Libération, quand j'ai commencé à écrire, j'étais ravi de posséder toutes ces générations de juifs français. Ces Bordelais, ces Alsaciens, morts depuis des siècles, inutiles et stupides squelettes, allaient enfin me servir à quelque chose de plus noble que de n'être pas déporté ; ils me permettraient de me livrer à mille provocations contre les Français antisémites, d'être le chevalier sans peur et sans reproche du juif le plus disgracié : celui qui ne comprend pas un mot de français. Je ne m'apercevais pas que, là encore, je jouais la comédie ; j'étais ravi de mon désintéressement. J'étais donc comme les autres, puisque je défendais des personnes qui ne m'étaient rien, que je n'aimais pas. Je m'offrais le luxe de prétendre (reprenant ainsi une thèse de Benda) qu'entre le juif bulgare et moi il n'y avait pas de différence, que, à y bien réfléchir, ce juif bulgare, arrivé depuis peu de son Dobroudja, pouvait fort bien être un patriote français, tandis que moi, n'en déplaise à mes quartiers de noblesse, et tel un Condé, un prince du sang du temps de la Fronde, rien n'empêchait que je trahisse un jour mon pays. » Sur ses parents, il était plus discret. « Mais que voulez-vous que je vous dise ? Je ne comprends rien à ces histoires d'aujourd'hui, à ces échanges, à ce besoin de communication qui devrait s'établir sous l'effet d'un décret-loi mystérieux entre parents et enfants. J'aurais été horrifié à l'idée que mes parents me comprennent. Est-ce que je me comprends, moi ? Est-ce que je perds mon temps à ça ? Ce sont des idées de journaux à quatre sous, des prétextes à émissions télévisées. La famille Duraton à la sauce moderne. Il n'y aura jamais assez d'écart entre les enfants et les parents, les élèves et les professeurs, les parents et les professeurs. La plupart des enfants, des parents, des professeurs sont des idiots. Ce qui donnait de la tenue à ce méli-mélo, c'était la séparation. On a aboli les barrières, et voilà que la bêtise jacasse, hait, menace, tranche, légifère. Quand on a dix ans au moment de la défaite et des premières lois anti-juives, on n'a pas besoin de demander des explications à ses parents sur ce qui se passe et sur ce qu'on souhaiterait qui se passe. Ce qui me frappe, quand je songe maintenant à eux, c'est leur bonté. C'est rassurant, en vieillissant, de se dire qu'on a eu des parents bons. On a l'impression peut-être fausse qu'on a de la marge, qu'on peut se permettre encore certaines méchancetés salutaires, car on finira par retomber sur ses pattes : leur ressembler. En bavardant avec les parents de mes amis, j'ai découvert que la bonté est une idée neuve chez les bourgeois français qui ont entre cinquante et soixante-dix ans. C'est resté balzacien en diable, tout ça. Maintenant, savoir si mes parents m'ont bien ou mal éduqué, que voulez-vous que je vous réponde ? Bien, bien, sans doute. Il n'y a eu que des amies femmes pour prétendre le contraire dans leurs moments d'exaspération : “ Ah ! comme tu as pu être mal élevé ! Comme tes parents ont été *faibles* avec toi. C'est inimaginable. Ils t'ont tout passé. Ah ! si j'avais été à leur place, quelles corrections tu aurais reçues ! On n'a pas idée de se conduire comme tu te conduis. Il faudrait qu'il t'arrive, un jour, une bonne tuile, pour que tu comprennes que tu n'es pas seul au monde. Qu'il y a des limites à tout. ” Je ne sais pas du tout ce qu'elles souhaitaient, que je me marie, peut-être. Elles en avaient à ma dot. Ou que je paie mes Allocations familiales. Et ça, tant pis si je me répète, je ne veux pas remplir ces chiffons de papier que vous remplissez si bien, vous autres, les possédants. Je n'ai jamais le temps de lire, de boire, de dormir, de bavarder, d'écrire autant que je le souhaiterais, et vous voudriez que je remplisse des feuilles entières de déclarations. Vous voudriez que j'écrive que je suis né le 11 octobre 1929 et des bêtises comme ça. Tenez, la télévision : elle est à mes trousses, elle vit dans le malheur, parce qu'elle ne peut pas me donner l'argent qu'elle prétend me devoir. Ça perturberait son fonctionnement. Si la télévision est si mauvaise aujourd'hui, ce serait de ma faute.

Je lui fiche le cafard. Elle me doit 150 francs nouveaux et elle ne fera rien de bon tant qu'elle ne me les aura pas remis. Un jour, elle a réussi — miracle à Milan — à me joindre et m'avait presque convaincu que j'accepte son obole. Seulement, je lis. Je lis quand même, et ça devient fantastique. Il aurait fallu que je lui donne le numéro de ma carte de Sécurité sociale. Mais ça fait des années, ma pauvre fille, que j'ai perdu ma carte, que je ne suis plus en carte. Retrouvez-la donc ! Ensuite, elle me demande si je suis pigiste ; mais je n'en sais rien. Quelle est mon adresse. Mais j'en change tout le temps pour échapper aux Allocations. Et justement, elle s'intéresse à mes Allocations. Puisque c'était comme ça, j'ai déchiré la lettre de doléances et la lettre de renseignements. Je n'en veux pas de vos 150 francs ! Il fallait m'envoyer un chèque, ou, si vous n'aviez pas de chèque, glisser dans une enveloppe un billet de 100 francs et un billet de 50, et, ni vu ni connu, affaire conclue. Maintenant, c'est fini. Le dossier ne sera jamais classé. Les machines perforeuses, électroniques, se déglingueront. La télévision française croupira dans sa médiocrité. Fallait pas m'échauffer les oreilles. Je repense à ce que me disaient ces femmes charmantes sur la faiblesse de mes parents. Mais comment en aurait-il été autrement ? Entre 1940 et 1944, tous les parents juifs étaient des parents faibles. Ils étaient faibles par *statut.* Mes bonnes dames, il faut vous en prendre à Pétain et à Xavier Vallat. Ces deux voyous, ces deux enragés ont fait tout pour remettre en question le légitime respect qu'un fils doit à ses parents. Pétain, il est mort ; on ne peut plus le pendre. Au passage, c'est assez farce de se dire que, en *1969,* ce qui occupe certains esprits, c'est que les os du Maréchal changent de place, de cimetière. Paraît que ses os, à Pétain, réclameraient l'air de Douaumont, que le climat là-bas est très bon, très fortifiant pour eux. Mais Xavier Vallat, ça vit toujours, ça vit encore[1] : on peut faire quelque chose pour lui. Je ne rêve pas, c'est bien Pétain et Vallat qui s'amusaient à dire à un enfant dont le père était un médecin ou un avocat : “ Ton père, petite crapule, tu peux cracher dessus s'il t'ennuie, s'il te

1. On me dit que non.

gronde. C'est un faux médecin, un faux avocat. Nous l'avons déchu. Tant que nous serons là, il n'aura pas le droit de travailler. Et nous sommes là pour mille ans. Le Travail, la Famille, la Patrie, c'est bon pour les autres, pour les goyim. Toi, tu peux te tourner les pouces. Qu'est-ce que ça peut faire, que tu sois premier ou dernier? Quand bien même tu passerais tes baccalauréats, pour ce qu'ils te serviront, tu n'as vraiment pas besoin d'en faire beaucoup! En admettant qu'à force d'anciens combattants, de grand-mères catholiques, de médailles, tu puisses t'inscrire dans une faculté, ça te fera une belle jambe d'être un professeur sans chaire, un ingénieur sans usine, un médecin sans clientèle, un avocat en chambre. " »

Nous eûmes beaucoup de mal à l'arrêter. Sa haine de Vichy, avec les années, était devenue intarissable. Probablement parce qu'il aimait son pays — c'était un personnage anachronique — et qu'il pensait, à tort ou à raison, que la France, la vraie France, s'était révélée dans sa vérité en 1940. Ses rapports avec Vichy nous avaient certes intéressés mais il en avait si souvent parlé dans ses livres que nous pouvions attendre que chronologiquement le tour de Pétain arrivât. Nous aurions souhaité plus de discipline et qu'il nous donnât des renseignements précis sur ses parents, sa famille, puisque, dans notre plan, nous en étions arrivé à cette rubrique. « Vous savez, nous dit-il, je ne peux pas vous dire grand-chose de ma famille, parce que les événements l'ont mutilée. Mais ne croyez pas que je veuille pratiquer la politique du mystère, comme certains écrivains. Ni que j'en aie honte. Ni que je m'en glorifie. A l'âge où un enfant regarde, juge, aime, j'étais occupé par les campagnes de Russie, celles de Cyrénaïque, les bonds de puce du Japon. Pour moi, Wawel, O'Connors, Cunningham (pas l'amiral, le général), Auchinleck, Boudienny, ce pauvre nigaud de Boudienny, Timochenko, Tojo et les écrivains que je découvrais comptaient plus que mes tantes, mes oncles, mes cousins. De plus, comme je l'ai déjà dit, de voir que les journaux parlaient tant des juifs m'avait tourné la tête. J'étais moi, bien sûr, mais le centre de tous les complots, la main du crime. A dix ans, j'ai donc perdu ma famille, parce qu'elle était dispersée et qu'elle n'avait pratiquement plus le droit de travailler. Une famille qui n'habite pas dans ses meubles, une famille sans profession, ce n'était plus à mes yeux une vraie famille. Entre Aurillac et Toulouse, Toulouse et Antibes, Antibes et Paris, il y avait des distances imaginaires dont on ne peut plus se rendre compte aujourd'hui. La famille se résuma vite à mes parents et à ma sœur. Surtout à mes parents. Non que je n'aimasse pas ma sœur, mais celle-ci, mon aînée de cinq ans, adopta une attitude résolument virile qui me choquait. Elle apprit la sténodactylo et se mit en tête de vouloir gagner sa vie. Nous vivions un grand drame, une tragédie, et il me semblait que l'étude de la sténo nous distrayait de l'essentiel, ajoutait du Molière sur une scène qui n'aurait dû appartenir qu'à Corneille. Ce qui a dû me frapper le plus, c'est que, à partir de 1939 et jusqu'à sa mort en 1962, mon père n'a jamais plus travaillé. Il n'a été l'employé ni le patron de personne, il n'a touché aucun salaire. Pour cela, pendant l'Occupation, j'aurais pu le mépriser, mais, comme il était charmant et qu'il avait les qualités, les sentiments, l'allure que l'on attend d'un père, je pris en silence son parti et, sans m'en rendre compte et si différents de caractère que nous ayons été, j'ai tenté de mener une existence qui justifiât la sienne et surtout la rejoignît. Après tout, ni l'un ni l'autre nous n'avons été des gagneurs et nous avons toujours fait mine de mépriser l'argent. Que sais-je de mon père ? Qu'il était grand, élégant et beau comme aurait pu l'être un officier de cavalerie, à cette différence près qu'il n'avait jamais été officier et qu'il n'était jamais monté à cheval ! Que nous nous sommes peu parlé. Il faisait partie du Stade français et, avant la guerre de 1914, avait joué plusieurs matches contre les Anglais. En 1912, le service militaire suivi de la Grande Guerre le cueillit en bonne forme, j'imagine. Une guerre de simple soldat, qui m'a semblé moins rêveuse, moins coupée de permissions que celle d'un Drieu. En 1919 et 1920, occupation de la Rhénanie. Huit ans sous les drapeaux et six ans d'Auvergne, ça fait un rude service militaire dans la vie d'un homme ! Il ne m'a pas beaucoup parlé de sa guerre, à l'exception de quelques anecdotes sur des peaux de vache d'officiers français. L'un, par exemple, qui lui demandait, étonné, déjà furieux, ce qu'il faisait à regarder à travers un trou pratiqué dans une tranchée. “ Est-ce que l’ennemi tire, est-il en face ? — Mais regardez vous-même, mon capitaine. ” Le capitaine se penche, regarde et reçoit une balle dans l’œil qui le tue. Il ne fallait pas compter tous les jours sur ces divines surprises. Mais je ne crois pas que cet antimilitariste ait vraiment détesté cette guerre sans talent. 14-18, c’était tout de même la camaraderie et l’odeur de la campagne lorsqu’on s’en tire. Il était patriote, comme la plupart des garçons de son âge. Et puis, malgré ces générations de Parisiens, l’Alsace restait une histoire de famille. Après tout, un de mes ancêtres s’occupait du mont-de-piété de Strasbourg ! Soyons véridique : il aimait vraiment la France, ses arbres, ses rivières, son ciel, plus tard ses écrivains, d’une manière un peu sotte, de la seule manière possible. En 1940, au moment de l’entrée en guerre de l’Italie, il voulut s’engager. A la mairie, on lui rit au nez. Il était patriote comme il était libéral et comme il était de gauche. Il faut s’entendre sur les mots. Être patriote, ça veut dire aujourd’hui qu’on a été pour Maurras, ou pour Pétain, ou pour Doriot ou pour une ligue nauséabonde, bref qu’on est ou qu’on a été un imbécile ou un salaud. En termes parlementaires, être un libéral de gauche veut dire qu’on est un modéré de droite. Mais, quand je dis de mon père qu’il était patriote, libéral et de gauche, je ne le félicite pas : il n’en faisait pas profession. Puisqu’il est mort, moi qui l’ai connu, je puis dire qu’il était ainsi. A cause de la stupidité de la banque Hirsch, plus occupée, semble-t-il, de mettre en sécurité ses propres affaires que celles de ses clients, banque dont mon grand-père paternel, qui était mort en 1939, avait été le fondé de pouvoir, la totalité des valeurs dont mon père venait d’hériter se trouva gérée par un administrateur provisoire, nommé par Vichy, en attendant la solution finale. Les juifs anciens combattants — toujours les mêmes — avaient l’autorisation — s’ils se trouvaient dans une situation financière délicate — de quémander un à-valoir de 100 000 francs sur leur propre argent. Ah ! Vichy ne badinait pas avec le capital ! Le commissariat aux Questions juives, en père soucieux que son fils juif ne se livrât pas à des folies avant cette majorité que constituaient la déportation, le four, la mort, se livrait à une sévère enquête sur le bien-fondé de la demande. On n'hésitait pas à envoyer chez le youpin ancien combattant une belle figure de légionnaire Maréchal-nous-voilà. En 1943, mon père, ayant des difficultés d'argent ou voulant s'amuser, chercha à bénéficier de cette faveur. Il lui fut répondu assez vite qu'une Noble Figure viendrait visiter son humble chaumière pour vérifier si nous vivions bien dans un état de saleté et de misère capables d'émouvoir le cœur d'un patriote endurci. Je l'ai déjà dit, ce n'était pas de chance : nous avions à Aurillac l'un des plus grands appartements de la ville, rue Émile-Duclaux. Il était vide, mais immense. Il donnait sur trois ou quatre rues et, hélas, sur la place principale, dont il était séparé par un jardin. A cette époque, les loyers n'étaient pas ce qu'il y avait de plus coûteux dans l'existence. Mon père l'avait loué à Mme Fodot, qui dirigeait un grand magasin de lingerie en tout genre. Elle était la sœur du futur sénateur du Cantal, M. Piales, qui devait devenir maire d'Aurillac. Sylvain Piales, son fils aîné, fut mon condisciple au lycée Émile-Duclaux de 1939 à 1946. En ces temps reculés, il était fort épris de littérature et ne jurait que par Maurras, que je réfutais allégrement, tandis que nous suivions les bords de la Jordanne : ni l'un ni l'autre n'avions lu Maurras, mais la passion suppléait aux écritures. Son père, le futur sénateur, était un homme plein d'onction, d'une politesse toute provinciale et d'un antisémitisme modéré pour l'époque. Il m'a fait connaître, à la Libération, les gamelles du Sénat : que grâces lui soient rendues. Nous attendions, à l'exception de mon père, le *minus Petini* avec une curiosité fabuleuse. C'était fait de quel métal un ancien combattant réduit pour vivre à ce métier-là. Mon père, qui était ce qu'on appelle un homme taquin, avait un humour à la Cottard. Il avait encadré une photo du vainqueur de Verdun de toutes les colonies qui s'étaient séparées de la France de Vichy, et cela dans la pièce principale. Le Jour, enfin, est arrivé ; mon père n'est pas là ; ma sœur travaille ; ma mère, affolée, ayant peur de commettre une bévue, prie l'envoyé du commissariat aux Questions juives de bien vouloir repasser dans un quart d'heure : certainement son mari sera rentré et pourra le recevoir, elle-même n'étant au courant de rien. Tête du légionnaire, que j'aperçois à travers une glace dépolie, et qui, de fureur, ne dit mot, tandis que ma mère lui referme le plus doucement possible la porte au nez. Me sachant là, elle m'appelle et, oubliant ce qu'elle vient de faire, m'affirme que mon père est vraiment incroyable de ne pas être à la maison dans un moment pareil. “ Trouve-le, me dit-elle, je ne pouvais tout de même pas le recevoir dans la pièce principale, avec toutes les facéties qu'il a épinglées au mur ; d'un autre côté, je ne sais pas si ton père aurait aimé que je reçoive ce pauvre homme dans notre chambre. La chambre de Michelle n'était pas faite. Si je l'avais mis dans la tienne, je ne sais pas ce que tu m'aurais dit. Et ç'aurait certainement fait mauvaise impression sur ce monsieur, qui doit être dans le besoin, pour gagner sa vie de la manière dont il la gagne, s'il était entré dans une des chambres inhabitées. ” J'embrassai ma mère sur les deux joues pour le superbe de son raisonnement et je courus, rue des Frères, chez M. Delprat, le libraire en gros, où j'étais sûr que mon père se trouvait en train de discuter de la contre-offensive allemande près d'Orel. J'eus beaucoup de mal à arracher mon père de son théâtre d'opération. Il me demanda si je voulais le théâtre de Goethe, qui venait de sortir dans la “ Pléiade ”. Le légionnaire revint, et tout se passa comme je l'espérais. Un père ne doit pas faire grand-chose pour séduire, il doit se conduire, une ou deux fois par an, comme si le théâtre entrait dans la banalité quotidienne. Le légionnaire avait vraiment, lui, une tête d'ancien combattant pour la vie. Depuis plus de vingt ans, cette cloche avait dû adhérer à toutes les officines qui se sont créées après 1918 pour que le sacrifice de nos 1 800 000 poilus n'ait pas été vain. Mon père fut bref. Hugo aurait été gêné de voir son *Hernani* expédié en quinze minutes. “ Voici le salon, la salle à manger, une chambre, une autre chambre, notre chambre, le couloir qui mène à la salle de bains. Une chambre sur cour. La cuisine. Une autre chambre sous les toits. La chambre de mon neveu, avec un mirus. Une trappe où je cache mon or. Vous avez dû voir mon épouse. Voici mon fils, qui n'a pas cours aujourd'hui. Ma fille, je crois, n'est pas là. Comme vous le savez, en tant qu'ancien combattant, blessé de guerre, gazé, décoré, cité, j'ai demandé au maréchal Pétain, que, après tout, j'ai eu comme chef à Verdun, et à ses services d'avoir l'obligeance de m'accorder la permission de dépenser éventuellement un peu de l'argent qui m'appartient. Je vous remercie, monsieur, en souvenir sans doute de nos victoires d'antan, de bien vouloir vous faire l'interprète, auprès de notre chef respecté, de ma requête. ” J'imagine que le Maréchal était trop occupé, car Noble Figure et ses services sur ce point précis ne répondirent jamais à mon père J'ai oublié le nom de Noble Figure. Entre 1944 et 1946, on n'était pas rancunier. Maintenant si. La nuit dernière, je me disais : “ Quel dommage de n'avoir pas noté son nom et son adresse. ” A quarante ans, rétrospectivement, je me sentais l'âme d'un Vandale. A la Libération, j'aurais été le voir avec deux ou trois camarades. Il aurait eu des enfants, une femme, un appartement miteux avec une salle à manger style Henri III. “ Votre père est de la merde. ” On aurait cassé deux ou trois chaises. C'est fou : on n'oublie jamais. Les collaborateurs, au fond, ne m'ont pas gêné. Mais eux, les vertueux, je ne pouvais pas les souffrir. Il y a dans cette Chambre introuvable que nous avons laissé élire en 1968 des députés qui remontent de loin. Marcellin, tenez, notre ministre de l'Intérieur, ç'aurait fait un bon ministre sous Vichy. »

De 1929 à 1939.

Il prétend ne presque rien se remémorer de ses premières années. Elles lui semblent d'une extrême banalité. Un enfant comme tous les autres enfants. Pourtant : « Je pourrais reprendre ce que dit Gide dans les premières lignes de *Si le grain ne meurt : D'aussi loin que remonte ma mémoire, il me semble que j'ai toujours connu le plaisir solitaire.* Vérifiez la citation, comme vous savez, j'ai “ crevé ” sous moi je ne sais combien de bibliothèques. » Mais là encore, il n'attache pas de signification profonde à cet acte. Il sourit quand on lui parle des admirables « essais de psychanalyse » de Mélanie Klein et se moque ouvertement de Steckel. Ce garçon, dont l'existence et la littérature se prêtent si pathétiquement à l'analyse, s'offrent pour ainsi dire à elle, par une sorte de jactance déplacée, de faux respect humain, alors qu'il a tout fait pour se singulariser et, disons-le, alors qu'il est réellement singulier, bougonne que tout ça n'a pas l'importance que l'on croit, que ce sont des livres bien ennuyeux, que les enfances sont comme les traités de caractérologie, que ce que l'on perd d'un côté, on le regagne de l'autre. De toute façon, ajouta-t-il, mon premier livre, la *Géographie universelle,* que j'ai écrit à vingt ans et il y a vingt ans, est truffé de souvenirs d'enfance, encore qu'il ne soit absolument pas un livre autobiographique. Pourquoi voulez-vous que maintenant je me souvienne mieux de mon enfance qu'il y a vingt ans ? Ce faisant, vous commettriez la même erreur que les protestants qui avaient cru qu'il était possible de fonder une religion plus véridique, plus crédible au XVIe siècle après Jésus-Christ plutôt que pendant sa passion. Et déjà Jésus, c'est moins sûr que Moïse, mais l'histoire est bien trouvée ! C'est *la Nouvelle Héloïse* de la Bible et, comme dit Marx, la religion est la douceur, la tendresse d'un monde sans cœur.

Il lui semblait que son enfance avait été heureuse, choyée. « Ah ! dit-il brusquement, je crois que la psychanalyse attache une certaine importance au fait qu'un nourrisson soit allaité par sa mère. J'ai tété le sein de ma mère les deux premiers mois. Et puis, je n'ai plus supporté le lait maternel ni aucun lait. Le dégoût absolu. Le docteur Mathieu, un homme charmant et, je crois, compétent, pour porter remède à ce refus qui ne pouvait s'éterniser, m'a fait essayer une méthode nouvelle d'alimentation des nourrissons, d'origine tchécoslovaque, qui est passée dans les mœurs maintenant. On mange très jeune, pratiquement de tout. Ce dégoût du lait à l'état pur m'est resté. Je ressens cette noirceur du lait dont parle Audiberti. J'ai été un enfant gâté, c'est l'évidence ; mais, si j'excepte ce maudit lait que Mendès France a tenté d'imposer aux Français en 1954 — et c'était vraiment de sa part une folie, rien n'est plus dangereux pour des alcooliques comme les Français le sont que de tenter de leur faire boire du lait à hautes doses et sans préparation, je ne vois guère que le jus d'orange pour être plus pernicieux pour le foie —, à la différence de ces enfants que nous connaissons tous et qui ne peuvent pas manger ceci et qui ne peuvent pas manger cela, j'aimais tout, sauf les poireaux, qui me faisaient gerber. Comme c'est bizarre ! alors que j'en suis fou maintenant. Et lorsque je les vois — trop rarement inscrits sur la carte d'un restaurant —, je dédaigne, je vous le jure, melon, belons, caviar et asperges en tout genre. Ce que nous nommons bonne cuisine, quand nous devenons de grandes personnes ou plus exactement lorsque nous avons l'âge qu'on leur prête, c'est celle qui se rapproche le plus de la cuisine que nous avons aimée, enfant. Dieu merci, ma mère était — est — une excellente cuisinière. Cette Bordelaise, née à Montpellier, et qui vit surtout maintenant à Paris ou à New York, sans dédaigner les spécialités de sa région, a pratiqué une cuisine que je qualifierais de parisienne, qu'il ne faut pas confondre avec celle que j'aime — parce que j'ai mauvais goût — des palaces internationaux. Une cuisine infiniment moins riche que celle de sa famille, tout en étant gaie et pimpante. Je me souviens des paupiettes de veau de ma mère, qui ne sont pourtant pas le plat qu'elle fait le mieux, ni une très grande chose en elles-mêmes. Je m'en souviens, parce que ces paupiettes m'ont valu une lettre ridicule, que j'ai perdue, du malheureux propriétaire de Lucas-Carton, ce restaurant de la Madeleine, fort connu, mais qui était tombé, il y a une dizaine d'années, dans un morne oubli et que les infatigables Tartarins de la gastronomie mondiale, les frères Gault-Millau, ont fait mine de redécouvrir avec leur culot habituel. Avant que nos guides nc vous aient fait visiter de force ce vieux vaisseau si plaisant les soirs d'automne et de brume, j'aimais m'y rendre, accompagné de la personne pour qui ce livre a été écrit, le dimanche. Passé 9 heures, nous étions privés de dessert : soufflé, crêpes suzette — “ Les fourneaux sont éteints, monsieur ”; qu'importe, nous étions sûrs de boire une poire et une mirabelle en paix, tandis que les valets commençaient à fermer les lumières, voulant sans doute nous donner l'illusion qu'il était tard. J'aimais les boiseries, la vaisselle, le linge, les tabourets en velours pour les pieds, moins la cuisine, qui était bonne sans plus. Le gérant de Fauchon m'a dit pourquoi il y avait un monde gourmand entre le déjeuner et le dîner. Eh bien, n'en déplaise aux buveurs de lait, si l'explication offerte est exacte, je la trouve gaie et bien excusables les cuisiniers. Moins pardonnable était ma manie de choisir presque toujours des paupiettes de veau, qui étaient tellement sans histoire qu'elles n'auraient jamais dû en susciter. J'étais venu avec ma mère et cette amie et naturellement, sous l'œil complice du maître d'hôtel, qui prenait mes habitudes pour des goûts, paupiettes je commandai. Ma mère a cette habitude, qu'elle partage avec beaucoup de femmes, de s'intéresser aux mets que leurs compagnons de table ont choisis. Ces procédés m'irritent à un point que je ne saurais vous dire, pauvre petit chéri que je suis. Encore ma mère, ce n'est pas terrible ; allant rarement au restaurant, se sachant à juste titre bonne cuisinière, quand elle picore dans mon assiette, si nous sommes entre intimes, c'est, comme elle le dit, pour " juger " ; il n'y a pas malice, et seul le fait qu'elle me propose en échange de goûter dans son assiette m'irrite, en me contraignant à prendre cet air pourtant absent que la situation n'exige pas. Ah ! les fils, ils ont beau avoir quarante, cinquante, soixante ans, l'âge que vous voudrez, se conduire comme bon leur semble, ils gardent toujours l'impression que leur mère va les ridiculiser au vu de tous leurs camarades de classe, mystérieusement réunis, dans un restaurant vide de la Madeleine. Mais la chère petite dame est un modèle de discrétion, une oasis de paix, si j'ose la comparer à ces femmes avec qui je dîne. Les plus vilains péchés brillent dans leurs yeux si, par malheur, elles comparent ce qu'il y a dans leur assiette à ce qu'il y a dans la mienne : gourmandise, envie sordide, désir de tuer. Des bêtes sauvages, voilà ce qu'elles sont devenues. Avant de choisir, elles avaient longtemps hésité, me redemandant trois, dix fois ce que j'allais prendre. Soupçonneuses, elles considéraient mes réponses comme des pièges. Elles se décidaient finalement comme on se suicide. Quand les premiers plats arrivent, c'est le désespoir. On commence par dire avec un rire triste : " Je savais bien que j'aurais dû choisir ce que tu prenais. " On poursuit par : " Mais pourquoi ne m'as-tu pas conseillée, puisque tu prétends si bien connaître ce restaurant ? " On achève par : " Cyril, lui, qui avait du goût et du cœur, ne m'aurait jamais menée dans un restaurant pareil. Ou s'il s'était trouvé dans l'obligation de s'y rendre, il aurait su choisir les plats que j'aime. Tu ne seras jamais qu'un égoïste. " " Tu vois, me dit ma mère après avoir goûté mes paupiettes, c'est bon, ce n'est certainement pas mauvais, mais je les trouve quelconques ; tu veux que je te dise, on sent trop le goût de la chair à saucisse. " Cette réflexion ne tomba pas dans l'oreille d'un sourd.

« Je dirigeais alors le littéraire d'un journal de modes, *Adam,* et je commençais à en avoir assez, assez d'écrire chaque mois un article qui piquât l'attention d'un public qui se moquait de la littérature et à qui, en général, on proposait les plus vilaines fesses de Paris pour lui faire prendre son mal en patience. Mon ami Freustié, qui somnolait à *l'Observateur* — moins qu'un autre, bien souvent — dans ce non-sens critique qui s'appelle la note littéraire, dépotoir où l'on doit faire plaisir à tous les amis du rédacteur en chef — ça, c'est le côté Maghreb, Jules Roy en tête — sans oublier les *hautes* amitiés gallimardesques du préposé en chef à la littérature — ça, c'est le côté Mandiargues, le meilleur — et je me demande au passage pourquoi la critique, les échotiers et tout le falbala habituel ont sifflé quand ce même Mandiargues a eu le Goncourt — c'était vraiment vouloir décourager ce jury, qui par hasard s'était piqué au vif et avait voulu couronner un écrivain, et l'enfoncer dans son Ikor annuel —, me semblait le pigeon idéal pour me remplacer dans les délicates fonctions que j'occupais ! Freustié a du talent — ne parlons pas de son élégance de plume, ce cliché ne veut rien dire — mais un talent qui a besoin qu'on le secoue et dans la bonne direction pour être. Il ne faut pas le mettre en présence d'écrivains de seconde zone — j'entends par là des écrivains dont on cessera de parler quand ils n'écriront plus, ce qui est le cas de la plupart des écrivains — car il finira par écrire sur eux non par gentillesse — je ne crois pas à la gentillesse d'un écrivain, pas plus qu'à sa modestie — mais par mimétisme, des choses plates, et je comprends cet affaissement du ton : au ping-pong où j'ai un style accrocheur, il suffit que mon adversaire ait le service mou pour que je lui concède des balles que je n'aurais jamais accordées à un joueur normal. Je suis déjà plus rassuré lorsqu'on lui donne en pâture du grand écrivain mort depuis peu, encore que, comme il n'a pas toujours lu les livres qui, au fil des ans, ont paru sur lui, je crains qu'il ne tienne sur cet écrivain des propos qui ne soient pas d'une extrême fraîcheur. En critique, la naïveté, qui est un atout, ne doit pas se désagréger sous l'effet de connaissances de seconde main. Où Freustié est à son mieux, c'est lorsqu'on l'oblige à parler d'écrivains, connus et sensiblement de sa génération, dont il n'aime pas les procédés, sans pourtant leur en vouloir d'être ce qu'ils sont. Il faut lui dire par exemple : “ Tu as lu ce livre de Butor? Tu devrais. Ça m'intéresserait de savoir ce que tu en penses. Ça t'ennuie ? Tu as tort. C'est peut-être bon. C'est amusant de découvrir des écrivains que la critique *barre,* soit en les éreintant, soit en acceptant de tenir pour paroles d'évangile leurs prières d'insérer. ” Et il va les lire. Il va oublier les romans qu'il a écrits. Il va se réveiller, cet homme distrait qui n'oublie rien. Et nous allons avoir la joie de lire une vraie critique et non pas le traditionnel : “ Ah ! maudit nouveau roman ” et toutes les jérémiades sur le roman picaresque perdu. Butor en entendra des vertes et des pas mûres, mais, pourquoi pas, des douces, des blettes. Quand Freustié tient la forme, je dirai de lui ce que Sartre disait de Parain : “ C'est un homme en marche. ” Et rien ne l'arrête, on l'a vu dans *Marthe*[1]. M'étant débarrassé de la littérature du mois sur l'ami Freustié, je me sentis joyeux et libre comme un merle siffleur. Je me disais : “ Ils vont voir la différence. Bah ! Une fois tous les quatre mois, s'il y a une défaillance, j'arriverai avec mon papier nickelé, et j'arrangerai les choses en deux coups de cuillère à pot. En attendant, je vais prendre des vacances en tapant sur les doigts de Pompidou ou en m'occupant de gastronomie. ” Bien avant d'y dîner avec ma mère, Lucas-Carton commençait à m'éprouver les nerfs. C'était trop cher et ce n'était pas si bon. Et puis, c'était grotesque à la fin, cette façon d'éteindre les fourneaux à l'heure où les poules vont se coucher. J'imaginais le raisonnement de Lucas : “ Ici, ce n'est pas une brasserie, monsieur. C'est de la haute restauration. La haute restauration a besoin de se coucher tôt. ” Les critiques

1. Roman de Freustié paru à la Table Ronde en 1958.

gastronomiques, qui redécouvraient avec des petits cris d'extase cette antiquité qui, après tout, devait beaucoup à la disparition de Larue — une merveille, Larue ! La première et dernière fois où j'y ai déjeuné, c'était au moment de Munich, en 1938, avec mon père, qui m'apprit que notre voisin de table, aux lèvres minces et au grand nez pointu, était Mandel —, n'entraient pas pour peu dans mon agacement. Les restaurants me plaisent quand ils ne marchent pas fort — le soir, dans le cas de Carton —, on leur pardonne bien des défaillances ; ils deviennent des popotes. Et c'était d'autant plus vrai, pour Lucas, qu'il était à deux pas de mes bureaux d'*Adam,* rue Royale, où je ne mettais jamais les pieds, faute de place, de temps et de goût. Comme de Gaulle à la Libération, qui, d'après Malraux, aurait dit qu'il faudrait bien que les Français pensent un jour à autre chose qu'à leurs sardines et à leurs rutabagas, en 1967, j'étais vraiment dégoûté de ces chroniqueurs qui encombraient de leurs bouffes les colonnes de nos journaux et, pour paraphraser Bataille, j'écrivais, dans mon journal, une “ Haine de la gastronomie ” qui me valut une lettre aimable de La Reynière : il aurait souhaité écrire des articles plus vifs dans *Adam,* alors qu'il était si au chaud chez Beuve-Méry ; mais l'un, sans doute, n'excluait pas l'autre. Ce que je reproche aux talons rouges de la gastronomie, c'est de ne plus voir le petit peuple, de ne plus comprendre ses vrais besoins. Et que m'importe que, pour fêter l'anniversaire de la mort de Curnonsky, Lucas-Carton compose pour nos têtes folles, nos têtes grisées d'être reconnues et considérées, un magnifique déjeuner, dans ses salons particuliers, et d'autant plus exquis que gratuit ; quiconque, après tout, s'est donné le mal de lire et de pratiquer avec patience les trois classiques de l'excellente et défunte Mrs. Beeton : *Cookery and Household Management, Family Cookery* et *All about Cookery* (je sens qu'on va bientôt dire de moi ce que Jean Paulhan disait du monumental et fastidieux *Journal* de Charles Du Bos : “ On ne peut pas savoir si ce qu'il dit est intéressant, puisqu'il a pris la précaution d'en écrire plus de la moitié en anglais ”) est capable d'en faire autant. Les grands restaurants ont ceci de commun avec la psychanalyse que la réussite de leur entreprise est fondée sur l'extravagance des prix. Canapé et banquette de velours jouent le même rôle magique. Et, dans cette " Haine de la gastronomie " à propos de Lucas-Carton, je reprenais cette petite phrase sur les paupiettes que ma mère m'avait confiée. J'allais plus loin dans l'outrage. Venant de déjeuner fort bien, pour un prix modeste, dans une gargote de la rue de Verneuil, j'affirmais que, si nous n'avions plus le choix, que, si, à partir de 21 heures, certains restaurants fameux, s'oubliant comme de jeunes chiots ou des vieillards crépusculaires, n'étaient plus que des fantômes de grands restaurants, incapables de vous faire des crêpes toutes simples sous des prétextes frivoles, eh bien, vive la gargote ! Lucas, ce tigre en carton bouilli, rumina, j'imagine, sa vengeance, dans l'attente de ce qu'il croirait être l'occasion. Étions-nous en avril, étions-nous en mai, était-ce un mois sans rapport avec ces deux cités ? toujours est-il qu'il faisait, ce samedi-là, fort chaud. J'avais passé l'après-midi avec le docteur Larnagol et sa charmante jeune femme dans leur jardin de Neuilly. Pour me faire oublier les soucis inhérents à mes hautes fonctions — ne venais-je pas de prendre la très grave décision de faire sauter une légende diablement salace qui ornait les fesses d'une vedette dont je tairai le nom, œuvre de Pierre Bénichou, mon rédacteur en chef, pour la remplacer par une autre de mon cru, encore plus *hot* ; et cela, je l'avais fait, poussé par Claude Perdriel, mon directeur général qui, délaissant à regret les " Série noire ", sa pitance habituelle, venait de lire en diagonale, comme Kennedy, le petit livre blanc de Machiavel plus connu sous le titre : *Diviser, c'est régner,* le bon docteur Larnagol m'avait convié à déguster, les yeux bandés, les millésimes du champagne Mercier, qui, fatigué de son énorme chiffre d'affaires, tentait une percée vers *the happy few* en lançant sur le marché une prestigieuse bouteille. N'ayant pas déjeuné, nous nous retrouvâmes vers les dix-neuf heures à l'Opéra. Dix-neuf heures, c'est magnifique, dis-je, inspiré par le Mercier, c'est la meilleure heure pour dîner chez Lucas-Carton, les fours sont encore brûlants. Aller de l'Opéra à la Madeleine et, après une courte prière — les Larnagol sont pratiquants — chez Lucas-Carton, il nous fallut moins de temps pour accomplir ces étapes que maintenant je ne mets, pour les penser et les écrire. Lucas-Carton me parut charmant, frais, un havre de paix. Les garçons, le maître d'hôtel, le sommelier, empressés, souriants, au jugement sûr. Pour ne pas brûler trop vite les étapes qui nous séparaient du bordeaux, nous bûmes, en attendant l'arrivée de nos plats, un modeste Krug. Le docteur ayant suggéré de lever nos verres en l'honneur de quelqu'un, sa femme proposa que le héros de la soirée fût Mercier. Ainsi fut-il fait. Des Américains réglant l'addition, je m'aperçus en frissonnant que bientôt il ne resterait plus pour nous tenir compagnie qu'une table de Hollandais. Les Hollandais ont tous les droits en France ; je n'ai jamais été raciste et, comme ma très longue vie le prouvera, je ne le serai jamais, mais ces Hollandais-là, deux hommes et deux femmes — à mon sens, deux couples tout ce qu'il y a de plus hétérosexuel, mon cher Watson —, étaient vraiment plus rouges que nature et surtout parlaient fort, fort et en *dutch,* s'il vous plaît. N'aimant pas tenir en haleine l'intérêt du lecteur, je dirai que ce fut un dîner désastreux. Seule éclaircie, le vin. Larnagol, dont le père est négociant à Libourne, se pique d'être imbattable sur le saint-émilion : il le fut. Mais son ris de veau, ce n'était pas ça. “ L'important, me dit Larnagol qui me semblait légèrement éméché, dans le ris de veau, c'est la préparation. Tout est dans la finesse du linge et dans le poids de deux kilos. Les manuels de cuisine te diront qu'il faut le laisser sous presse pendant une heure : c'est de la foutaise, mon pauvre Bernard ; retiens bien ce que je te dis : il faut le laisser au moins deux heures. ” Quant à mes paupiettes de veau, elles étaient tristement égales à elles-mêmes. Rien qu'à les contempler, Larnagol fit prendre le grand large à son assiette. “ C'est une misère, dis-je, que nous n'ayons pas *Un singe en hiver* de Blondin où il y a cette recette de paupiettes de veau qui lui a valu l'Interallié. ” Je ne sais pas si vous êtes comme moi, mais le champagne me donne envie de pisser. Et je ne suis pas homme à me chicaner sur mes envies. Le téléphone, chez Lucas-Carton (je n'oublie pas que nous sommes en littérature et que les euphémismes sont de règle), est au fond, près des cuisines, du moins en 1967. Au passage, guidé par des voix tonitruantes, je croisai la table des *Dutch.* J'appliquai alors ma main droite dans la blonde chevelure d'une des deux amazones hollandaises, à la fois pour ne pas perdre le gouvernail et aussi poussé par ce besoin de corriger par une légère pression amicale ce qu'il y aurait pu avoir de blessant dans le fait de dire, à voix basse d'ailleurs, pour que des larbins ne s'en gaussent pas, à des étrangers perdus dans ce grand Paris, qu'ils parlaient trop fort, que la cuisine, ça s'écoute, et que, mes amis et moi, nous étions fatigués à l'excès. De retour de ces lugubres toilettes — après tout, j'appelle un chat un chat, et Rollet un fripon — et avant même que j'eusse terminé ma bouillie, un maître d'hôtel — voyez-vous cela — me fit des remontrances. Les Hollandais, qui m'avaient laissé passer comme si le jour du Marché commun était arrivé, regrettèrent subitement la douane et, sans bouger de leur table, dans leur meilleur français, dirent que c'était une honte de traiter la grande cuisine française comme nous l'avions traitée et d'oublier que nous étions dans un temple de la gastronomie. Avec cette verdeur de langage qui m'est rare, mais qui me persuade, quand elle jaillit inopinée, que j'ai bien fait mon service militaire dans les tirailleurs sénégalais, je dis, debout comme à Verdun, aux uns et aux autres ce que je pensais exactement de chacun. Le docteur Larnagol, de plus en plus écœuré par le spectacle de son assiette, demanda à un garçon qui s'était réfugié dans un coin, près de notre table, d'enlever de toute urgence ce qui y gisait, d'apporter marcs et cafés en abondance et dans la même foulée, si ça ne pesait pas trop lourd, l'addition. Dans l'état second où l'émotion m'avait plongé, il me sembla que ce garçon avait des ailes comme un ange. Je suis certain que Larnagol laissa, en partant, sur l'assiette une quantité de billets telle que je pensai en moi-même qu'il y avait de quoi nourrir pendant une semaine en paupiettes tout un régiment de soldats hollandais. Quelques jours plus tard, je quittai la France pour la Floride, où je m'ennuie à mourir depuis dix ans, chez des amis, qui pratiquent maniaquement, avec tout l'attirail voulu, la chasse ou la pêche aux requins et aux thons. Ne me demandez pas des détails, des précisions supplémentaires : j'ai bien trop peur pour regarder ce qui se passe et, de toute façon, le vocabulaire de la pêche m'est aussi étranger que l'hébreu. Quand ils veulent faire une *good joke* à l'américaine, tout en me tapant sur l'épaule, ces amis-là prétendent que, s'ils m'invitent avec tant de constance, c'est que leur partie de pêche perdrait de leur saveur sans mon air déconfit et ma perpétuelle inquiétude dès que le vent se lève. J'ai connu ces Américains à Paris, lorsqu'ils s'occupaient de la *Paris Review* dans l'un des étroits bureaux de mon éditeur d'alors, la Table Ronde, rue Garancière. Faute de place et parce qu'ils parlaient un anglais bruyant, on voulait les expulser, mais, comme j'avais trouvé ravissante en 1953 Patricia Southgate, qui avait traduit un extrait de la *Géographie universelle* pour cette revue, j'avais obtenu provisoirement qu'on leur fichât la paix. Comme je n'avais pas eu le Goncourt, ils avaient dû partir quelques mois plus tard. En 1967, se trouvaient en Floride le célèbre romancier Jim Jones et sa femme Gloria. Jim Jones était un excellent garçon qui avait écrit un gros livre sur la guerre dans le Pacifique, dont on avait tourné un film qui avait eu beaucoup de succès et qui l'avait rendu par ricochet célèbre. La guerre, qu'il prétendait haïr et qu'il haïssait, était devenue son fétiche, son porte-bonheur : on devinait qu'il aurait souhaité écrire sur un autre sujet, mais qu'il avait peur de perdre son talent en la quittant. Il l'avait tenté d'ailleurs, mais comme on met un pied timide, presque balourd, dans une mer dont on ignore la température. Jim Jones vivait en France depuis vingt ans déjà sans comprendre un mot de français (je crois que, comme tout écrivain qui se respecte, il avait déjà assez de difficultés avec sa langue maternelle). Gloria avait une beauté paisible, assez de finesse et de tact pour contrôler cette espèce de taureau qu'elle adorait. Jim aurait été un *old sport,* si sa passion naïve pour le *stud,* qu'il prenait à tort pour le vrai poker, ne le poussait pas à faire inviter chez mes amis de Floride une fâcheuse bande de gens dont le plus détestable était Morgon. Comme on m'avait dit qu'il était le fils d'une dynastie de banquiers, j'avais cru avoir mal compris, mal entendu : “ Ah, c'est un Morgan ! ” Non, non, c'était bien un Morgon, mais pas du meilleur cru. Je ne connaissais pas la banque Morgon, mais, après tout, je ne connaissais pas grand-chose de l'Amérique. Les premiers jours, ce Morgon m'avait semblé touchant. Immense, avec une belle tête d'Américain penchée et placide. Quelques cheveux blancs. Des mains comme des battoirs. Bûcheron de charme pour un film de la Metro Goldwin Mayer. On boit beaucoup de gin en Floride, presque autant qu'au moment de la prohibition. On dirait que les gens, là-bas, s'attendent à ce que ça recommence d'un moment à l'autre et qu'ils ne veulent pas être pris au dépourvu. Aussi, après la pêche, l'habitude voulait qu'on ne quitte pas son verre. Dans quelque contrée, aussi lointaine fût-elle, où j'ai pu aller, — je n'ai pas l'habitude de déshonorer mon pays, — je me suis toujours plié aux mœurs, aux coutumes des indigènes, aussi étranges m'ont-elles paru ; en Floride, je n'ai pas abdiqué mes principes, qui me viennent de Montaigne, dont je suis l'un des descendants par ma mère — c'est *une des révélations importantes* que je tenais à vous faire dans ce livre et qui à l'évidence aurait mieux trouvé sa place à la section famille. Ce péché d'orgueil fit que je me tenais encore debout à une heure où mes hôtes, abrutis par la pêche, étaient déjà couchés comme des gisants. Morgon, qui, lui aussi, habitait la France depuis belle lurette, avait ce mérite — tout n'est pas noir dans un homme — d'être le seul à m'accompagner dans mon gin à l'heure blanche où tout dormait dans la villa : les chiens, les chats, les coatis, les hommes et les femmes, j'allais oublier les perroquets. Comme c'était vraiment l'aube la livide, Morgon, tout en jouant au 421, me racontait son enfance, la dureté de son père, qui les envoyait, lui et ses frères, couper du bois en plein hiver dans le nord du Canada. “ Je veux que vous ayez une enfance comme la mienne ”, hurlait Kubla Khan. C'est drôle, les récits, ça vous rafraîchit au lieu de vous émouvoir. Il faisait si chaud en ce mois de mai 1967, que tout ce que me disait ce pauvre Morgon passait comme une brise légère. J'aurais souhaité être alors dans le nord du Canada en train de scier du bois pour me débarrasser de ce maudit gin, qui me brûlait l'estomac. Il m'est presque impossible d'imaginer que le gin entre — soyons modeste — pour quatre-vingt-dix-huit pour cent dans le *dry,* synonyme de joie. Comme Morgon est vraiment un garçon sans intérêt, je vous évite sa biographie pleurnicharde et j'en viens à cette partie de *stud* qui me fit quitter la Floride du jour au lendemain. Mes amis étaient partis se coucher avec leur biberon habituel, d'autres jouaient aux échecs devant la grande baie vitrée. Jim, au centre de la pièce, rayonnait de joie, entouré de sa vilaine bande de *crooks* miséreux, de son Morgon de malheur et de moi, toujours prêt à m'associer à des causes douteuses, au plus sot des jeux de cartes. Je perdais distraitement des petites sommes, lorsque ce fut au tour de Morgon de distribuer. Le hasard avait voulu qu'il se trouvât placé à ma droite. Il décide que l'on jouerait le *stud* à 7. Le *stud* à 7, c'est de l'enfantillage, de la bouillie de poker, une sorte de jeu de bataille pour grandes personnes pas très évoluées. Dans un sens, c'est mon *stud* préféré, parce que c'est le *stud* qui ressemble le moins au poker : il n'y a pas tromperie sur la marchandise. Dans le *stud* à 7, il y a quatre cartes découvertes et trois couvertes, dont la dernière, qui est pratiquement la plus importante. J'espère pour vous, si vous ne connaissez rien aux cartes, que mon éditeur ne se croira pas obligé, pour faire riche, d'ajouter une note en bas de page. C'est presque aussi ennuyeux que lorsqu'on demande sans conviction à un passant où se trouve une rue que l'on croyait proche et qui, en fait, se trouve à quinze bonnes minutes de marche, et que, à votre grande stupeur, la personne qui passe répond et vous indique avec précision toutes les rues qu'il faudra prendre pour arriver à celle que l'on cherche. Morgon, un moment, distribue une carte retournée, ce qui me persuade que la donne n'est pas terminée ; je suis seulement un peu surpris d'entendre le doux patois de la Louisiane résonner plus fort que d'habitude à mes oreilles purement françaises. En fait, je n'avais pas vu que cet imbécile de Morgon avait retourné la dernière carte — erreur qui peut arriver à tout le monde — mais avait persévéré dans sa faute, encouragé par Jim, trop content d'avoir des brèmes dans ses pognes et qui se souciait de mon avis comme de l'an 40. Jim avait tort d'agir ainsi. Il aurait dû se souvenir que l'an 40, c'était l'appel du 18 juin. Depuis que j'étais en Floride, je ne m'étais pas permis la moindre plaisanterie sur la statue de la Liberté ou la pourriture des syndicats américains. Je demandais aux Américains de se conduire envers mon pays avec le même *fair play*. Je me levai. Combien de soirs, combien de matins, me suis-je levé, dans ma sacrée existence, alors que je n'aime être que couché ou assis dans un bon fauteuil en cuir. Je jetai discrètement mes cartes, je payai ces bougnats et je m'offris le plaisir de dire à Morgon ce qu'il était et ce qu'il n'était pas. Il n'était pas un *gentleman,* un type sobre et réservé qui avait renoncé à une immense fortune pour être libre, un homme sur qui une femme pouvait s'appuyer, un bel homme triste et nostalgique ; tout en lui était du toc, du vide, du vent, etc. Ce qui m'amusa, c'est de le voir à son tour se lever ; il était blanc et vilain, le distingué Morgon, et ses horribles pognes commençaient à s'agiter. On n'a pas besoin de se donner beaucoup de mal pour voir une comédie s'écailler : l'Américain tranquille était prêt à se transformer en King Kong. Pour mon bonheur et celui de mes dents, il fut trop lâche pour toucher à la comédie que je représentais.

« A Paris, Freustié faisait merveille ; *Adam* se vendait toujours aussi mal, enfin moins mal qu'il ne se vend aujourd'hui, et Claude Perdriel m'assura qu'il était ravi de mon retour et qu'il espérait bien que, avec la mine que j'avais, j'allais en mettre un bon coup, qu'il était décidé à suivre mes conseils, qu'il allait se débarrasser de Bénichou, la vulgarité n'étant pas payante, à son avis. Ah ! il était navré, mais, ayant de passagères difficultés financières, il m'avait diminué mon salaire. Comme il le disait si drôlement à son égérie du moment : “ Bernard est un ami, mon meilleur ami, et il ne faut jamais donner trop d'argent à son meilleur ami. ” Bénichou m'accueillit également à bras ouverts, en me racontant pour la dizième fois qu'il était impossible de faire la moindre chose avec Perdriel dans les jambes. Marielle de Lesseps, qui, malgré son extrême jeunesse, semblait faire partie d'*Adam* depuis sa fondation, passait à travers tous les brouhahas comme une *zombie.* Toutes ces personnes que je viens de nommer, après la Floride, me semblaient charmantes, un peu irréelles. Bénichou était un vieux camarade de bar, un grand pendard ; et puis, il avait un oncle délicieux qui avait écrit *les Morales du Grand Siècle* ; dans la mesure où Claude l'avait nommé rédacteur en chef, pourquoi songer à le remplacer ? Claude était certainement un beau brouillon ; il n'avait pas encore compris que seuls les écrivains décents pouvaient faire de bons papiers, mais, puisque c'était lui qui perdait le plus à cette ignorance, on pouvait bien la lui pardonner, et si Marielle de Lesseps voulait gagner de l'argent de poche, avoir l'air terriblement occupée, où était le mal ? Et pourquoi me demander pour la centième fois si sa rubrique “ Hommes à hommes ” n'était pas mal conçue ? Bien sûr, qu'elle l'était, mais comme tout le journal. Alors pourquoi embêter l'un plutôt que l'autre ? Pourquoi, lorsqu'on a renoncé à créer dès le départ un mensuel drôle, méchant, vrai, s'interroger sur les mérites des uns, les défauts des autres ? En fait, Claude Perdriel n'avait renoncé à rien, pour la bonne et unique raison qu'il ne s'était jamais demandé ce qu'il voulait. En cela, il ne se distinguait pas beaucoup de nombreux directeurs de journaux, mais eux, en général, avaient de l'argent et lui pas, ou une clientèle toute prête, et lui, celle qu'il avait déjà, il lui faisait comprendre qu'il n'y tenait pas, qu'elle pouvait aller se faire voir ailleurs. Quelque chose, un journal, passait, quelque chose, un journal, était à prendre, et c'était ça qui l'excitait. S'emparer d'un objet nouveau et le triturer. Bouger les chaises, les gens, n'importe quoi, pourvu que les choses, autour de lui, aient l'air de changer [1]. Ce que Bénichou, dans le bonheur des retrouvailles, m'apprit, c'est le nombre incroyable de coups de téléphone que Lucas-Carton avait passés au journal dont j'étais l'objet. Je sais bien que, de la rue Royale à la place de la Madeleine, la communication ne coûte rien (c'est, paraît-il, le même prix que si, de Saint-Tropez, on veut téléphoner à quelqu'un qui habite Sainte-Maxime) ; n'empêche, c'est triste de penser que, de nos jours, on ne puisse pas se reposer deux mois en Floride sans être importuné par un restaurateur. Je dois dire que la rédaction avait été parfaite. La sécheresse voulue. Du cycliste au directeur, la réaction fut unanime. On boycotterait Carton. Après tout, *Maxim's* était encore plus près du journal. Et, comme Perdriel avait perdu son smoking, l'ensemble du personnel eut la délicatesse de se cotiser pour lui en offrir un neuf et qu'ainsi il ne mourût pas de faim les vendredis soir. Le

1. On a compris que j'ai beaucoup de tendresse pour Claude Perdriel.

plus drôle, c'est que je trouvai chez moi, dans mon courrier, avec tous les bulletins de livre que vous imaginez, une lettre recommandée de ce Carton (accouplé avec un autre nom qui n'était pas Lucas). On ne peut pas connaître toutes ces grandes familles. Je pensais la publier — j'aime donner aux débutants leurs chances — et puis je l'ai perdue. Dans le style noble, maître d'hôtel, c'était parfait. Avec menace à la fin. Sans doute au cas où je récidiverais à propos des paupiettes. Il faut que je la retrouve, cette lettre : si je ne suis plus le bienvenu chez Lucas-Carton, s'il ne m'est plus possible de publier ce poulet dans *Adam,* mon livre est une maison assez vaste pour lui offrir l'hospitalité. " Lucas, mon ami (je vous appelle Lucas parce que, vraiment, c'est le nom qui vous va le mieux ; il est bien de chez nous ; on le trouve dans Molière ; il vous remet à votre place), vous déraisonnez. Rentrez en vous-même. Oubliez ces folies journalistiques, qui vous tournent la tête, d'être un *grand* de la restauration. J'aime bien votre restaurant. Si je n'y suis pas retourné, ce n'est pas à cause de vos interdits ridicules, mais parce que je ne suis plus jamais à Paris. A mon prochain séjour, j'irai goûter la soupe. "

« Il semblait extrêmement fatigué : " Ma sciatique ", disait-il. Ses propos étaient confus. Il bougonnait, mélangeait tout. Il ressemblait à ces malades mentaux qui grattent dans une poubelle à la recherche de leur personnalité perdue, prétendant qu'on leur vole leurs mots et jurant bien de mettre une clef à leur moi ; nous essayâmes de lui faire dire si, oui ou non, il avait été à Moscou, comme il le prétend, en 1935, c'est-à-dire à l'âge de six ans. " Oui, dit-il, j'étais à Moscou avec mes parents, à l'époque où Pierre Laval signait un traité d'alliance avec l'Union soviétique. Depuis ce temps-là, je ne suis jamais retourné en Russie. Je n'ai pas gardé de grands souvenirs de Moscou. Mais de Pierre Laval, un. Il m'a embrassé. Il avait une bonne tête. L'homme d'État qui lui ressemble le plus (la chose est banale à dire), c'est Pompidou. Laval n'a pas eu de chances historiques. Si la France avait été une grande puissance, il n'aurait certainement pas été un traître. " Il fit ses études primaires au Cours Hattemer, rue de Londres, jusqu'à la huitième comprise. « Je crois que nous allions à ce cours deux fois par semaine, le matin. Notre professeur était Mme Parizot. On n'avait pas le droit de se servir d'un porte-plume : on risquait, paraît-il, de se blesser ou de blesser un petit camarade. En montant au premier étage où se trouvait notre classe, nous devions montrer à un surveillant général, en levant le bras, que nous avions soit un porte-plume-stylo, soit un stylo. Mais, en y réfléchissant, au moment où je vous parle, je ne comprends plus comment on pouvait moins se blesser avec un stylo qu'avec un porte-plume sergent-major ? Il devait y avoir une autre raison. Encore maintenant, je ne vois pas laquelle ; à l'époque, j'en suis désolé, je ne réfléchissais pas à la question ; j'étais passif. Le Cours Hattemer avait à cette époque la réputation d'être " fort " en grammaire. Il avait ses livres à lui. Durant la semaine, des demoiselles nous préparaient à ses deux cours hebdomadaires (il n'y en avait peut-être qu'un), où elles avaient droit d'assister, ainsi que nos mères. Nous étions des poneys qu'on contraignait à courir à Longchamp une fois par semaine devant les yeux de leurs propriétaires (les mères) et de leurs entraîneurs (les demoiselles-institutrices). Je vous assure : ça nous faisait un drôle d'effet, ces femmes qui piaffaient et trépignaient d'impatience dans notre dos. Nous étions peut-être une vingtaine par classe, et chaque demoiselle avait une écurie de cinq à six poulains. Les rivalités, les rages étaient folles. Quand on nous interrogeait ou lorsqu'il y avait composition écrite, on sentait que ces dames bouillaient. Ma mère m'a souvent répété qu'elle n'avait jamais autant appris de français que pendant mes études primaires, qui lui servaient de leçons particulières. J'en devrais dire autant ; mais j'étais dans l'enfance de l'âge, et le bon usage s'est perdu au fil des ans ; trop de mauvaises connaissances ont passé sous mes ponts, et il m'arrive d'avoir d'horribles perplexités devant la phrase la plus simple. Les correcteurs de mes livres passés ont dû être effrayés par mes étourderies de langage, car ils les ont toujours respectées, à mon grand dam. Seule l'abondance des points d'exclamation dont ils ponctuaient mes phrases m'a permis de croire qu'ils m'avaient lu. Je dois dire que, si je les avais toujours suivis, il n'y aurait pas, dans la littérature mondiale, d'écrivain plus caustique que moi. A les en croire, j'éclatais de rire à chacune de mes lignes, ce qui n'était que très partiellement exact. Pour ce livre de rentrée, j'ai décidé de tout changer. J'ai compris que les maisons d'édition, dans leur état de détresse financière, ne pouvaient s'offrir cette année comme correcteurs que des garçons qui avaient passé leur baccalauréat en 1968 — les gros pavés effaçant les fautes —, aussi me suis-je offert à prix d'or un correcteur non professionnel. Cet homme rare avait dû passer son baccalauréat deux ou trois ans après ma naissance. L'ombre maléfique d'Édouard Herriot n'avait pas complètement défiguré alors les études secondaires ; peut-être même avait-il eu à l'écrit une épreuve de ce thème latin, que le maire de Lyon a cru bon de supprimer lors de son passage à l'Éducation nationale, sous prétexte que le fils de la Mère Brazier ne pouvait pas le digérer. C'est rigolo de penser que ce soient surtout des radicaux-socialistes lettrés, bons enfants, qui se soient amusés à détruire l'enseignement secondaire, l'enseignement tout court, comme si, ne pouvant toucher au capital, à l'argent, ils s'étaient vengés sur l'éducation, qui les avait couverts sinon d'or, du moins de lauriers. La demoiselle qui s'occupait de maintenir ma forme durant la semaine s'appelait Vachon. Elle habitait un triste appartement, rue de la Pompe, pas très loin de La Muette, pas très loin de la femme que j'ai le plus aimée. Des cinq ou six élèves qui, chaque matin, venaient chez elle, accompagnés de leurs bonnes, je crois me souvenir que j'étais son préféré. Elle a écrit des lettres exquises sur ma nature sensible, bref elle a dit des choses que je ne pourrais pas répéter sans faire rugir de rire Kanters. Elle étonna pourtant beaucoup ma mère en disant que, sous mes airs doux, mes grands yeux de fille (j'étais comme ça à l'époque), je dissimulais un entêtement de mulet. C'est chez Mlle Vachon que j'ai commis *mon premier ruban volé.* Les lecteurs de ce livre se souviennent sans doute qu'à la mort de sa patronne, Mme de Vercellis, le jeune Rousseau, profitant de la confusion générale, s'était emparé d'un ruban : *A piece of old red and silver-coloured ribbon.* Je suis dans tous mes états d'avoir fait parler Rousseau en anglais.

Je sais que, la fois prochaine où nous nous rencontrerons, lors de l'émission télévisée de Pierre Dumayet, *Présence des morts,* Rousseau sera persuadé, j'en suis sûr, que je fais partie *of Holbachian clique,* et cela d'autant plus que, après sa fracassante rupture avec Hume, qui avait tenté de l'assassiner, je ne pouvais pas ignorer qu'il était aussi fâché avec l'Angleterre vendue à Voltaire que de Gaulle avec ce balourd de Wilson. J'ai pourtant quelque excuse. Au moment où j'écrivais ces lignes, j'étais à Londres, dans une chambre funèbre du Savoy. Ce n'était pas encore le moment du déjeuner, le seul bon moment dans cet hôtel où si les vins ne sont pas chers, la cuisine est juste convenable. Je me disais qu'il aurait fallu que je partisse à la recherche d'une bonne librairie française pour me remémorer les détails de cette affaire. Je savais ce qu'il en était. Comme le larcin avait été découvert, Rousseau questionné avait prétendu que c'était Marion, la soubrette, qui lui avait donné ce ruban. Confronté avec elle, il avait confirmé sa version avec impudence. Elle avait nié, mais modestement. Avec douceur. Ne comprenant pas ce qui se passait dans la tête de ce garçon qui lui avait toujours semblé un brave enfant. Bref on avait cru le mensonge agressif et tenu pour suspecte la vertu trop étonnée pour *mimer* l'innocence. Je savais que ce mensonge, le désir de s'en délivrer avaient contribué à sa décision d'écrire *les Confessions,* mais je voulais le texte, les méandres de sa pensée. Et ne voilà-t-il pas que, dans la galerie du Savoy, je tombe en arrêt sur le très honorable Cyril Connolly, qui, après avoir écrit d'excellents livres, avoir été le directeur d'une des plus célèbres revues anglaises, *Horizon,* gagne maintenant sa vie avec courage comme critique littéraire du *Sunday Times.* J'avais rendu un léger service à Cyril, deux mois avant, alors qu'il se trouvait à Paris pour rendre compte de la rétrospective Baudelaire au Petit Palais, en lui signalant l'adresse de deux ou trois restaurants qu'il ignorait, dont celle de la *Mère Michel,* rue Rennequin. La *Mère Michel* l'avait mis dans tous ses états. Il m'en parlait avec cet accent de bonheur que je ne lui ai connu, les trop rares fois où je l'ai rencontré, que lorsqu'il avait trouvé une édition originale de son ami Morand, ou lorsqu'on lui avait communiqué un détail qu'il croyait inédit sur la vie de ce Proust qu'il admirait avec la même juvénilité, la soixantaine passée, que quand il l'avait découvert, il y a quarante ans. Cet enthousiasme m'agaçait. Je l'avais rempli de stupeur, presque d'indignation (mais c'était visiblement une nature trop égoïste, disons trop courtoise, pour être indignée par autre chose qu'une nuit sans sommeil, un mauvais dîner, un train ou un avion manqué, une tache d'encre qui se serait épanouie par inadvertance sur une édition en pur japon de *la Prisonnière* — ah ! cette race de gens qui aiment les objets précieux ou qu'ils croient tels, quelle plaie ! pour finir), lors de son passage à Paris, en lui disant sans penser à mal que, si j'avais lu la biographie de Proust de Painter sans ennui — comme tous les “ anciens ” de la maison Proust, aucune photo, même jaunie, d'elle ne m'était indifférente —, je ne pensais pas pour autant que la vie de Proust était ce que je trouvais de plus intéressant chez Proust, que les duchesses, le Ritz, les garçons bouchers, la chambre capitonnée de liège, la mère, on commençait à bien connaître la chanson, et j'ajoutais, pour vraiment ne rien lui cacher, que c'était l'une des vies de grands écrivains dont on aurait pu le mieux se passer de lire, et tout le mérite en revenait à Proust et à sa recherche. A tort peut-être, la vie assez lugubre de Saint-Simon, celle-là, oui, j'aurais voulu la suivre à la trace, entrer dans cette conscience littéraire et connaître les méthodes du plus fameux indicateur, du plus extraordinaire mouchard de notre littérature. Enfin le beurre blanc de la *Mère Michel* avait mis du baume sur nos différends proustiens et mon pickwickien ami m'entraîna vers son club (le White Club). Tandis qu'il buvait son jus de tomate et moi un porto — il n'y a de bons portos qu'à Londres —, je lui fis part de mes difficultés. “ Mais allez donc à la Librairie française, vous y trouverez *les Confessions* en livre de poche. Je sais bien, ajouta-t-il d'un ton goguenard, que les beaux livres ne vous intéressent pas et que vous me trouvez gâteux, avec ma manie des éditions originales ! ”, me montrant ainsi l'excellence de son français et de sa mémoire[1]. Au troisième porto, la Librairie française me parut loin du White Club. Je lui demandai si, par hasard, il n'y avait pas dans son club une bibliothèque. Il y en avait une ; on y trouvait *The Confessions*. C'est pourquoi Rousseau parle comme un cheval. Au moment de corriger ces épreuves, j'aurais pu remettre Rousseau à l'endroit, mais, m'étant brouillé avec mon correcteur bénévole, ma paresse fut la plus forte. Autant que mes connaissances d'anglais me permettent de l'affirmer, Rousseau, comme je croyais m'en souvenir, avait fait, quarante ans après, toute une histoire autour de sa vilaine action. Pas un jour, à l'entendre, le souvenir de son crime ne l'a quitté. A personne, pas même à Mme de Warens, il n'a osé raconter son forfait. Tout au plus lui a-t-il dit qu'il se reprochait un acte atroce, mais il ne lui a jamais précisé ce qu'était cet acte. Pas davantage, il n'a su ce qu'était devenue la victime de sa trompeuse accusation. Il ne le devine que trop. Cette belle et claire jeune fille a dû mener une vie de plus en plus misérable, par sa seule faute à lui. Et ce qu'il y a de plus stupide dans cette affaire, et tant pis si personne ne le croit, c'est que, s'il a chipé ce ruban, c'était pour le donner à Marion. C'est risible, non ? Aussi, lorsqu'on l'a interrogé, comme il pensait à elle, c'est tout naturellement qu'il a donné son nom. Après, c'était trop tard. Le mensonge était tellement odieux qu'il serait mort de honte s'il l'avait avoué. Tout ce qu'il pourrait dire pour sa défense, s'il est imaginable qu'on tire profit d'une action aussi inexcusable, c'est que son horreur du mensonge vient de celui-ci qu'il a commis si jeune. Et, mon Dieu, si, depuis quarante ans, il s'est conduit d'une façon honorable et droite dans des circonstances parfois difficiles, c'est grâce à Marion. “ Voilà ce que j'avais à dire sur ce sujet : qu'on me permette de ne plus jamais en parler[2]. ” Ainsi se termine, assez sèchement, le livre II des *Confessions*. Tout en comprenant que Rousseau ait éprouvé d'horribles remords, j'ai cru remarquer

1. Mais quand donc les éditeurs français vont-ils publier enfin Cyril Connolly ? (1987.)
2. En anglais : *This is what I have to say on this matter : permit me never to speak of it again.* Oui, j'ai laissé tomber *again.*

chez les grands écrivains une propension à “ gonfler ” leurs mauvaises actions. La connaissance que j’ai de cette espèce d’hommes m’a pourtant convaincu qu’ils étaient en général aussi médiocres dans le mal que leurs semblables. On chercherait en vain ces fameux crimes, ces bassesses d’âme, ces petitesses en tout genre dont ils s’accusent si volontiers. Je crois qu’une sensibilité un peu marseillaise les pousse à exagérer les malheurs qu’ils croient avoir provoqués. Il n’y a guère qu’Henri Guillemin pour prendre au sérieux les aveux de ces Tartarins du mal. La plupart de mes amis sont des littérateurs de talent — le talent compte beaucoup, car il évite en général les aigreurs — et, s’ils m’étonnent, c’est plus par leur générosité, leur compréhension que par leurs casiers judiciaires imaginaires.

Mais aujourd’hui où je suis à Antibes en train d’écrire ces lignes, la jambe gauche paralysée par une sciatique qu’essaient de terrasser le Glifanan, et assez victorieusement, le glycyl à la phénilbutazone (aimable produit, qui me prévient que j’ai intérêt à ne pas l’employer si j’ai un ulcère ou même une prédisposition à l’ulcère, si je suis cardiaque, si j’ai quelque chose aux reins ou si je présente des affections hématologiques graves), la jambe droite déchiquetée — je sais, ç’a l’air d’un gag —, à la cheville, par un coati, ce qui m’oblige à me bourrer d’antibiotiques (dont je cacherai les noms, j’ai déjà dépassé mon temps de publicité), pour tenter d’enrayer l’infection — je suis en mesure d’annoncer que cette infection n’est plus qu’un vilain souvenir —, sciatique et morsure graves qui me donnent l’air, quand je tente de marcher, d’après mon docteur, d’un enfant ou d’un vieillard qui fait ses besoins dans sa culotte — Dieu merci, pour le moment, je suis effondré sur une des banquettes de *Félix,* ce restaurant qui, l’hiver, a un côté *Lipp* qui m’enchante ; en train, au lieu d’écrire, comme je le prétendais, d’écouter la conversation du patron avec un Anglais (décidément, c’est mon jour), un grand type souriant, aux yeux d’un bleu de brume, au nez rassurant d’alcoolique qui se tient, qui se contrôle, qui a des habitudes, des heures précises, le tout couronné d’un air d’absence que donne souvent l’emploi des somnifères, détail qui me fut confirmé d’une manière indirecte par ce géant. Il se plaignait d'une façon débonnaire du bruit infernal provoqué par les chiens d'une voisine, qui hurlaient dans le jardin, la nuit, alors qu'il aurait été si simple de les enfermer à l'intérieur de la maison, et il demandait au patron ce qu'il conviendrait qu'il fît pour mettre un terme à ce vacarme. Aujourd'hui donc où je suis chez *Félix,* qui me confiera plus tard que ce grand monsieur anglais, c'était Graham Greene, qui vient de publier (mais cette information, on s'en doute, ce n'est pas le patron qui me l'apprit) un recueil de nouvelles que j'avais trouvées amusantes, il me semble même que j'avais dit à leur propos qu' « elles me paraissaient supérieures à certains de ses romans » (mais, est-il besoin de le signaler ? si Graham Greene m'avait été présenté, je me serais bien gardé de lui faire entendre aussi crûment ma pensée, sachant la susceptibilité maladive des écrivains sur leurs œuvres), ce qui frappe mon attention, aujourd'hui où je suis enfin chez moi, ce n'est ni Greene ni cette phrase prétentieuse, tarabiscotée et démodée, mais une feuille de papier déjà ancienne, enfin datant de quatre ou cinq ans, où, sous le titre assez banal *Aperçus de ma vie,* je me proposais de raconter quelques histoires me concernant : 1° comment j'ai passé mon baccalauréat ; 2° la montre volée ; 3° la lettre à mon percepteur ; 4° le chèque sans provision ; 5° Mlle Vachon ; 6° en classe de cinquième, ma lâcheté devant des camarades de classe, maréchalistes impénitents (ce que vous ne pouvez pas voir, parce que vous n'avez pas comme moi la feuille de papier sous les yeux, c'est qu'en la recopiant j'ai barré le vrai 5°, j'ai fait sauter un épisode qui n'avait pourtant rien de scandaleux, mais qui aurait pu faire croire à quelqu'un d'impossible que j'avais des torts envers lui, alors que c'est tout le contraire), et, aujourd'hui où je viens de me faire mordre de nouveau par le coati, mais, cette fois, c'est sans gravité, je ne me sentais pas le courage, vraiment pas, de me mettre à ma table pour écrire les deux lignes qui auraient mis les choses au point — et puis, quand on est fatigué, vous l'avez remarqué, on n'arrive pas à expliquer les choses les plus simples, les plus banales : on s'embrouille, on emploie les mêmes mots, on est coincé. Alors, de rage, on déchire la page et on recommence à écrire les trente premières lignes déjà écrites, et, ce travail fait, on est encore moins dispos pour écrire ces deux lignes qui auraient tout arrangé — et cette feuille de papier a l'avantage de me faire souvenir qu'il serait temps que je parle de mon ruban volé, de Mlle Vachon. C'était une vieille fille laide et gaie, d'une très vive intelligence, bonne comme tout — je n'en peux parler, comme vous vous en apercevez, qu'avec l'arsenal des mots conventionnels que l'on emploie pour certaines filles de ce genre, un peu gêné d'avoir le culot de parler de son intelligence avec les souvenirs d'un enfant de sept, de huit, ou neuf ans. Quand nous étions dans le Cantal, elle nous écrivait des cartes interzones. En 1942-1943, je ne sais plus, nous n'eûmes plus de ses nouvelles. Rentrés à Paris, nous apprîmes qu'elle s'était enrôlée dans un réseau de résistance, qu'elle avait été efficace et courageuse — et puis, qu'importe son efficacité : je ne la cite pas à l'ordre de la nation —, qu'elle avait été arrêtée, déportée et qu'elle n'était pas revenue. Sans moi, elle aurait agi de la même façon. Mais j'ai dû, nous avons dû compter dans sa décision. Elle ne pouvait pas tolérer que nous, après tout bien peinards dans notre Auvergne, si j'excepte une dernière année agitée, nous fussions humiliés. C'est terrible, c'est intimidant, ces personnes qui agissent comme il faudrait agir. Après tout, on passe son temps à comprendre, à justifier les autres, à mettre du mercurochrome sur les saloperies humaines, sans oublier les siennes ; alors on est presque penaud, désarmé, quand on songe à une vieille demoiselle qu'il n'est pas nécessaire de défendre. Le matin, il était de règle que les bonnes nous accompagnent et que les mères viennent nous chercher. Un midi, tandis que les autres s'habillaient, que Mlle Vachon parlait aux mères de ce sujet inépuisable, leurs garçons, et que, avec ce retard qui me caractérisait souvent, je finissais de ranger en désordre mes affaires dans mon cartable, sous le regard compatissant de ma mère qui les aurait bien rangées à ma place, si elle ne s'était pas doutée que, malgré ma douceur, j'aurais pris fort mal d'être dérangé dans ma solitude appliquée, au passage, avec mon boulier, je renversai l'encrier central, qui s'épandit sur une couverture persane de toute beauté. Enfin, qui me semblait telle. Avec une vivacité diabolique, qui contrastait avec ma lenteur habituelle, je redressai l'encrier, mis un buvard vert sur la grosse tache noire et, sans plus me gêner, couvris le tout d'un superbe atlas, recouvert, il est vrai, d'un papier violet. Pour mon malheur, ni mes camarades babillards ni Mlle Vachon n'avaient vu ce que j'avais fait. Je terminai à la va-vite de ranger mes affaires, allai chercher dans l'entrée manteau et gants, bavardai avec plus de conviction que d'habitude avec mes camarades et revins dans la pièce où nous travaillions. Plus de trente ans après que l'encrier a été renversé, l'honnêteté m'oblige à avouer que mon geste involontaire avait eu un témoin et une complice : c'était ma mère. Pendant que je m'affairais à brouiller les traces de ma maladresse, à voix basse, elle m'avait demandé si je savais où se trouvaient un chiffon et du savon — on n'avait pas encore découvert les enzymes gloutonnes —, et bien entendu, je ne le savais pas : j'allais chez mon institutrice, je n'étais pas une ménagère. A mon tour, et toujours à voix basse, je lui posai la question de savoir si je devais tout avouer à Mlle Vachon. Par un sourire et une moue des lèvres, ma mère m'avait fait comprendre que cela ne lui paraissait pas nécessaire. « Ah ! mère, mère, dirais-je si j'étais Rousseau, dans quel abîme de perplexité as-tu plongé la conscience de ton fils ! » Mais, n'étant pas Rousseau, et sachant que nos mères se voient reprocher sur sept colonnes à la une les meurtres et les perversions de leurs fils, je laisserai la mienne provisoirement tranquille. Telle n'était pas mon âme, lorsque je sonnai le lendemain à la porte de Mlle Vachon qui m'ouvrit. Et Dieu merci, je n'eus pas longtemps à attendre la phrase qui me hantait. En m'embrassant, elle dit : « Un petit idiot hier a renversé l'encrier, ce qui n'a pas d'importance, mais n'a pas jugé bon de me le dire, et, avec une désinvolture de mufle pour cacher ce qu'il a fait, il a trouvé moyen d'étaler la tache avec un buvard et, pour que je ne la voie pas, il s'est surpassé en posant mon atlas neuf dessus, ce qui fait que la couverture est toute salie, car l'encre a traversé le papier violet qui le recouvrait. Je ne vois qu'Antoine parmi vous pour mêler tant d'inconscience à tant de lâcheté. Vous n'avez rien vu, mon petit Bernard ? Oh ! excusez-moi de vous poser une telle question. L'agacement devant la bêtise m'en fait dire de plus fortes. » En tout cas, elle, elle ne voyait rien. Elle ne voyait pas que je piquais un fard à me faire repérer la nuit la plus noire de l'hiver. Ou bien, si elle avait vu ma rougeur, l'attribuait-elle à de nobles motifs ? Elle se disait que j'étais dans tous mes états parce qu'elle avait pu supposer un seul instant qu'une nature aussi droite, aussi franche que la mienne aurait pu s'abaisser jusqu'à dénoncer un petit camarade ? Comme on sonnait et que j'avais peur que ce ne fût Antoine, qui, après tout, m'avait peut-être vu hier, je lui demandai la permission d'aller aux toilettes, ce qui aurait dû lui faire supposer que j'étais le coupable, car il n'y avait aucune raison qu'un garçon aussi bien élevé que moi, en arrivant chez elle, se précipitât aux w.-c. Elle m'accorda l'autorisation, avant d'aller ouvrir la porte. Dans le couloir sombre qui m'y menait, je goûtais l'infini plaisir de ne pas être regardé. C'était peut-être mes derniers moments de bonheur. On m'avait vu : si ce n'était pas Antoine, ce serait un autre. Pour que tout fût consommé dans un sens ou dans un autre, je prolongeai d'une manière inhabituelle mon temps de présence dans cet endroit où personne ne pouvait me surprendre, le verrou mis. Et puis, comme j'entendais d'autres coups de sonnette, je préférais que tous mes camarades eussent été interrogés, avant de revenir. Que je n'eusse pas de fausses émotions. Je me disais aussi que, si je rougissais, mes camarades seraient plus perspicaces que Mlle Vachon. « Il rougit, donc il est coupable. » Et sans doute, bien avant cette histoire, j'avais dû me réfugier dans les toilettes ; mais c'est seulement après l'encrier renversé que je me souviens d'avoir adopté ce comportement, que je fusse coupable ou non. Je ne l'étais presque jamais, ni même concerné. Mais il me suffisait d'avoir l'impression qu'une histoire gênante allait être mise sur le tapis pour m'enfuir ou, si je ne le pouvais pas, pour rougir ; je ne voulais pas être là, je ne voulais rien en savoir. Je fuyais ou je rougissais de la même façon quand je pressentais qu'on allait me poser des questions auxquelles je ne répondrais pas, sinon par un bafouillis, pour l'unique raison que je n'avais pas envie de parler, moi si bavard. Comme j'évoque les études primaires d'un garçon qui les a faites avant la guerre de 1939, certains lecteurs pourraient confondre les dates et imaginer le pire, d'après la vivacité de mes réactions. Me prendre gracieusement pour Oliver Twist. Qu'ils se rassurent. Nous n'étions pas débordés de travail. Je n'étais jamais battu. Si elle avait su mon crime, Mlle Vachon ne m'aurait pas donné de féroces coups de règle sur les doigts. Elle aurait été, je crois, intriguée. Que cachait cette duplicité ? Comme ce mensonge venait de moi, qu'elle jugeait une nature sensible, elle aurait peut-être été amusée et vaguement inquiète. Jamais l'histoire ne fut éclaircie. Aucun autre camarade ne fut interrogé, contrairement à ce que j'avais craint dans ma chambre noire. Si elle m'en a parlé, c'est que j'étais arrivé le premier, j'imagine, et qu'elle me jugeait au-dessus de tout soupçon, à moins que… Non, non, ne commencez pas à m'inquiéter.

De son enfance, il ne voulut plus rien nous dire. « La guerre, oui, la guerre, c'est autre chose. » Par d'autres sources, nous sûmes pourtant qu'en 1938, juste avant Munich, il était parti en voiture — une *Unic* — avec ses parents pour un voyage sur la Côte d'Azur où il allait pour la première fois. A Marseille, une scène assez banale avait éclaté entre son père et sa mère, qui l'avait beaucoup frappé. A cette époque, sa sœur était dans un *home* à Lans, près de Villars-de-Lans. Il n'avait jamais, jusqu'alors, passé ses vacances sans ses parents. Mais cette année, à cause de cette scène, il lui fut proposé — et comme on ne soupçonnait pas que les paroles dites, il les avait comprises, encore moins retenues — soit d'aller avec sa mère à Uriage, soit de rentrer avec son père à Paris, et de là, ils partiraient tous les deux en Normandie quelques semaines. Il répondit, d'un air fort sérieux et avec un accent de réprimande dans la voix, qu'il n'était pas de ces enfants qui choisissent entre leur père et leur mère et que, ce qui lui semblait le mieux, c'était d'aller rejoindre sa sœur dans son *home* de Lans. Il avait à cette époque huit ans ; aussi, quelle que fût l'importance (le mot résonance, au sens danois du terme, nous semblerait, pour finir, plus indiqué) sur sa sensibilité des mots que son père et sa mère avaient échangés dans un hôtel de Marseille et que nous ne connaîtrons jamais, nous ne pensons pas qu'il faille chercher dans cette matinée de Marseille l'origine de sa fêlure profonde. Il faut remonter beaucoup plus loin, beaucoup plus loin. Frank, c'est un oral bien sûr. Comme nous le tenaillions, comme nous le harcelions dans ses derniers retranchements, il eut une brusque explosion de fureur contre la psychanalyse et l'enfance. Ce n'était pas la première, vous le savez ; ce ne devait pas être la dernière, vous vous en doutez. Ces refus, ces phobies, ces haines sont classiques chez des obsédés de son espèce. Jamais la psychanalyse n'est aussi présente dans un individu que lorsqu'il la nie. « D'abord, vous ne comprenez rien au petit garçon que j'ai été et qui m'ennuie. Je ne dirai pas, comme Malraux, que je déteste mon enfance ; mais, avant Vichy, avant la défaite, c'était, pour employer l'expression de J.-B. Pontalis, l'enfance d'un autre. J'ai des images, des récits plus ou moins croustillants, comme nous en avons tous. Je ne nie pas que les jeux étaient déjà faits, je dis simplement que Vichy fut le grand révélateur, le colorant. Bon. Freud maintenant. Vous admirez d'autant plus Freud aujourd'hui qu'une certaine médecine, une certaine psychologie officielle l'a contesté. Autrement dit, ce n'est pas parce qu'on a combattu Freud, en France, pour d'assez sottes raisons — sexuelles entre autres, comme vous le savez — que, lorsqu'il a été enfin traduit, lu, reconnu, compris, du moins admis, vulgarisé, que nous n'avons plus le droit de le mettre en question. Et surtout que nous n'avons plus le droit de mettre en question les nantis, les besogneux, les petits esprits, les grands profiteurs qui se prévalent et vivent grassement de lui. Vous savez à qui je pense. Imaginez que, pour des raisons religieuses, les théories d'Ambroise Paré sur la circulation sanguine n'aient été admises en Espagne que ces dernières années. Ce ne serait pas une raison pour les Espagnols — encore que je n'y voie aucun inconvénient — que, par volonté d'*expiation,* ils arrêtent la médecine à Ambroise Paré, comme si, le remords aidant, ils lui devaient bien ça. C'est pourtant ce qui se passe de nos jours avec Freud et, pour faire bonne mesure, avec Marx. On les conteste avec des pincettes sous prétexte que l'enseignement officiel de la philosophie en France, entre les deux guerres, les considérait comme des pestiférés et ne s'intéressait qu'aux belles études si riches et si humaines de quelques professeurs de philosophie dispensateurs de grades universitaires et dont l'importance cessait mystérieusement l'année qui suivait leur mort, comme l'a si drôlement raconté Revel dans son *Pourquoi des philosophes ?* et sa *Cabale des dévots.* Je n'ai d'ailleurs jamais compris pourquoi Sartre, le plus excité des enragés, qui est prêt à brader toute la culture du monde — « Chienne, putain de culture, toute vendue à Boussac » —, qui, s'il était encore professeur de philosophie, se résignerait à garder la chambre, le Flore, ou l'Italie au cas où ses élèves le lui demanderaient — il vient de le dire, dans une de ses interviews les plus douteuses à Serge Lafaurie de *l'Observateur,* pétrifié, j'imagine, d'admiration —, n'a jamais parlé, ou fait parler — ou si peu —, avant mai, des livres qui tournaient en ridicule ce qui était dérisoire dans l'enseignement, ni, d'une façon plus générale, de tout livre où soufflait la brise exquise de l'irrespect. *Les Temps modernes,* c'est tout ce qui vous plaira, mais, ce qui prime depuis quinze ans, c'est un grand sommeil coupé de sursauts d'indignation. Il serait peut-être temps de tirer le store, de fermer boutique et de mettre comme écriteau : « Fermé pour cause de révolution permanente. » Vous savez que certains écrivains français qui auraient dû tomber dans le domaine public cinquante ans après leur mort, comme la loi l'exige, ont bénéficié d'une rallonge grâce à la guerre de 1914 et à celle de 1939. Les héritiers et les éditeurs en ont pris leur parti, quand il s'agissait d'un écrivain comme Zola, qui a vraiment été une mine. Freud et Marx, non plus, ne sont pas tombés dans le domaine public de la remise en question. On les a insultés, on a rigolé devant leurs théories, aussi n'a-t-on plus le droit, si l'on est un intellectuel digne de ce nom, de parler d'eux sans d'infinies précautions. Il faudra attendre trente ans pour se demander si les séances de canapé du docteur Freud, d'inspiration si terriblement viennoise, constituent le fin fond de la psychologie des profondeurs ou si les prémices d'un conflit sino-soviétique étaient inscrites dans *le Capital.* J'ai lu Freud avec application, en essayant de me persuader que c'était mon histoire que j'écoutais : même ses livres qui passent pour drôles m'ont ennuyé. C'est long, trop long ; on a compris. Il voulait convaincre ; nous sommes convaincus. Je crois qu'il aurait fallu le découvrir, être son contemporain ; maintenant c'est trop tard ; il ne peut plus nous faire rougir. Il ne peut plus réveiller que les malheureux qui sont contraints, pour passer leurs diplômes (mais tout va changer, n'est-ce pas ?), à lire ces innombrables livres de psychologie, le plus souvent démodés au moment même de leur publication. Alors, ces élèves, qui broutent n'importe quoi, je comprends leur joie. Freud doit leur sembler l'enfer et le paradis, après l'affreuse, l'écœurante tiédeur des limbes. Freud a laissé sur la terre entière une immense administration, qui vaut ce que valent les femmes et les hommes qui la composent, mais dont on ne sait jamais si c'est un institut capillaire ou une Église. J'imagine que, depuis mai, les psychanalystes ont accompli leur nuit du 4 août, qu'ils ont renoncé à faire payer leurs clients peu fortunés. Jadis, ils avaient réussi à les convaincre — ça, je leur tire mon chapeau — que l'or à leurs pieds déposé, avant qu'ils n'allassent s'étendre sur un canapé, était le fondement de la guérison. Il est évident, mais c'était génial d'y avoir pensé, que le malheureux paroissien se serait fatigué de s'écouter parler, s'il ne s'était pas rappelé à temps que, lorsqu'il se taisait, le compteur, lui, tournait toujours. Au bout de dix séances, j'imagine, l'affaire est dans le sac, le névrosé veut à tout prix en avoir pour son argent. « Ma santé pour mes millions », s'écrie-t-il, après deux ans de cette dégoûtante gymnastique en chambre. Comme c'est dommage que Marx n'ait pas connu Freud. Le gros rire teuton et légèrement poujadiste qu'auraient déclenché chez Marx les théories du Viennois. Comme il se serait amusé à l'idée qu'une partie de la bourgeoisie, pour résoudre les contradictions de sa conscience malheureuse, était prête à déposer de beaux sacs d'écus tout neufs devant les huttes de sorciers impassibles. Il me semble primordial que ces fermiers généraux des âmes qui nient l'âme, pour prouver la sincérité de leur foi, distribuent les deniers du culte à leurs patients les plus démunis. A ce point de mon récit, il est temps de dire que je tiens pour acquis que toute psychanalyse est une déchéance, au mieux une perte de temps. J'en ai entendu des chansons : « Mais vous ne comprenez pas, vous ne comprenez rien ; il y avait des malheureux bloqués, noués, prêts au suicide. La psychanalyse leur a permis de respirer, mon fils. Les psychanalystes, d'ailleurs, ne prétendent pas guérir leurs patients : il est trop tard ; ils tentent de leur faire prendre conscience de ce qu'ils sont ; s'il y a guérison, c'est dans la connaissance de ses maux ; la psychanalyse rejoint Socrate par d'autres voies », ou, d'une façon plus miteuse : « Nous tâchons de faire en sorte qu'un pauvre bougre puisse s'adapter à la société d'aujourd'hui, gagne sa vie. Cet aliéné, cet obsédé, nous essayons de le recycler dans l'existence. » J'ajoute que les meilleurs auxiliaires, les contractuels de la psychanalyse, les moutons, on les trouve parmi ceux qui se sont fait psychanalyser. Avec une voix douce et entêtée, un petit air de supériorité, la tête même des chrétiens que l'on va jeter aux lions, ils répètent comme des perroquets : « Vous ne pouvez pas comprendre ce que c'est une psychanalyse. Il faut être passé par là. » Eh ! oui, pauvres couillons, je vous entends bien, vous voulez en avoir pour vos millions. Maintenant vous croyez vous connaître, petites momies ficelées, figées. Vous ne voulez plus avoir peur. Un conseil, changez de trottoir quand vous me voyez, sinon je secouerai vos misérables certitudes jusqu'à ce que vous creviez d'angoisse. Nous en sommes là : les fortes têtes qui ont chassé Dieu de leurs préoccupations matinales n'hésitent pas à réinventer le même style de raisonnement pour des histoires de sorciers blancs. Quand je songe, dans mes prières du soir, à Staline et que j'essaie de lui trouver une vertu, d'avoir méconnu la psychanalyse est la seule qui me vienne à l'esprit. Ne craignez rien, la Russie n'en a plus pour longtemps à connaître son bonheur, et, d'ici quelque année, vous verrez, c'est vu, pour rattraper son retard, comme elle demande à Fiat d'installer des usines chez elle, elle fera installer sur son territoire des chaînes entières de psychanalystes américains ! Elle les échangera, la pauvre folle, contre du caviar. Cela dit, le sectarisme n'étant pas mon fort, j'admets avec aisance que des personnes riches, qui n'ont aucun don, qui n'ont rien à faire et qui s'ennuient, passent leur temps sur des canapés. Si l'on veut avoir des souvenirs d'enfance, des nœuds, des problèmes, des difficultés d'être, pourquoi pas ? Mais j'enrage quand je vois un écrivain de talent comme Michel Leiris avoir accepté, il y a longtemps, de se faire psychanalyser. Lui et d'autres. « Mais vous ne les connaissez pas. Vous ne savez pas ce qu'ils éprouvaient. Vous ne pouvez pas vous mettre à leur place. Peut-être se seraient-ils suicidés ? — La belle affaire, s'ils en avaient envie. C'était leur droit. — Ils auraient fait de la peine à ceux qui les aimaient. » Un jour arrive où l'on est bien contraint d'en faire. Un jour arrive aussi, et ça me semble plus triste, c'est que, quoi qu'on fasse, on n'en fait plus. Je ne plaindrai jamais les vivants et j'ignore tout des morts. Ce dont je suis sûr, c'est que la littérature de Leiris, si digne d'intérêt fût-elle, est une littérature *marquée.* Michel Leiris, qui est, de l'avis général, un homme estimable, n'en pouvant plus, est passé aux aveux ; il a donné la littérature pour se voir accorder le droit d'écrire des livres qui l'ont fait connaître. Quand je le lis, je me demande pourquoi j'éprouve de la gêne : c'est que je vois, à travers les lignes, passer devant moi un homme aux épaules courbées. Et j'ai envie de lui crier : « Mais redresse-toi, nom de Dieu, n'aie pas peur, même si tes journées sont des enfers de poche ; en littérature, si tu refuses de te courber devant les sorciers, de les combler de tes dons, tu es libre, tu es le roi. » Il est dérisoire d'appeler *l'Age d'homme* un livre que l'on a écrit à coups de canapé ! Bien entendu, *l'Age d'homme* est un beau livre, si on le compare à la plupart des torchonnades que l'on édite, mais, si l'on essaie d'imaginer la folle intrépidité qu'il a fallu à Rousseau pour écrire *les Confessions* (intrépidité qui nous semble normale, à nous qui lisons sans lire, sans imagination, qui oublions, par exemple, les terribles dernières lignes quand Rousseau, ayant fini de lire ses *Confessions* devant quelques gentils mondains, *n'entend* que le silence qu'elles ont suscité. Ces cinq personnes, trop bien nées pour rire, ne savent où se cacher. Il n'y a que la petite comtesse d'Egmont pour trembler de la tête aux pieds. C'est que la Révolution venait d'entrer dans ce charmant salon). Je trouve bénins les aveux de Leiris. Je ne crois pas qu'aujourd'hui le courage en littérature soit de dire par exemple : je n'aimais pas mon nez ou mes oreilles en choux-fleurs. A l'évidence, c'est plus gai d'être beau. Et quelqu'un qui se trouve laid ou qui l'est tout simplement doit souffrir autant de l'être en 1969 qu'il y a deux siècles. Mais il se passe pour la littérature d'aveux, celle qui débusque les comédies, ce qui s'est passé pour la pénicilline ! Ce à quoi elle s'attaquait d'une façon foudroyante et victorieuse, les maux divers qu'elle pulvérisait, à force d'habitude, ont suscité de nouvelles lignes de défense, et il a fallu découvrir d'autres antibiotiques qui soient efficaces et qui contribuent à l'enrichissement des laboratoires pharmaceutiques. Pour finir avec une analogie qui se traîne, ces résistances, ces pudeurs ou cette mauvaise foi changeante de l'âme ont l'avantage de nous permettre d'écrire avec une relative bonne conscience. La révolution victorieuse, on le sait, supprimera la dictature du prolétariat ainsi que la littérature : autant dire que nous sommes placés dans le service actif sans limite d'âge. Je sens d'instinct que cette critique de Michel Leiris ne va pas plaire : « En littérature, nous n'avons déjà pas tant d'honnêtes gens et de bons écrivains dans la profession, alors pourquoi vous en prendre à quelqu'un digne d'estime et sans doute vulnérable ? » C'est que l'on ne peut pas toujours parler de Michel Droit et de ces messieurs du *Figaro littéraire* : j'en ai déjà assez dit sur ces valets pour qu'ils me barrent dans leur journal — adieu, centre chéri —, ce qui ne fait pas l'affaire de mes éditeurs, ni les miennes, après tout, mais je vous assure que, lorsqu'on a perdu l'habitude — et je n'ai pas grand mérite — de se soucier de l'avis de personnes que l'on n'estime pas, qu'on ne voudrait même pas comme lecteurs si un malin génie vous permettait de les choisir, cela ne vous confère aucun titre, aucun privilège spécial ; cela ne supplée pas davantage au talent si vous en êtes dépourvu (et puis, au diable le talent, ce jouet ridicule que l'on traîne avec soi comme une queue ajoutée) ; cela ne donne rien, je le répète, sinon, certains rares jours, un peu d'allégresse dans la grisaille des lignes, sinon l'illusion que, si l'on travaillait vraiment, que, si la chance était de votre côté, que, si l'on était un autre, l'on pourrait enfin tout dire. Au passage, j'aimerais que nos grandes consciences de gauche, je parle de Sartre bien sûr, fassent fi de l'épaisseur de leurs dossiers de presse, eux qui ont cinquante-sept fois agité de leurs mains fragiles le globe terrestre de leur enfance pour le remettre à sa juste place. Je sais : il faut être réaliste, ne pas heurter inutilement des gens qui ne comptent pas, mais qui, sans penser à bien, peuvent servir d'intermédiaires entre ce que l'on a écrit et des lecteurs qui ne demandent pas mieux que d'être touchés par la bonne parole. Bref, il faut composer : *les Mains sales* ; on connaît la musique. N'empêche, ce détachement roublard me gêne, et cela d'autant plus que je ne crois pas que Sartre puisse changer les affaires de la planète d'un millimètre lorsqu'il feint de s'y appliquer avec cette rigueur, dans la notice, qui n'a d'égale que son inadaptation à la situation. Enfin (comme s'il y avait une fin ! Réveillez-vous, nous parlons de Leiris), il y a une façon de parler de certains bons écrivains qui est la chose la plus triste du monde. L'on voit des critiques se grouper en silence autour du livre comme si l'on allait assister à une messe funèbre. Quand ils élèvent la voix, c'est pour dire : Chut ! chut ! Et leurs félicitations ressemblent à des condoléances. La critique, presque unanime, se sent touchante, sans griffes, humaine. Est-ce insulter Leiris que de lui ôter ces culottes courtes qu'il devait porter en Afrique fantôme, que de lui parler enfin comme à un grand garçon qui doit tout savoir de la vie ? Vous l'endormez avec vos pieux compliments et cette façon de le traiter comme s'il sortait d'une cure de sommeil ou d'un asile et que la moindre contrariété pourrait entraîner une rechute. C'est que j'ai l'impression, fausse sans doute, qu'un écrivain en vie n'a pas encore écrit ; que c'est seulement par rapport à ses confrères qu'il peut, si ça l'amuse, se situer, qu'il y a encore chez lui, intacte, une liberté sauvage dont il ne s'est pas servi, que les mots malicieux ont digérée. J'ai beau dire — et s'il n'y avait pas cette psychanalyse pour me monter la moutarde au nez —, je ne suis pas convaincu du bien-fondé de mes diatribes, j'ai envie subitement de reprendre le rang, comme si je venais de commettre une mauvaise action. Pourquoi chercher la petite bête, Leiris, c'est bon, non ? Pourquoi imaginer un Leiris écrivant un livre tout neuf, souffrant sur ses maniaqueries comme un enfant sur les bougies coloriées de son gâteau d'anniversaire. Est-ce que je change, moi ? Un même rideau de protection, pour des raisons différentes, entoure Simone de

Beauvoir. Chacun sait, et, si on ne le sait pas, on n'a qu'à les lire, que ses derniers livres — le dernier surtout, celui qui a paru dans *Elle* — ne valent rien ou, si vous préférez, ne valent pas grand-chose, et presque personne, bizarrement, ne le lui dit. Galanterie ? J'en doute : il faudrait que nos Français aient changé, toujours prêts à ricaner sur les dames célèbres. Cette galanterie me semblerait mal placée d'ailleurs, concernant une personne digne d'estime, qui, dans son *Deuxième Sexe,* a montré qu'elle trouverait injurieux qu'on feignît de la ménager sous prétexte qu'elle est femme. Je crois plutôt que la gauche a une peur bleue des réactions, souvent vives, féroces, de Sartre, lorsque la critique se permet d'égratigner lui ou les membres de sa tribu. On sait qu'il retrouve alors par enchantement cette verve et cette lucidité méchantes qui ont fait avant-guerre sa renommée. A droite, on a tellement crié sur tous les toits que les existentialistes n'avaient pas de talent, au moment même où Simone de Beauvoir écrivait ses meilleurs livres, que ce qui reste de ces vieux enfants ridés par la cinquantaine est devenu aphone. Quant au marais, je l'ai noté jadis, à partir des *Mandarins,* ce roman gris, qui édulcorait une expérience assez passionnante et, faute de la transformer en conscience, la transformait en bouillie, mais qui avait eu ce privilège d'avoir le Goncourt — ces messieurs de Stockholm auraient dû proposer leur Nobel à Simone de Beauvoir plutôt qu'à Sartre —, il avait signé avec Simone de Beauvoir qui l'avait jadis scandalisé un concordat. C'est Émile Henriot, une belle moustache, un beau fusil et je n'en dirai pas plus, qui, dans *le Monde,* avait rondement conclu l'affaire. La littérature abonde en gros secrets de polichinelle qui m'étonneront toujours. Je ne sais plus quand Simone de Beauvoir avait publié le troisième tome de ses *Mémoires.* Peut-être en 1963. C'était avant que *le Nouvel Observateur* ne tente de devenir l'ancien *Express.* De ce livre, Galard [1], Martinet [2] m'avaient demandé de rendre compte, et ça m'ennuyait. Car c'était le moins réussi des trois. J'avais l'impression que Simone

1. Ancien rédacteur en chef de *France-Observateur.*
2. Ancien directeur de *France-Observateur,* leader de la tendance minoritaire du P.S.U.

de Beauvoir, après avoir consulté son agenda, nous faisait part, comme une petite fille, de ses relations, ce qui aurait pu être passionnant, mais ne l'était pas, car elle ne nous apprenait rien sur les personnes qu'elle avait rencontrées. Certes, c'était gentil à elle de citer le nom de Scipion, qui est presque aussi connu que Max Favalelli, depuis qu'il s'occupe des mots croisés à *l'Observateur* — et puis le bougre a un nom facile à retenir —, mais, à l'époque, ce nom de Scipion ne devait pas signifier grand-chose pour les lecteurs de Simone de Beauvoir, pas plus que le mien et mille autres qu'elle évoquait avec une touchante modestie. Son livre n'était pas ennuyeux, mais elle ne savait pas s'enfoncer dans le passé. Ce qui fait le prix des mémoires, c'est la délectation, et certainement il y a incompatibilité d'humeur entre cette vertu bourgeoise, grassouillette, et Simone de Beauvoir. Comme ce n'était pas sa façon d'être, elle aurait dû nous montrer, à l'aide de ces petites phrases sèches, qui semblent courir à la surface des choses, décapant les apparences sans y prendre garde, et qui sont, comme on l'a assez répété, l'autre versant du génie français, ces personnes qu'elle accumulait, pour faire concurrence à l'état civil, dans ce gros livre qui, si l'on s'était donné la peine de l'éponger, aurait eu la maigreur d'un squelette. Si. Quelque chose m'avait ému, dans ce dernier tome : le début, cette façon de sauter de joie, à la Libération, devant les aventures, les possibilités qui s'offraient à elle ; cette exubérance à l'idée qu'elle allait voir beaucoup de monde (et que le monde allait changer) ; cet oubli de ce qu'elle était pour ne penser qu'à ce qui allait être ; ce ravissement devant le succès mérité, les amours, le travail ; tout cela était plaisant (j'emploie ici un mot qui revient souvent sous sa plume) pour quelqu'un comme moi, pour qui le bonheur et le malheur sont des notions confuses auxquelles je n'ai jamais porté grand intérêt, tant tout m'a semblé naturel, les belles femmes, les séparations, les livres pris les yeux fermés et que rien n'a jamais pu éveiller, que cette petite chose qui, pour finir, nous arrive à tous. Ce qui me déplut dans ce livre, c'est surtout l'intérêt passionné que Simone de Beauvoir prenait aux trois ou quatre articles d'un collaborateur des *Temps modernes*. Ils ne m'avaient pas paru aussi succulents qu'à elle, dignes d'occuper tant de pages de ses mémoires ; mais j'avais, pour être honnête, d'excellentes raisons pour les moins aimer. Le garçon qui les avait écrits et que je ne connaissais pas, victime complaisante de ragots, avait pris la mouche et m'avait téléphoné pour m'affirmer que j'étais très laid — ce qui peut à la rigueur se discuter, mais ne fait jamais plaisir et étonne, venant d'un garçon de gauche sortant d'un aussi bon milieu que la revue de Sartre — et que, si jamais il me rencontrait un jour, il ferait un malheur. Il me rencontra d'ailleurs. Deux ans après, en 1959, près de Honfleur, dans la maison de Françoise Sagan, qu'il venait interviewer bien sagement de la part de l'hebdomadaire *Elle.* J'ai toujours admiré la casuistique de Sartre et des siens pour s'accommoder de la presse « pourrie ». Ce qu'il y a de sympathique avec eux, c'est qu'ils ont toujours raison, et que, à la différence de leurs autres confrères — je ne parle pas de moi, j'ai oublié d'écrire dans le groupe Franpar, à moins qu'il n'ait pas voulu de moi, ce qui semblera plus vraisemblable —, lorsqu'ils écrivent dans cette presse *d'ailleurs admirablement bien faite,* d'après les techniciens, je m'empresse de le dire et de le souligner, comme vous le voyez, ce n'est jamais pour de l'argent, mais pour des motifs nobles, calculés. Ainsi Sartre peut écrire *Nekrassov,* pièce qui m'a amusé, mais que Sartre n'aime plus parce qu'elle n'a pas eu de succès, et, dans ce *France-Soir,* dont on vient de se moquer, un long reportage illisible sur Cuba. Pourquoi ? Parce que *France-Soir,* ayant un gros tirage, touche beaucoup de monde et que Sartre sert ainsi la cause du socialisme. L'ennui, c'est que les lecteurs de *France-Soir* ne lisent pas les reportages de la page deux, où Lazareff avait relégué Sartre, quand ils sont bourrés de chiffres, de faits et d'analyses qui les ennuient. Ainsi Sartre réussit un coup double : il n'est pas lu par le grand public, et ses lecteurs habituels ne le lisent pas, parce qu'il écrit dans *France-Soir.* C'est ce qu'on appelle les aventures de la dialectique. Quant à moi, si j'ai lu le Cuba de Sartre, c'est que je regarde les bandes illustrées de *France-Soir.* Les cancres ont parfois de durs réveils. Claude Lanzman — c'est le nom du monsieur qui m'avait téléphoné — et son photographe, s'étant trompés de route, arrivèrent pour déjeuner avec plus de deux heures de retard, ce qui fit que nous avions quitté la table lorsque leur rapide torpédo s'égara par miracle sur les vertes pelouses du manoir et que les deux Équanil que j'avais pris pour calmer je ne sais quelle peur avaient eu le temps de faire leur effet. Oui, on avait commencé sans eux, parce que, même dans les maisons de campagne les plus débonnaires, l'heure, c'est presque l'heure : le soufflé ne peut pas attendre, et Chazot avait faim. Chazot, pour ne pas tomber dans le travers, que je reproche à Simone de Beauvoir, de nommer des gens qu'on n'est pas forcé de connaître, allait bientôt devenir l'auteur de *Sophie Ripaille,* livre que j'avais vivement recommandé à René Julliard : tant il est vrai que les écrivains n'ont pas de raisons particulières de laisser patauger seuls leurs éditeurs dans leur mauvais goût. Cela dit, Chazot aurait pu me dire que j'étais très laid, pour prendre un cas limite, il m'aurait fait rire [1]. Il avait la grâce. Françoise présenta, pépia le temps qu'il fallut pour que Mme Marc mît les couverts. Pendant ce deuxième service, et tandis que Sagan rassurait ses hôtes sur le peu d'importance qu'avait leur retard, je jouais le sommelier. Eh bien, moi, et, quand on verse le vin, on a le temps d'observer qui l'on sert, je ne trouvais pas du tout Claude Lanzman laid. Une belle tête. Il aurait pu jouer un rôle dans un film consacré aux brigades internationales. Je visais juste, puisque Sartre, à l'époque où je devais parler des mémoires de Simone de Beauvoir, me dit d'un ton sans réplique : « Vous savez que Claude Lanzman a fait de la résistance à quatorze ans et qu'il a eu la médaille de la Résistance ? Vous en connaissez beaucoup de garçons de cet âge qui ont été décorés ? » Je crois que j'en connaissais un dans ma famille. Ses parents, des cousins de mon père, étaient morts dans des camps en Allemagne. Mais n'étant pas certain que ce garçon ait été décoré de la même médaille que Claude Lanzman, je gardais un prudent silence, étonné pourtant que Sartre attachât une telle valeur aux médailles. Ce que c'est que d'avoir été prisonnier de guerre avec tous les garçons de sa génération. Ce que c'est que d'avoir tra-

1. Certainement pas.

versé toute la France à bicyclette avec Simone de Beauvoir, à la recherche d'un réseau de résistance, et cela en vain ! Sagan me raconta, après son interview avec Lanzman, qu'il lui avait dit tout net que, effectivement, jadis il avait eu l'intention de me casser la gueule, mais que, somme toute, en me voyant aujourd'hui, il m'avait trouvé plutôt un type sympa. Ouf ! pourvu que ça doure, comme disait la maman corse. J'ai remarqué que, avec des personnes qui ne vous intéressent pas, qui ont tenu sur vous des propos déplaisants, on est d'une lâcheté folle. Tout ce que l'on souhaite, c'est qu'elles ne vous tiennent pas rigueur des bêtises qu'elles ont dites sur vous. Les rares fois où on les voit, on aimerait les persuader qu'elles sont belles, intelligentes, subtiles, tant on craint cette haine qui vient d'on ne sait où et qui vous fait peur parce qu'elle dérange votre indifférence. Évidemment, je m'y prends mal en écrivant ces lignes, mais quelle importance ! Il me gênait beaucoup plus en 1963 d'avoir accepté de parler pour *l'Observateur* du tome III des mémoires de Simone de Beauvoir. C'était bien ma chance ; je n'avais pas vu Sartre depuis dix ans, et ne voilà-t-il pas qu'on se rencontre au bar du Pont-Royal, qu'on prend des verres ensemble, qu'on papote et que je le trouve plus drôle que jamais, qu'on décide comme des grands qu'on va déjeuner un jour de la semaine prochaine avec Simone de Beauvoir et Françoise Sagan ? Et d'un autre côté, je savais que, si j'écrivais sur Simone de Beauvoir, je ne pourrais pas m'empêcher de dire, comme chantait Édith Piaf, tout le bien, tout le mal que je pensais de son livre. J'ai mes faiblesses, je suis homme, après tout, et il me semblait des plus désagréables de dissiper cette euphorie retrouvée sous prétexte de rigueur critique. Pas d'illusions pourtant : ce que j'avais à dire, je le dirais lentement, avec d'innombrables parenthèses, mais à la fin, si tout allait bien, si je n'avais pas trop bu dans la semaine, Simone de Beauvoir se verrait dans l'obligation de préférer mon papier à son livre ou son livre au plaisir de me voir. Ce qui me sauva, ce fut ma lenteur. Cela faisait trois semaines que j'avais promis cet article — personne n'est moins libre qu'un homme qui ne fait rien —, au début de la quatrième semaine, *l'Observateur* ne comptant plus sur moi, ce fut Maria Craipeau qui me remplaça. Elle me remplaça mal ; son article était teigneux et pas drôle. N'étant plus de corvée, je me mis à regretter l'article libre et généreux que j'aurais certainement écrit. J'en voulais à la rédaction de sa désinvolture. Quand Sartre écrivit au journal pour dire ce qu'il pensait de *l'Observateur* et de Maria Craipeau, je fus le seul sans doute à trouver sa lettre bonne. A cette époque — je ne sais plus si c'est avant ou après la critique de Craipeau —, Sartre jugeait sans indulgence l'hebdomadaire de gauche : « Qu'il crève, me disait-il ; on y verra plus clair ; et que crève cette gauche pourrie et moribonde. » Depuis qu'on a changé la jaquette, que Catherine Pompanon s'occupe de la couverture, que ça se vend mieux, qu'on interviewe Alain Delon et qu'il y a presque autant de dames à *l'Observateur* qu'à *l'Express,* bref que c'est devenu un produit de consommation lancé sur le marché par un industriel qui fut jadis de mes amis, il semble que Sartre s'en soit accommodé, si j'en juge par l'extrême complaisance qu'il met à s'épancher à longueur de colonnes — Sartre est devenu à *l'Observateur* aussi redoutable à lire que Mendès France — et par la crainte qu'éprouve l'actuelle rédaction à publier des articles qui pourraient lui déplaire. Qu'on ne puisse pas parler d'un écrivain avec vivacité, dans la mesure où on l'estime et qu'il est connu du grand public en France, m'a toujours surpris. Je me suis fait d'innombrables[1] ennemis en écrivant, le mois même où Camus obtenait le Nobel, que sa pensée m'avait souvent semblé plus clairette que limpide, qu'il n'écrivait peut-être pas aussi bien qu'on avait coutume de le dire et que, après le patois classique de Gide (que j'aime vicieusement parce que je suis un cuistre), le néo-patois classique de Camus commençait à bien faire. « En touchant à Camus, vous touchez à la France ; vous êtes un voyou, un sale métèque des lettres. » Et si j'ajoutais que Camus m'était plutôt sympathique, que j'aimais bien certaines choses chez lui, le bruit de casseroles de mes adversaires allait s'amplifiant : « Hypocrite ! Il ne vous suffit pas de cracher. Il faut encore que vous déguisiez vos

1. N'exagérons pas.

sentiments. » J'ai effectivement ce tort de préférer, dans la mesure du possible, que l'écrivain qui m'occupe et que j'assaille soit connu du plus grand nombre. Si l'on ne peut pas dire ce que l'on pense d'un écrivain qui se vend, qui est follement aimé de la jeunesse, pour qui ses pairs ont de l'affection et qui vient d'obtenir le Nobel, quand pourra-t-on porter un jugement sur lui ? Quand il sera devenu gâteux ? Quand il sera mort, et doublement mort, si la postérité confirme votre jugement ? De toute façon, on m'a toujours fait payer fort cher et comptant mes libertés et — pourquoi pas ? — mes erreurs de jugement, mon « agressivité maladive », et, sans que je sois le moins du monde célèbre, on s'est conduit avec moi comme, Dieu merci, je n'ai jamais osé me conduire avec ceux qui le sont. Je ne regrette rien, trop heureux d'avoir pu susciter, une fois dans leur vie, chez des critiques chétifs, timorés, des hardiesses sans danger dont le souvenir bercera, je l'espère, leurs vieux jours. Vous êtes bons, vous, Simone de Beauvoir qui a écrit *l'Invitée,* c'est-à-dire l'un des cinq ou six grands romans de ces trente dernières années (ne me demandez pas quels sont les autres, vous savez aussi bien que moi que c'est une figure de style), pourquoi ne serait-elle pas réveillée par ce que je lui dis maintenant ? Furieuse, méprisante, essayant de comprendre, peu importe, mais *touchée.* Je crois avoir compris ce qu'elle a voulu tenter dans ses derniers livres, je lis ses intentions, mais ça ne donne rien. Elle est fascinée par l'idée *de se mettre à la place de...,* de raconter des histoires qui auraient pu lui arriver, si elle n'avait pas été elle, si elle n'avait pas connu Sartre. Pour ne pas avoir trop peur, elle invente des vies sinistres, en solde, des vies qui auraient pu être la sienne (ouf ! je l'ai échappé belle) et qui, d'une certaine façon, frôlent la sienne, tant il est vrai que ces vies n'existent pas, mais sont des images de vie, et que, si l'on accepte le jeu, toutes les images se ressemblent, se confondent. Ce faisant, elle veut toucher un large public (je ne suis pas, d'ailleurs, contre les grands publics. Après tout, plus on a de lecteurs, plus on a de chance d'avoir des lecteurs intelligents, sensibles) : toujours la même hantise chez elle et Sartre. Comme Simone de Beauvoir a eu tort de ne pas croire à l'idée de postérité (qu'elle relise à ce sujet la correspondance Diderot-Falconet) ; qu'elle a été légère de confondre cette idée fixe avec l'envie d'avoir une statue dans un square. La postérité, ce n'est rien bien sûr, mais, sans cette croyance, il n'y a pas de littérature ni de grands écrivains imaginables. Si vous voulez, la notion de postérité, pour celui qui écrit, c'est la folle du logis de Pascal. Le côté positif de l'imagination. La carotte qui nous pousse à écrire ceci plutôt que cela, ânes et ânesses que nous sommes tous un jour ou l'autre. Il semble que chez Simone de Beauvoir, et depuis *les Mandarins* peut-être, avant qu'elle ne songe à écrire ses mémoires, qui lui redonnèrent du rouge aux joues, quelque chose se soit cassé. Cette femme était malheureusement faite pour le bonheur, et vieillir a dû lui sembler une punition qu'elle n'avait pas méritée. Elle ne sait pas qu'elle peut tout recommencer — quand on n'a plus rien à perdre, on peut prendre son temps. Jacques-Laurent Bost, ce léger personnage qui flotte comme une bulle réjouie à la surface des romans de Simone de Beauvoir et de Sartre des années 40 — avec l'âge, il ne flotte plus, hélas, il est pesant comme un balai, mais si brave —, m'a dit un jour une phrase qui m'a laissé perplexe : « Toi, tu comprends, tu n'es pas un salaud ; tu n'aimes pas le dernier tome des mémoires de Simone de Beauvoir : eh bien, tu n'en parles pas. » Vous savez ce qu'il en est. Je n'ai pas cru devoir le détromper. La bonne foi, la gentillesse de Bost m'avaient touché. Et même maintenant que nous sommes brouillés, que nous ne nous reverrons plus jamais — je n'ai pas assez de temps pour réconforter ce vieux scout maladroit qui ne comprend rien à ce qui lui arrive, qui s'étonne autant de sa calvitie que de jouer le nègre, le permanent à *l'Observateur* —, je garde quelque tendresse pour cet ahuri aux yeux ronds, comme sorti d'un dessin de Maurice Henry. Comment, voilà un garçon qui fait partie depuis vingt ans de l'équipe des *Temps modernes*, depuis plus de trente ans du mobilier de Sartre et de Simone de Beauvoir, qui sait que cette revue, à juste titre, si elle croit dire le vrai, n'a jamais ménagé personne et n'a jamais surtout ménagé ceux de son bord quand elle les soupçonnait de déviationnisme — elle n'a pas cessé de singer en miniature les procès staliniens : c'est sa plus grande contribution à la Révolution —, et ce garçon, qui sait tout cela, estime que j'aurais été un salaud si j'avais écrit un article défavorable sur un livre de Simone de Beauvoir qu'il ne me reprochait même pas de ne pas aimer. Je suis un juif, Bost. *Hath not a Jew eyes? hath not a Jew hands, organs, dimensions, senses, affections, passions? Fed with the same food, hurt with the same weapons, subject to the same diseases, healed by the same means, warmed and cooled by the same winter and summer, as Simone de Beauvoir and Jean-Paul Sartre are? If they prick up, do we not bleed*[1]*?* Croyez-vous que Sartre et Simone de Beauvoir se soient demandé un instant s'ils étaient des salauds en 1953, alors que j'étais leur chroniqueur littéraire et que, ayant publié un roman qui leur avait fort déplu, ils m'ont fait exécuter par un des leurs, pour qui ils n'ont plus aujourd'hui que mépris et sarcasme et qui vient d'écrire, il y a peu, à propos d'un roman de Mauriac, que l'« odeur de résine et de menthe » qui s'en dégage, tout cela nous est devenu « pomme-de-Cézanne », « bleu-de-Vermeer » ou « clair-obscur-de-Rembrandt ». Et qui l'a écrit dans le journal de Mauriac. Je ne croyais pas aimer la peinture, du moins la comprendre, je ne l'aime toujours pas et je la comprends toujours aussi peu ; mais, subitement, Cézanne, Vermeer, Rembrandt, comparés à Mauriac, ça fait drôle, ça fait rire. Croyez-vous que je leur en ai voulu d'avoir passé sous silence les livres que j'avais écrits, avant et après ce roman, et qui avaient dû les intéresser d'une façon ou d'une autre, puisque, par deux fois, en 1952 et en 1962, ils m'ont demandé d'écrire régulièrement dans leur revue et la seconde fois, effrayés sans doute par ce qu'elle était devenue, ils étaient prêts à prendre le risque de devoir écarter l'un des membres de leur équipe dont ils savaient que je ne partageais pas — qu'est-ce qu'on dit, les idées littéraires ? —, disons, plus simplement, que je ne pouvais pas souffrir. Mais qu'est-ce que j'ai fait de Freud, en route ? Je ne peux tout de même pas, après quelques arguments frivoles, m'en débarrasser comme d'une vieille chaussette. « Ce n'est pas sérieux. Vous n'êtes pas sérieux. Si peu

1. Cette version non doublée de Shakespeare est ma contribution à l'entrée de l'Angleterre dans le Marché commun.

qu'on attendît de vous, on attendait quelque chose d'un peu différent que le scepticisme jovial d'un médecin de campagne ou d'un notaire, après qu'il a bu sa fine champagne. » Oui. C'est vrai. Eh bien, au risque de me répéter, j'abats mon jeu ! Freud est un cochon de génie. Je veux dire par là qu'il avait un flair prodigieux pour dénicher les truffes les plus grosses, les plus exquises, dont nous allions faire nos délices. Tout le XXe siècle stupéfait a regardé le miraculeux panier de ce Cagliostro viennois, qui a fait surgir des entrailles de la terre une pâtée dont nous n'avons pas fini de nous repaître. Mais quel dommage que Freud ait été médecin, et médecin à la fin du XIXe siècle. D'où ce vocabulaire confus, d'où cette impossibilité de se débarrasser (il a fait ce qu'il a pu) des notions de traitement et de guérison. « Comment, ces anxieux, ces névrosés, ces obsédés, ces délirants, vous auriez voulu qu'il ne s'en occupât pas ? » Bien sûr, la pharmacie de M. Homais n'est pas faite uniquement pour les chiens, les chats et les produits de beauté. Il n'y a qu'un produit qui puisse guérir les hommes de leurs phobies : des conditions de vie acceptables, dans un climat de liberté. Ce qui fait la supériorité de la religion (je parle de la catholique, nous sommes en France), comme thérapeutique, sur la psychanalyse, c'est qu'il est vrai, et pour employer le vocabulaire consacré, qu'un pauvre curé d'une humble paroisse, s'il n'est pas obsédé par le football, le cinéma et la lutte des classes, quand bien même serait-il stupide, peut apporter la paix à ses ouailles en les confessant, en les absolvant, et, tout autant, parce qu'il est le représentant du Christ sur terre, tandis que le psychanalyste n'est qu'un type qui a fait des études pour être un guérisseur de l'âme — médiocre : on voit bien comment il peut être dangereux, intelligent ; c'est aussi clair. « Mais que faire, docteur Frank ? » Mes pauvres enfants, vous n'avez pas de chance, vous arrivez trop tard, Freud est mort depuis trente ans, et je ne sache pas qu'il ait ressuscité. Comme de Gaulle, je crains que Freud n'ait pas tenu spécialement à avoir des successeurs. Il a laissé des livres, des modes d'emploi, son fameux canapé, mais, après tout, de Gaulle aussi ne détesterait pas qu'on relût ses *Mémoires* et qu'on allât au mont Valérien et à l'Arc de triomphe pour ranimer la flamme du souvenir, chaque 18 juin. Si vous me poussez à bout, je vous dirai de penser davantage à votre mort. Pas celle des autres, la vôtre. Je ne connais pas de névrosés qui puissent garder leur sérieux, croire à la vérité de leurs maux, si on leur annonce qu'ils ont un cancer sans espoir, qu'ils seront morts dans un mois. Un cancer sans espoir, nous l'avons tous, nous que la religion ennuie et qui trouvons Dieu vraiment trop impénétrable ; faisons en sorte que notre existence ne soit pas grignotée par des insectes imaginaires. La peur vaut mieux que la mort, et la peur de la mort, même si elle est à l'origine, bien souvent, des autres peurs, a cet avantage de les chasser, si l'on sait s'en servir à bon escient. Et je vous prie de ne pas vous tapoter le menton, vous qui supportez sans broncher la lecture de *que philosopher c'est apprendre à mourir* et autres sornettes de ce cher Montaigne.

J'ai d'ailleurs, moi qui joue les gros bras, failli être psychanalysé. J'avais dix-sept ans, et l'on s'étonnait de ma tension. Ce qui n'arrangeait pas mes affaires, c'est que mon excellente mère venait de subir une opération, tant la sienne était forte. On me montra, lorsqu'elle fut sortie d'affaire, à son spécialiste, qui avait deux dadas pour les jeunes bourgeois hypertendus : un régime sans sel d'une totale férocité et une psychanalyse pour arranger le tout. Le docteur était, on le voit, pour l'amaigrissement. Le corps et l'âme devaient être épurés de leur graisse superflue. Comme beaucoup de garçons de mon âge, à cette époque — on était sans doute en 1947 —, je savais mal ce qu'était la psychanalyse, si je sus vite ce qu'était un vrai régime sans sel. Mystifié, je lisais encore Racine sans amertume. Le docteur sans sel nous donna l'adresse d'un psychanalyste qui habitait près de mon lycée. En fait, je n'avais pas bien compris qu'il s'agissait d'un psychanalyste, ni mes parents d'ailleurs ; j'avais cru que j'avais quelque chose, aux nerfs, qui provoquait ma tension et que j'allais voir un spécialiste comme un autre. Évidemment, le mot crise de nerfs, maladie des nerfs ne me rassurait pas ; mais, comme je savais que je serais un écrivain, que j'écrivais déjà, je me disais « à la guerre, comme à la guerre » : c'était l'évidence, pour moi, qu'on ne pouvait pas rivaliser avec Dostoïevsky, que je connaissais mieux que Freud, sans y laisser des plumes. Mon père devait m'accompagner. Mes parents avaient dû vaguement sentir qu'une mère n'est pas de mise lorsque la sexualité de son fils est en question. Sexualité de son fils : on n'employait pas ces mots-là, mais j'essaie de me faire comprendre. L'intelligence de mon père, qui était réelle, avait ses limites, comme sa culture. Pas plus que moi, il n'avait lu Freud. Cet hypocondriaque, pour employer un mot qui date, avait une sorte de santé qui ne lui facilitait pas la compréhension de mes malaises. La psychanalyste — car c'était une femme — surprit mon père en lui interdisant, d'une façon presque agressive, de franchir la porte du salon pour venir nous rejoindre. Sur ce point, je donnais raison à la psychanalyste. J'avais expulsé depuis fort longtemps ma famille du lycée, comme beaucoup de mes camarades. Les parents signaient les carnets, les colles, déploraient les mauvaises notes, s'enthousiasmaient devant les bonnes, écrivaient des mots d'excuse lorsque je voulais sauter un cours, une composition que je n'avais pas préparée, mais il n'était pas question qu'ils allassent plus loin. Une fois par trimestre, et jusqu'à la troisième, à ma demande, pour qu'ils n'aient pas trop l'air de se singulariser, ils allaient bavarder — le moins longtemps possible — avec le professeur principal. Je crains qu'avec les réformes actuelles, l'esprit du temps, la volonté des parents de comprendre, la famille ne se soit solidement installée dans les lycées au moment même où les enfants souhaitent le quitter. Ceux qui font aujourd'hui leurs études secondaires ne connaîtront plus ces grandes vacances, loin de la famille, qu'était le lycée. Comme Sartre peut dire des bêtises lorsqu'il affirme, avec ce ton péremptoire qu'il a lorsqu'il s'enfonce dans l'erreur, que, ma foi, si les élèves n'apprennent pas l'histoire des croisades, ce ne sera pas un si grand mal. Mais vous ne comprenez rien, vous avez tout oublié : les croisades, c'était un *divertissement* ; on n'a pas toujours envie d'écouter, lorsqu'on a treize ans, les doléances de la tante Angèle sur son état de santé. Si mes études m'appartenaient, si mes rapports avec les professeurs, les censeurs, les proviseurs ne relevaient que de mon bon vouloir et du leur, j'avais concédé avec nonchalance à mes parents le droit de s'occuper de ma santé. C'était eux qui trouvaient les médecins et discutaient avec passion de mon état général. Depuis quelque temps, j'avais l'impression qu'il fallait que je révisasse ma position. Le contrat ne me donnait plus satisfaction. Les médecins que me fournissaient mes parents n'avaient plus les paroles ou les médicaments qui m'auraient convenu. Cette dame, qui avait entre trente et quarante ans — à seize, dix-sept ans, on ne devine pas bien l'âge des grandes personnes ; tout ce dont je me souviens, c'est qu'elle m'inspirait du désir —, qui, certes, m'avait été imposée, cette façon qu'elle avait eu de mettre entre parenthèses mon père me rappelait le lycée n'était pas pour me déplaire. Elle me posa avec beaucoup d'intérêt des questions très personnelles. Si j'avais déjà couché avec des filles — elle n'employa certainement pas le mot coucher, ni le mot fille —, ce que j'éprouvais : sur ce dernier point, je fus intarissable. Et la chère femme ponctuait mon récit par des : « C'est affreux, ce que vous devez souffrir. » Son visage avait rougi de compassion. C'est sa tendresse qui me sauva. Je trouvais déplacée son angoisse. Ce que je lui racontais était vrai, et je ne lui avais pas tout raconté. Mais ça faisait des années que je vivais cet enfer de poche. Ça faisait des années que je tenais le coup. Des années que je m'habituais à être successivement doctor Jeckyll et Mr. Hyde : mener l'existence d'un garçon de mon âge et endurer ces mortelles paniques que je prenais tant de soin à cacher aux autres. Jusqu'à maintenant, on ne s'était aperçu de rien : pourquoi ça ne continuerait-il pas ? Un homme, pour moi, ça n'existait pas avant qu'il ne fût un livre. Et ce livre, je ne l'avais pas écrit[1]. Cette femme était certainement intelligente et me plaisait bien. L'idée de lui parler ne m'aurait pas déplu, mais elle risquait de m'amollir, de m'attendrir sur moi-même. Et puis, je ne lui avais pas tout dit et je savais que je ne lui dirais jamais ce que je ne lui avais pas dit. Je pressentais qu'il existait un monde où ces secrets n'avaient pas d'importance, une sorte de camaraderie de la confession à sens unique. Ce n'était pas ma façon de voir : si misérables fussent-ils, ces secrets étaient le point dur d'où jaillirait mon œuvre. Et puis, cette dame, bon, je

1. Je ne l'ai toujours pas écrit.

la trouvais intelligente, mais elle ne serait jamais un écrivain, elle avait renoncé, elle était de l'autre côté de la barricade ; c'était moi qui parlerais d'elle un jour, si ça m'amusait, et non elle qui pouvait me sauver — avec quoi d'ailleurs ? Avec mes mots ? Mes mots, je ne les avais pas encore trouvés. Si je les avais trouvés, je ne serais pas dans cette pièce, mais en train d'écrire : il ne fallait pas inverser les rôles. Je n'avais pas le droit de trahir la corporation qui serait la mienne, avant même d'en avoir fait partie. Tout ça sent sa littérature, mais je suis sûr de mon retrait lorsque j'ai eu l'impression qu'elle participait vraiment à mes souffrances imaginaires et si réelles. Comme si cette femme s'était conduite d'une façon indécente. A partir du moment où j'ai eu la certitude que je n'étais plus seul à me torturer sur mon compte, je regardais ce que j'étais avec ironie. Elle m'expliqua que ce n'était qu'un entretien préliminaire. Que ce serait long, très long, mais qu'elle avait bon espoir et que, de toute façon, je ne pouvais pas continuer à souffrir comme je souffrais. Elle convoqua mon père, qui avait dû trouver le temps long lui aussi. Elle lui dit que je lui expliquerais ce que nous nous étions raconté. Que certainement j'avais besoin d'une analyse dont on ne pouvait prévoir exactement la durée. Que j'étais d'accord avec elle pour l'entreprendre. Je crois que mon père posa une question sur le coût de chaque séance. Il ne fut pas le seul à déguiser sa surprise. Elle ajouta que je pouvais aller dans un hôpital et que ça serait moins cher, infiniment ; mais ça ne serait pas la même chose. « Quelle que soit votre décision — et si vous n'avez pas confiance en moi, je peux vous indiquer les noms d'autres confrères —, il y a un point sur lequel je me permets d'insister : il est urgent que votre fils se fasse analyser. » Mon père sortit de cette visite plus désemparé que moi. On fait un fils et voilà ce que ça donne. Rien, dans sa vie, ne lui rappelait une situation semblable. Il était trop pudique pour m'interroger, je n'avais aucune envie de lui parler. Pour se remettre, il alla consulter un parent médecin, qui lui donna l'adresse d'un confrère qui dirigeait une clinique dans le XVIIIe. Cette clinique me parut ressembler à une pension de famille de Balzac, à l'époque assez sotte où je ne pouvais pas souffrir cet auteur.

Tout était laid, vieux, prêt à craquer. Tout sentait le moisi. Un jardin en fouillis bordé par des murs qui arrêtaient la vue. Je n'étais plus très fier, j'aurais bien voulu me retrouver dans le petit appartement si intellectuel de ma psychanalyste. Bien voulu pleurer dans ses bras. L'émouvoir, l'aimer. Une sorte de couloir circulaire, tout en bois et des plus étroits, semblait faire le tour de cet asile. Aujourd'hui, je trouverais délicieuse cette vieille bâtisse perdue, mais, ce jour-là, j'avais perdu le sens de ma royauté, j'avais envie de crier ou de me rouler par terre, l'écume aux lèvres, comme l'épileptique qui m'avait fait tellement peur un soir que je sortais du cinéma *le Courcelles*. Durant cette matinée qui se transformait en film d'épouvante, une infirmière, qui sentait la poudre de riz bon marché, me croisa, revint sur ses pas pour finir par m'interpeller sans douceur : « C'est vous que je cherche pour l'électrochoc : suivez-moi. » Ce qui accentuait le côté *Cabinet du docteur Caligari,* c'était le docteur de cette clinique. Le malheureux avait peut-être toutes les qualités du monde, mais on n'avait pas idée d'avoir les lunettes qu'il avait, avec ces énormes verres bombés. Quand j'osais le regarder, car il était affreux, j'apercevais très au loin des yeux infiniment petits et perçants. Ce monstre m'interrogea, mais avec une curiosité limitée : ce qui suscita chez moi des réponses languissantes. « Bien, bien, bien, dit-il, je commence à me faire une petite idée de votre petite affaire. Avec quelques piqûres de penthotal, on arrangera tout ça. Ce n'est pas grave. » Moi aussi, je commençais à me faire une « petite idée » de ce dangereux imbécile et qu'il était grand temps que je reprisse mon histoire en main. Qu'est-ce qui m'avait pris d'aller à l'autre bout de Paris dans cette maison de fous ? « Qu'en penses-tu ? me dit d'un air timide, presque penaud, mon père.
— Les piqûres sont moins chères que l'analyse, mais, de toute façon, je ne veux ni piqûres ni analyse. » Mon père fut soulagé de m'entendre parler ainsi, et d'une façon si gaie. Tous ces mystères le dépassaient. Depuis longtemps, j'avais appris, avec angoisse au début, avec joie plus tard, que les meilleurs des parents n'étaient d'aucune utilité quand leurs enfants se permettaient d'avoir autre chose qu'un rhume ou une jaunisse ; et

comme c'était bien ainsi. Ce que je n'osais pas avouer à des inconnus dont c'était le métier de recueillir les aveux, comme d'autres recueillent les urines, le sang et les excréments, ç'aurait été le comble que mes parents en prissent connaissance, eux qui, m'aimant, auraient tellement souffert de me savoir ainsi. Mon père retéléphona par politesse à la psychanalyste et, alors que ce n'était pas dans mes habitudes, je pris l'écouteur. Quand, dans son compte rendu, mon père en arriva aux piqûres de penthotal, la psychanalyste se libéra, glapit d'indignation : « Le penthotal n'est absolument pas la thérapeutique indiquée pour votre fils. Il ne peut avoir sur lui que des résultats superficiels, sinon négatifs. Le penthotal est tout au plus indiqué dans des cas d'amnésies dues à des blessures de guerre, des bombardements, lorsqu'il s'agit de retrouver un fragment de passé précis qui manque à la chaîne. Ce dont votre fils souffre, et d'une façon atroce, j'en suis intimement persuadée, il n'y a qu'une longue analyse qui peut tenter d'en venir à bout. » Dans un cahier-journal (mais, plus qu'un journal, ce gros cahier vert était une sorte de carte de visite, qui m'ouvrirait, je l'espérais, les portes du 42, rue Bonaparte) que je tenais alors, et la visite au docteur Caligari et les propos de la doctoresse de Neuilly avaient été soigneusement consignés. Malheureusement pour moi, qui comptais reprendre un jour ce cahier et une trentaine d'autres, écrits entre quinze et vingt ans, non pour les publier tels quels, mais pour essayer, à partir d'eux, de composer ce *Dictionnaire de l'intérieur,* dont j'annonçais prétentieusement la publication prochaine dans mon premier livre, ils ont disparu. Ainsi que des débuts de romans, dont l'un était une assez curieuse copie de *l'Étranger* de Camus, mais je ne considérais pas, à la différence d'un jeune écrivain d'aujourd'hui, qu'un *remake* d'un livre célèbre était l'introduction idéale pour une entrée glorieuse dans la littérature. Il est vrai que Camus, en 1947, était un modèle un peu voyant, tandis que Modiano pouvait espérer à juste titre qu'on avait complètement oublié les deux livres dont il avait, avec tant de talent, paraît-il, assimilé le mécanisme mental. Seulement, quand je vois Modiano avoir le prix Nimier, une bourse Fénéon, je me dis que ce gentil garçon aurait pu m'envoyer une caisse de champagne. Mais qu'attendre d'un jeune homme préfacé par Cau, mon mortel ennemi ! Perdu aussi, un début d'autobiographie dont j'avais bizarrement publié des fragments dans *les Lettres françaises*. Perdu, un *Œdipe* jamais terminé dont j'avais écrit les cinquante premières pages dans un abominable Monte-Carlo d'été, seulement rafraîchi par le casino, le whisky et une jeune fille modèle. Seul Brenner, dans ses *Cahiers des saisons*, en a recueilli quelques scènes. Perdues, surtout, les superbes lettres dont Chardonne me combla de 1955 à 1962, correspondance d'une générosité inouïe, à sens unique. Car je ne peux pas considérer comme des réponses ces mots chiches que je lui jetais comme des boules de mie de pain et qui ponctuaient mon exil littéraire. Beaucoup de ces cahiers avaient séjourné au chaud pendant des années dans la commode de Sartre. L'ensemble avait fini par aboutir dans le grenier de la maison de mes parents, à Theil-sur-Vanne, dans l'Yonne, près de Sens. Tant que je n'aurais pas fait taper ces cahiers, tant que je laisserais mes compères en littérature se diriger à l'aveuglette sur les récifs d'un succès qui les détruisait, eux et leurs barques, au moment même où ils croyaient pouvoir jeter l'ancre, tant que je garderais l'illusion d'avoir remis ma copie, je ne voulais plus contempler ce dégoûtant magma. A la mort de mon père, en 1962, et quand la maison fut vendue, on ne retrouva pas le vieux coffre en bois usé où tous ces papiers avaient été entassés. Je n'en fis pas une maladie, mais si jamais, à Theil ou ailleurs, quelque personne retrouvait ces chiffonneries, à l'exception des lettres de grands écrivains, j'exige que tout ce qui vient de moi soit jeté au feu. Non que j'aie peur de me voir débusqué, qu'on découvre dans ces feuillets jaunis des secrets brûlants — ce serait trop beau —, mais je veux le feu pour délit d'insignifiance. « C'est tout ce que j'ai à dire sur les années qui précédèrent la guerre. »

L'Auvergne (1939-1946).

Nous ne sûmes jamais ce qui avait pu inciter M. Frank à conduire sa famille à Vic-sur-Cère, dans le Cantal, pendant les grandes vacances. Il semble que M. Frank s'amusait à faire saute-mouton avec les provinces de son pays. Comme dans le roman de Jules Verne, *le Testament d'un excentrique,* cet homme, qui ne manquait pas d'humour, profitait des vacances de ses enfants pour pratiquer une sorte de jeu de l'oie. On sait que, dans ce jeu, il y a des cases maudites, des prisons, des puits, où le joueur qui, par une mauvaise combinaison de chiffres, s'y trouve précipité doit attendre plusieurs tours avant de poursuivre sa marche vers la fin. Ces trois mois de grandes vacances à Vic-sur-Cère furent ce puits pour la famille Frank, qui séjourna plus de six ans en Auvergne. On peut avancer que ce puits fut son salut, puisque le Cantal fit partie de la zone libre jusqu'en 1942 et que la Gestapo et les différentes forces de l'ordre de l'époque ne devinrent menaçantes qu'à la fin de l'année 1943. C'est en octobre 1939 et non au moment de la défaite que les enfants, au lieu de rentrer à Paris, furent inscrits au lycée d'Aurillac et qu'ils habitèrent, avec leur mère, cet appartement de la rue Émile-Duclaux que l'objet de notre étude et nous-même avons déjà évoqué. M. Émile Frank, fondé de pouvoir, rappelons-le, d'une banque privée assez importante, était mort à l'âge de quatre-vingt-un ans, laissant à ses trois enfants encore vivants... (un fils Paul était mort en 1937 d'une appendicite mal soignée. Ce que je sais de lui, c'est qu'il devait avoir sensiblement le même âge que mon père. Qu'il avait divorcé, qu'il s'était remarié, ce qui était plutôt mal vu de la famille. Qu'il avait fait la guerre de 1914-1918, mais qu'il n'avait pas récolté beaucoup de médailles, bref qu'il n'a pas servi à grand-chose pendant l'Occupation, qu'il travaillait avec mon père et ses deux associés belges, rue de la Chaussée-d'Antin, comme coulissier. Je crois que c'est un métier qui n'existe plus, maintenant : les coulissiers ont dû disparaître en même temps que les courtiers, pour fusionner, dans la mesure du possible, avec les agents de change, riches seigneurs de la Bourse de Paris, hommes hautement considérés — on se demande pourquoi : la plupart de ceux que j'ai connus étaient des idiots, le dernier surtout, qui a ruiné ma mère en cinq sec par l'intermédiaire d'un commis et qui, la seule fois de ma vie où je l'ai rencontré, jouait les pères nobles, d'une façon dégoûtante. C'était, paraît-il, l'agent de change de M. Pinay : ça ne m'étonne pas. Ça m'apprendra, aussi, à quitter une charge juive pour une charge goy. Les goyim, c'est toujours la même chose, on ne peut pas leur faire confiance, j'en demande mille pardons à M. Beuve-Méry et à M. Pierre-Henri Simon, son critique littéraire. Vous allez me dire que mes biographes m'attendent, qu'ils gèlent sur place, avec leur phrase inachevée. Farceurs, vous savez très bien ce qu'Émile Frank laissait à ses trois enfants encore vivants ? Répétez-le avec moi) : une fortune respectable. Passons à la ligne. Ces biographes empotés, c'est un procédé. Dans ce livre, il n'y a qu'un patron : c'est moi. André Gorz avait écrit, il y a quelques années, une biographie, qui avait la particularité d'être à la troisième personne. Ce livre ne manquait pas d'intérêt, mais le procédé durait trop longtemps. Bon, Gorz était étranger à sa propre existence, aliéné. Certains critiques parlèrent avec délectation de schizophrénie littéraire. Sartre, dans un article, « Portrait d'un indifférent », s'exclama : « Le vrai étranger de Camus, c'est Gorz. » On avait compris depuis longtemps. C'est ce qui m'ennuie, avec les écrivains modernes, les plus intelligents : dès qu'ils ont trouvé un procédé, ils le déclarent à la société des inventeurs, ils le font breveter, et ce qui méritait cinquante lignes, dix pages, devient livre, œuvre, voie nouvelle. Prenez le *vous* de Butor dans *la Modification* : comme c'est appliqué. Dans un sens, ils n'ont pas tort d'agir ainsi, ils savent l'infinie paresse de la critique, des lecteurs et des professeurs. Pour être classé parmi les écrivains d'avant-garde, il faut être compris. Et pour être compris, il faut se répéter. Le nouveau, qui n'aurait dû être qu'un paragraphe, on va le clouer et le reclouer au mur, jusqu'à ce que, de Roland Barthes à *France-Dimanche,* les joyeuses commères de la littérature aient clamé : « Mais, dites donc, la littérature a bougé ! Vous avez vu que Butor a employé le *vous* plus souvent que ses confrères. C'est ce qu'on appelle une nouvelle technique, hein ? » Vous ne pouvez pas savoir comment les gens simples se réjouissent de découvrir quelque chose qui saute aux yeux. Si la volupté de dénoncer des pratiques infantiles ne l'emportait chez moi sur l'envie de remplir de sous les poches de mon éditeur et celles du fisc, je sais comment j'aurais composé ce livre. Je l'indique brièvement, parce que ça peut servir à d'autres. D'abord, j'aurais supprimé les attaques personnelles ou j'aurais choisi mes cibles. J'aurais gommé pas mal de complaisances et d'enfantillages (si j'avais vingt ans, je les aurais gardés. La critique ne déteste pas donner quelques tapes amicales qui tempèrent de jeunes et séduisantes ardeurs. Dans son ensemble, on peut dire que la critique a des comportements assez pédérastiques. Mais, à quarante ans, ça passe pour du gâtisme). J'aurais rendu plus austères, mieux informés mes biographes. Le *je* qui parle en ce moment, je lui aurais coupé le sifflet. Quelques rares phrases sèches. Je me serais inspiré, comme telle était mon intention primitive, des biographies des *Écrivains de toujours*[1] (Éditions du Seuil). Enfin, comme, dans ce livre, il y a beaucoup de *je* (un *je* ricanant, un *je* sincère, cœur sur la main, un *je* qui s'ennuie, un *je* tragique, un *je* qui croit à son passé, un *je* qui s'en moque, etc.), pour bien marquer ces différents courants de la conscience, pour me servir de l'expression si démodée du regretté frère d'Henri James, j'aurais employé une couleur et des caractères d'imprimerie différents pour chaque *je,* violèt, rouge, ocre, bleu, vert, caramel, etc., et ç'aurait été tout de même le diable si je n'avais pas eu le prix de l'Arc-en-ciel, dont le secrétaire général est Bernard Pingaud. Cet oncle Paul m'a surtout légué la peur d'avoir une péritonite, d'être opéré à chaud et de mourir sur le billard. En 1958, alors que je corrigeais les épreuves de *la Panoplie littéraire,* je ressentis de vives douleurs à l'appendice. J'eus le malheur d'aller voir un médecin de quartier qui, deux ans avant, m'avait diagnostiqué une sinusite là où il s'agissait d'une hépatite. Qu'il se soit trompé me persuada qu'il ferait attention cette fois-ci. « Et là, à cet endroit, vous souffrez ? » me demanda-t-il. Je souffrais. Le diagnostic était on ne peut plus clair : c'était une appendicite. « Mais ne peut-on pas attendre huit, dix jours, le temps que je termine de corriger mes épreuves ? » J'avais oublié que ce jeune docteur, qui portait le même nom que moi, mais qui souffrait, lui, d'un *c* déplorable — après tout, quand on est un médecin, ça ne compte pas, ces *c*-

1. Barthes l'a fait pour moi !

là —, était un activiste de première et qu'avec le mal, pour lui, on ne composait pas. Sarcastique, il me tint ces propos : « Si ça ne vous gêne pas d'avoir une péritonite gangréneuse, vous pouvez prendre tout votre temps. Je connais des médecins qui soignent les appendicites avec des antibiotiques et de la glace [vite, vite, donnez-moi leurs noms] ; ce n'est pas mon genre. Allez donc voir J..., qui vous a si bien soigné, lorsque vous avez eu votre accident de voiture avec Françoise Sagan ; après tout, il vous a presque récupéré un bras qu'on jugeait perdu : il ne fera qu'une bouchée de votre appendicite. » C'est bien ce que je craignais. J..., depuis mon accident, habitait les beaux quartiers. Il ressemblait à Groucho Marx. Une canaillerie lubrique dans les yeux, une compétence universelle un peu inquiétante. J'avais un faible pour lui. Mais c'était folie d'aller consulter un chirurgien pour savoir si on a l'appendicite : on en a toujours une, et c'est plus prudent de se faire opérer. Telle est la règle. « On va tout de suite voir ça, dit J..., plus souriant que d'habitude. Il y a un réflexe qui ne trompe pas. » Je ne sais dans quelle position il me fit mettre, mais j'avais le réflexe. Je devais être bien désespéré, car j'allai dire bonjour à un de mes parents, médecin. Je lui racontai tout. Il m'examina. Il ne pensait pas que mon appendice était très enflammé, mais, « mon petit Bernard, ça ne peut pas te faire de mal qu'on te l'enlève. Pense à ton oncle. Je ne veux pas t'inquiéter, mais tu sais aussi bien que moi qu'il vaut mieux être opéré à froid, plutôt qu'à chaud ». Finalement, je téléphonai au seul médecin en qui j'avais confiance et dont la petite lettre, jadis, avait écarté de moi un service militaire à l'ancienne. Il m'avait été recommandé par un de mes camarades de classe, fils d'un ancien ministre de Vichy et dont la mère dirigeait l'asile de fous d'Aurillac. Ce neuropsychiatre, éminent dans sa profession, était tombé à pic, peu après que j'avais échappé à la psychanalyse et au penthotal. Ce qui m'avait décidé à lui téléphoner, en 1949, était que son père avait été l'un des spécialistes de l'histoire de l'art au Moyen Age. Quand je l'avais rencontré dans son appartement de la rue de Bellechasse, je n'avais pas compris ce qu'il m'avait dit, mais j'avais apprécié sa courtoisie, qu'il me supprimât mon régime sans sel, qu'il me conseillât de boire un peu d'alcool, qu'il ne pensât pas que, dans mon cas, une psychanalyse fût bien indiquée. (Il devint lui-même plus tard psychanalyste, mais par curiosité.) « Vous avez beaucoup trop de défenses pour que ça donne quelque chose, et, de toute façon, ces défenses vous sont nécessaires. » Son jargon était limité et son bon sens évident. J'aimais aussi que, quand je lui avais demandé ce que je lui devais, il fût resté perplexe : « Mille francs, si vous voulez. » Et, quelques mois plus tard, il refusa que je le paie. Médecins, avocats, tailleurs, prenez-en de la graine. Cet homme avait parfaitement compris que, si l'on est déprimé, on l'est d'autant plus si l'on n'a pas d'argent dans sa poche pour rompre le cercle. J'étais ravi d'avoir une ordonnance de gardénal sur moi et de la phrase qui avait conclu cet entretien : « Avec vous, ce qu'il faut, c'est gagner du temps. » Comme elle me semblait douce et juste, et comme me semblaient idiots tous ces médecins de l'âme, qui, oubliant la mort, l'orgueil, voudraient vous guérir à tout prix, au risque de faire de vous des loques. Ce même médecin devait, quelques années plus tard, me rendre un signalé service. J'étais en train d'étirer une histoire avec une demoiselle charmante, mais déprimée, parce que je ne me décidais ni à l'épouser ni à la quitter. Je l'envoyai pour qu'elle se calmât chez mon docteur, et elle en sortit ragaillardie, car elle était sensible à la drôlerie : « Le salaud ! Il m'a demandé pourquoi je tenais tant à me marier. A mon âge (elle avait vingt-deux ans), je pourrais, d'après lui, me livrer à des occupations mille fois plus intéressantes. Je voyais où il voulait en venir ! t'éviter une corvée. Protéger l'équilibre de son protégé, qu'un mariage aurait pu désorienter. J'avais l'air de l'emmerdeuse... » Tout finit bien, quand elle regarda, plus tard, son âge, comme on regarde une montre, et qu'elle vit, dans sa logique féminine, qu'il commençait à se faire tard, en bonne ménagère, elle me quitta pour épouser un autre homme. Elle est heureuse, j'imagine. C'est dans ma nature de souhaiter que les femmes non mariées qui me quittent aient un foyer. Tout en ayant trouvé délectable ce qu'il écrivait, j'ai longtemps cru que Benjamin Constant mentait, voulait se donner le beau rôle lorsqu'il prétendait ne pas pouvoir supporter faire de la peine aux autres ; lorsqu'il expliquait, avec la sécheresse voulue, que cette crainte était à l'origine de ses palinodies amoureuses. En vieillissant, je me suis aperçu que cette lâcheté avait dirigé plus que je ne l'avais imaginé mes conduites avec les femmes que j'avais aimées ou cru aimer, ce qui revient au même. Cette erreur de ma part est venue de mon impossibilité — sinon d'une façon presque inconsciente — de concevoir, de sentir l'amour ou l'affection qu'on a pu me porter. Je suis de ces personnes sourdes aux sentiments qu'on a pour elles et qui ne les entendent que lorsque tout est fini. J'ai longtemps fait semblant d'être un homme que l'on quitte — être quitté, comme c'est apaisant — et puis, ça devait me paraître chic — un chic à l'envers — jusqu'au jour où l'évidence m'est apparue : ce grand sensible n'avait pas de sentiments, cet homme abandonné avait plus d'une chambre prête, plus d'un oreiller où il pourrait enfouir ses songes dans les deux ou trois arrondissements de Paris qu'il connaissait. Tout cela est confus, contradictoire ; disons, pour être plus clair, que, pour des raisons évidentes, j'ai été, dans ma jeunesse, plus sensible aux humiliations réelles ou inventées qu'à l'amour vrai dont j'ai été l'objet. Ah ! comme il faut se méfier des garçons qui disent pour un oui ou un non, parce qu'on a cessé de s'occuper d'eux : « Tu m'aimes ? », eux, ils n'aiment pas. Le docteur Mâle, que j'avais appelé en désespoir de cause, avait l'habitude que je le dérangeasse une fois par an pour des maux qui étaient loin de sa spécialité, bronchite ou péritonite puisque c'était de ça qu'il s'agissait. Mâle, après un rapide examen, me demanda de sa voix sèche : « Est-ce qu'on vous a fait des radios ? Vous n'avez pas de fièvre. Comment prétendre alors que vous avez une crise d'appendicite ? Je n'y connais pas grand-chose, mais, au toucher, tout ce qu'on peut avancer, c'est que vous avez un appendice légèrement irrité, d'après la gêne que vous dites ressentir. Tout ça me paraît fort bénin. Qu'est-ce qu'il y a ? Vous ne voulez pas corriger vos épreuves ? Allez donc voir L... de ma part et ne vous inquiétez pas. N'oubliez pas de m'envoyer votre livre. Et ces phobies ? » L... était un docteur triste, qui habitait un appartement lugubre près de la Bastille. J'appris, lors de notre conversation, qu'il avait un frère chirurgien, ce qui me donna le frisson, mais me rassura, après qu'il m'eut examiné à son tour. « Je vous enverrais chez mon frère, il ne vous opérerait pas. Si vous partiez pour un long voyage dans le Pacifique, si vous deviez rester des années dans le désert, je ne dis pas. Mais vous êtes à Paris. Je ne vous jure pas qu'un jour vous n'aurez pas une crise, mais il y a des chirurgiens compétents, et vous pouvez mourir tout aussi bien sans jamais avoir été opéré de l'appendicite. » Comme ce docteur avait de plus hauts grades médicaux que ses confrères consultés, un frère chirurgien, et qu'il me disait ce que je souhaitais entendre, je le crus. Et depuis dix ans, j'ai bien fait de le croire. C'était un peu ce qui s'était passé jadis avec le docteur Mâle ; malgré mon incompétence de très jeune homme, je cherchais vaguement une sommité médicale rassurante qui écartât de moi des thérapeutiques qui me semblaient, à tort ou à raison, porter atteinte à mon intégrité, et, en Mâle, j'avais trouvé un bon patient. Finalement, je ne refermerai pas la parenthèse de mes biographes [1]. Je me demande même si je ferai encore appel à eux ; cependant, avant de poursuivre mes réflexions sur mon grand-père Émile, je voudrais bien en finir avec mon oncle Paul. Mais à qui poser des questions ? Mes tantes, mes oncles ? Je ne les vois jamais. Et puis, par exemple, si mon oncle Paul avait été une fripouille [2], ce qui m'aurait amusé, on me l'aurait caché, j'en suis sûr. Il a pourtant dû exister quelques instants, cet homme. La mort de mon grand-père Émile, en 1939, fut assez providentielle. J'imagine que c'est elle qui nous a permis de vivre pendant ces longues années où mon père n'a pas gagné d'argent. Du temps où je l'ai connu, mon grand-père habitait avenue Raymond-Poincaré (à cette époque, ça s'appelait l'avenue Malakoff). J'ai parlé de lui dans un livre faussement autobiographique. Il devait mesurer 1,88 mètre, mon père 1,84 mètre, et moi 1,81 mètre. Triste déchéance ! Tous les dimanches, j'allais goûter chez lui avec mes parents et la famille tout entière réunie. Il y avait un grand salon, un petit

1. Durant les corrections sur épreuves, je l'ai refermée (mars 1970).
2. Il ne l'était pas. Paix à ses cendres.

salon ; les chambres, je ne les ai connues que peu de jours avant sa mort et au moment du partage des meubles. On prenait du thé avec du kouglof et d'autres pâtisseries alsaciennes. J'étais le seul garçon qui portât son nom, dans la famille. C'est pour ça sans doute qu'il tînt à me parler avant de mourir. La veille. Il me demanda où je comptais passer mes vacances et il sourit de ma réponse. « Nous les passerons tous les deux ensemble, cette année, me dit-il. Nous irons en Amérique du Sud. A Lima ou à Quito. » Son regard s'éveilla : « A Rosario peut-être. » Je crois qu'il se rappelait le nom d'une valeur. Je ne sais pas bien les sentiments que mon père avait pour lui. Incroyant, il allait sur la tombe de sa mère à Fontainebleau chaque année. Mais son père ? Il est vrai que l'héritage, la déclaration de guerre et l'Occupation n'ont pas permis à ses pensées de vagabonder sur lui. Je me souviens du chauffeur Jules, de Jane et de Marie, la femme de chambre et la cuisinière. Au fond, la bourgeoisie, je l'ai connue le dimanche, vers les 5 heures, les trois ou quatre années qui ont précédé la guerre et dont je me souviens un peu. On m'a montré un mode de vie : je m'y faisais, et puis, hop, plus de bourgeoisie. Je pensais écrire ça, beaucoup plus tard, vers la fin du livre, dans les dernières lignes, mais, étant déprimé aujourd'hui, il me faut des analyses solides. En y réfléchissant, ce qui me distingue des écrivains de gauche, c'est que j'ai eu la nostalgie de l'avenue Malakoff. Que j'étais plus fait pour être Gide que pour être Lautréamont, et, vous m'entendez, je ne suis ni Gide ni Lautréamont. Il y a maldonne dans mon cas. J'avais été fabriqué pour les maisons normandes, les appartements de la plaine Monceau, les bibliothèques intouchables (et j'ai donné ou perdu tous mes livres), pour être un écrivain inquiet-inquiétant, comme aurait pu dire Henri Clouard, mais à qui on aurait pardonné à cause de la magie du style. Tout le contraire de Sartre. Je me serais jeté dans la mêlée, mais avec tant de réticences. Plutôt que d'être un écrivain de gauche, il aurait été plus juste d'avancer que je vacillais vers la gauche. Certains écrivains sont désespérés de ne pas avoir été des étudiants en mai 1968 ou d'être si loin de la classe ouvrière ; moi, ce qui m'arrive à l'âge de quarante ans, c'est de m'apercevoir que, à l'ombre d'un gros paquet d'actions, j'aurais été l'exemple parfait de l'écrivain libéral. S'il n'y avait pas eu la guerre ou si elle avait eu lieu dix ans plus tard, tout aurait été différent. J'aurais eu le temps de me lasser des avenues Malakoff, des chauffeurs, des femmes de chambre, des cuisinières. J'aurais eu le temps de me ronger les ongles devant l'incroyable ennui des goûters de famille. J'aurais eu ma claque de tout ce qui ressemble à du Mazo de La Roche. La mort de mon grand-père, en 1939, un an avant la défaite, dilapida mes révoltes contre la bourgeoisie. Quand mon père m'offrit, en 1941, croyant me faire plaisir, l'ancien testament du jeune homme révolté contre sa famille, *les Nourritures terrestres,* je ne compris rien à ce livre. De quoi Gide se plaignait-il, ce grand dadais ? A part les Allemands, contre qui aurais-je pu me révolter ? Des bourgeois, mes parents, ma famille, ces gens à qui l'on interdisait d'exercer leur métier ? C'était se moquer du monde. Depuis un an, nous n'avions plus de bonne, est-ce que ça existe, des bourgeois sans bonne ? Qui voyions-nous ? Où dînions-nous, les soirs de gala ? Chez la modiste, la marchande de légumes, l'épicière, le plombier ? Est-ce qu'un bourgeois dîne chez des commerçants ? Il n'y avait que moi que ces braves gens appelaient le « petit prince », pendant les premières années de l'Occupation, sans doute parce que je faisais la grimace devant ces lourds dîners, que j'avais la peau fragile, les cheveux fins, que j'avais l'impression que nous nous encanaillions, et volontiers j'aurais tiré sur la veste de mon père et la voilette de ma mère pour les encourager à rentrer chez nous, dans notre niche bourgeoise. Mais comment aurais-je pu me faire entendre de mon père, qui détestait les chichis et aimait les gens pour ce qu'ils étaient et non pour leur importance sociale. Je vous jure que ça ne m'a pas été facile que de me débarrasser de réflexes vaniteux d'autant plus forts qu'ils ne reposaient sur rien. Je disais plus haut : tout le contraire de Sartre ; c'est que Sartre a voulu nous faire croire qu'il a été un mystifié, que son existence a reposé jusqu'à l'âge de quarante ans sur des illusions et que maintenant, pour employer le style mélo, qu'il ne déteste pas, ses yeux se sont ouverts. Mais non, mon pauvre ami, ne forcez pas votre talent. Vous êtes fait pour expliquer Lautréamont,

Flaubert, Dostoïevsky et dix autres écrivains à la perfection, du moins à la Sartre. Si votre interview dans *l'Observateur*[1] m'a agacé, ce n'est pas parce que vous remettiez en question l'idée traditionnelle que je me faisais de la culture — je ne me suis d'ailleurs jamais fait d'idées sur la culture : c'est un mot que nous devrions laisser aux Allemands ou à nos préfets et ministres en mal de comices agricoles —, c'est qu'elle était démagogique et enfantine. C'est que vos interviews récentes, d'une façon générale, sont gauchistes, gauchisantes, maladroites et mal écrites pour être vraiment de gauche. Dans vos interviews, vous tentez de nier votre succès, votre habileté, votre faconde, votre verve. Edgar Faure n'a pas beaucoup de difficultés à en souligner les contradictions[2], à vous battre, littérairement, mais c'est qu'il oublie que, dans cette interview, vous tentez d'enterrer ce talent, qui vous gêne comme un privilège. « J'ai pris part, dites-vous, à un meeting, récemment, à la Mutualité... On avait écrit au crayon sur le pupitre, près du micro : " Sartre, sois clair, sois bref : nous voulons discuter des consignes à adopter... " Je les ai déçus et je les comprends. » Vous avez tort de les comprendre si facilement. Vous n'êtes pas Lénine, on le sait depuis longtemps, mais eux non plus. On le sait déjà. Ces jeunes gens, ces jeunes filles, et il faudrait le leur dire, jouent la comédie révolutionnaire, emploient le vieux jargon de l'efficacité. Les consignes à adopter, j'imagine, c'était de faire relâcher des camarades qui allaient être emprisonnés. Ils ne l'ont pas été. Ou d'empêcher que quatre garçons dont les sursis avaient été résiliés soient poursuivis comme déserteurs. Ils n'ont pas été poursuivis. Si le mois de mai a ébranlé le régime, c'est pour bien des raisons, mais c'est d'abord parce que de Gaulle ne voulait pas que se faufilât dans sa biographie cette petite phrase : « En mai 1968, il donna l'ordre de faire tirer sur les étudiants de Paris. » Que voulez-vous, c'est un littéraire, et, même si les étudiants lui cassent les pieds et, d'une certaine façon, lui ont

1. *L'Observateur* du 17 au 23 mars 1969, Jean-Paul Sartre : « La jeunesse piégée. »
2. Edgar Faure répond à Jean-Paul Sartre (*l'Observateur* du 31 mars au 6 avril 1969).

gâché les dernières années de son règne, lui vivant, je vous parie les droits d'auteur de votre prochain livre contre les droits d'auteur de ce livre qu'il ne faut pas s'attendre à un massacre. Pourquoi vous réjouissez-vous bêtement qu'on vous dise : « Sois clair, sois bref » ? Ça vous amuse de passer pour un esprit fumeux ? Quand on écoutait ces jeunes gens à l'Odéon, ce qui frappait d'abord, c'était leurs bavardages. Le bavardage, j'adore ça, mais encore faut-il qu'il m'amuse. Le leur, en général, ne m'amusait pas. Vous dites aussi : « Les élèves ne détestent pas Baudelaire. Simplement ils trouvent absurde qu'on le leur explique. Lire Baudelaire, cela suffit : parler sur lui, non. N'avait-il pas dit ce qu'il avait à dire ? Et son milieu ? Son temps ? Ses rapports familiaux ? Ses relations ? Les influences subies ? C'est cela qui les hérisse et dont ils ne veulent plus ; les dates de naissance et de mort, le nom même des femmes que Baudelaire a aimées. » Mais quels élèves avez-vous vus ? Quelle est cette jeunesse dont vous parlez à tort et à travers ? Pourquoi, d'abord, des élèves ne détesteraient-ils pas Baudelaire ? Ces mêmes élèves qui, quatre lignes plus loin, ne peuvent pas supporter Racine, ni Brecht, « cette vieille potiche ». Quand vous étiez professeur, connaissiez-vous beaucoup de vos collègues qui parlassent des rapports familiaux de Baudelaire, des femmes qu'il avait aimées, de son milieu ? Mais j'aurais rugi de joie, devant de tels professeurs. Et qu'est-ce que c'est, pour finir, cette histoire *inventée* par vous sur la psychologie artistique des jeunes gens d'aujourd'hui : « Un poème pour eux c'est un objet ; d'une certaine manière, c'est le silence : ils se plaisent à le ronger, à le décortiquer mais sans glose, muets ? » Qu'est-ce que c'est que ce petit Sartre qui refait ses études et que vous inventez pour les besoins d'une cause sans espoir ? A moins que ce ne soit qu'une justification de votre *Baudelaire,* où l'on vous reprochait si fort — à tort, à mon sens — de ne pas parler des poèmes de Baudelaire ? Mais dites-le. Je reconnais les mots, que vous employez, je crois, dans *Qu'est-ce que la littérature ?* Oui, le poème pour vous, comme la peinture, c'était un objet, à la différence de la prose signifiante. Encore une fois, dites-le, au lieu d'inventer une jeunesse pour vos vieux jours, cabotin ! Une jeunesse spartiate, muette, lorsque le renard dévore son foie ou son estomac, une jeunesse hitlérienne. « Toto, cause pas ! » Jadis, je vous reprochais de ne pas vous occuper de la France, que Cuba, la Chine, l'U.R.S.S. fussent vos seules amours. Depuis mai 1968, hélas, vous vous en occupez beaucoup trop. Du haut de vos quarante livres gallimardesques, vous pouvez répondre tranquillement à Serge Lafaurie que, si vous étiez aujourd'hui professeur de philosophie, vous ne viendriez pas au lycée Pasteur, si vos élèves ne le souhaitaient pas ! Je vous comprends. Pourquoi se faire chahuter par des garçons qui peuvent être *aussi* des imbéciles ? pourquoi se donner du mal ? alors qu'on a des livres à écrire, alors qu'il est si doux d'être chez soi. Pourtant votre réponse me paraît enfantine et paresseuse. Chacun sait — d'après vos anciens élèves — que vous étiez un professeur passionnant. Ne pas venir au lycée aujourd'hui, c'est laisser la place à un ennuyeux ou à un réactionnaire (ou à un réactionnaire ennuyeux). On n'est le complice d'aucun système, on ne soutient pas un régime, on ne freine pas une révolution hypothétique lorsqu'on essaie de dire des choses vraies à des garçons de dix-huit ans. Finalement, j'aurais préféré que Lafaurie osât vous demander pourquoi vous acceptiez de laisser adapter des pièces ou des nouvelles de vous à la télévision. A la télévision pourtant, il n'y a pas de mystère, votre nom cautionne le régime. Je comprends que des réalisateurs, libres d'esprit et qui sont doués pour ce mode d'expression, continuent à travailler pour cette télévision d'État. Mais vous ? Vous n'avez pas besoin de ça pour vivre. Il me semble que je préfère les enseignants à l'ancienne, si bornés, si ridicules soient-ils — au moins les élèves touchent du solide —, à ces jeunes professeurs, favorables à mai et qui le sont toujours, mais qui, dans des confidences déchirantes — *l'Observateur* est l'hebdomadaire où ils se débondent — et que je trouve surtout comiques, ne comprennent pas que leurs chers enfants ne leur tiennent pas compte de leur commune résistance aux pouvoirs, en juin sur les barricades. Ces professeurs, presque aussi illettrés que leurs élèves, n'en reviennent pas que les élèves qui sont aussi leurs camarades ne fondent pas de tendresse devant leurs sottes questions : « Cette année, nous avons au programme Montaigne et Pascal. Préférez-vous, je vous laisse le choix, commencer par Pascal ou par Montaigne ? » C'est une jeune fille de vingt-deux ans qui a osé pleurnicher ainsi devant toute sa classe, hilare. Bien entendu, un gros dur s'est marré en hurlant à la chère petite : « Démodés ! Parle-nous donc des trois M. », et de cracher de mépris. Affolement de la jeune fille, qui minaude au bord des larmes : « Mais qui sont ces trois M. ? » Rires, on se tape les cuisses et on lui explique comme à une demeurée : « Ben, Marx, Mao, Marcuse. — Mais je ne les ai jamais lus. Je n'ai pas été préparée à les lire. Je vais faire mon possible. » Où je vous en veux, Mademoiselle ou Madame, ce n'est pas de ne pas connaître les trois M., c'est de connaître si mal Montaigne et Pascal. De toute façon, vous méritiez que votre classe se moquât de vous. En quoi était-ce progressif, était-ce moderne, était-ce révolutionnaire, soyons plus modeste, était-ce libéral de demander à vos élèves de choisir, pour commencer l'année scolaire, entre Montaigne et Pascal ? Vous n'aviez pas lu les trois M., mais vous n'aviez pas lu davantage Montaigne et Pascal. Si vous aviez lu Pascal — vous n'aviez même pas besoin de le lire ; ce que je vais dire est vraiment dans tous les manuels —, vous auriez su que les *Pensées* étaient imprégnées de Montaigne. Que Pascal était l'un des rares grands écrivains du XVIIe siècle à l'avoir lu à fond. Que, pour pasticher la vieille formule que l'on emploie à propos des rapports entre Hegel et Marx, Pascal avait remis vicieusement Montaigne à l'endroit. Que le doute de Montaigne avait servi à consolider le pari de Pascal. Pascal avait vu avec beaucoup de clarté que le grand ennemi de la religion chrétienne, ce n'était pas les jésuites — pour les jésuites, ces géniaux coups de bâton à la manière de Scapin que sont *les Provinciales* suffiront bien —, mais Montaigne et ses semblables, ces diables d'hommes qui s'accommodent de la religion de leur pays, comme on s'accommode du mauvais temps. Qui sont d'autant plus dangereux qu'ils ne se rebellent pas. Et que faire effectivement avec un écrivain où tout se passe dans l'arrière-boutique ? Qui donne autant de coups de chapeau à droite et à gauche, dans le même temps où il lézarde l'édifice ? Si vous n'avez pas compris que votre question n'avait pas de sens, que vos élèves devaient avoir des idées sur Montaigne, avoir lu un ou deux chapitres même courts des *Essais,* avant de passer à Pascal, retournez en classe.

Quant à la jeunesse et à ses supporters, il me paraît honnête, au risque de me rabâcher, de leur préciser :

a) Que je ne crois pas à la révolution en France. Que je ne la souhaite pas, ni pour moi, ni pour les autres, ni pour ceux qui la souhaitent.

b) Que, en admettant que je me trompe et qu'il y ait révolution en ce pays, je voudrais savoir quelle classe cette nébuleuse libérerait *vraiment, compte tenu du merdier dans lequel le monde est plongé ?* Et qu'on ne me dise pas que le monde a été toujours comme ça. Une révolution en France, aujourd'hui, permettrait aux régimes dictatoriaux de renforcer leur dictature et aux pays qui jouissent d'une relative liberté de la perdre.

c) Que je ne crois toujours pas à la gauche française, depuis près de cent ans que je perds mes yeux à l'examiner. Elle m'a toujours déçu et déçu ceux qui croyaient en elle. En cent ans d'histoire, j'ai appris que, chaque fois qu'elle en a eu l'occasion, cette ignoble gauche, dès qu'elle pouvait montrer le bout de son oreille, reniait tout, bousillait tout et, pour finir, cédait galamment la place à cette droite contre laquelle nous l'avions en principe élue. Signe distinctif : promet toujours de faire mieux la prochaine fois. Effectivement, et pour ne pas remonter au déluge, non-intervention en faveur de la République espagnole, pleins pouvoirs à Pétain, guerre d'Indochine, guerre d'Algérie, pleins pouvoirs à de Gaulle.

d) De Gaulle : voir à de Gaulle.

e) Le gaullisme. Aucun goût, après le départ de De Gaulle, d'avoir à supporter un Pompidou finaud à perpette. Il ose parler dès maintenant de sa *vocation nationale.* Mon Dieu, après le 18 juin, nous aurions droit au 18 juin des peureux. Après de Gaulle, tout vaudra mieux, me semble-t-il, que l'arrivée au pouvoir de ceux qui se réclameront de lui et de sa légende. La seule chose que je ne pardonne pas à de Gaulle, c'est Pompidou. La France, sans de Gaulle, si l'on suit mes conseils, aura besoin d'une fantastique diète. Suppression des anniversaires glorieux. Plus de Richelieu, plus de centenaire, plus de commémoration. A bas le culte de la personnalité !

f) La droite, toujours indépendante, si l'on excepte la période d'occupation, a trouvé son grand homme en Marcellin, l'actuel ministre de l'Intérieur. J'ai trop reniflé ce type d'hommes pendant les quatre ans de l'Occupation pour ne pas en être complètement dégoûté. Ils naissent bons Français comme d'autres naissent idiots.

g) Le centre : toujours enfoncé. N'existe géographiquement qu'en Chine. Ce centre, ridicule avec son dada européen. Vous savez, ces hommes qui prennent l'avion ou les trains rapides pour un oui ou pour un non. La pensée du centre, ce sont des tailleurs gris, des dossiers. Ces messieurs confondent le cuir qui sent bon de leurs serviettes avec l'odeur des nations.

Autant dire qu'il n'y a pas grand-chose à faire. Que l'espoir est maigre. De toutes les façons, il faut persuader cette fameuse jeunesse de ne pas employer le langage dégoûtant et soi-disant révolutionnaire de ses aînés. Qu'elle lise, qu'elle se drogue, qu'elle boive, qu'elle soit austère, ça la regarde, mais qu'elle n'emploie plus des mots comme : provocation policière, mystification, tomber dans un piège, soyons concrets, etc. Ça fait bicher les anciens de la Révolution, qui se disent que, après tout, ils n'ont peut-être pas perdu leur temps ; mais je peux affirmer aux étudiants qui les emploient avec gaillardise que ces formules portent poisse. Il y a des actions précises ou des descriptions de situations ; mais parler de provocations policières en France, même si elles existent, c'est déjà se croiser les bras, et croire que, parce qu'on est minoritaire, demain on aura le pouvoir, c'est de la rigolade. Il y a peut-être une lueur, mais j'en dirai un mot à la fin de ce livre, pour soutenir l'intérêt défaillant de mes lecteurs. Autre chose, ce n'est pas parce que, faute de place, on n'arrive pas à écouter le cours d'un professeur qu'il faut en faire une maladie. C'est bizarre, cette affaire : ces garçons qui, en majorité, veulent apprendre de moins en moins de choses, dans le même temps, veulent être de plus en plus nombreux à écouter cette maigre pitance ! Ils veulent, disent-ils, un enseignement plus adapté au monde moderne (qu'ils contestent), plus près de la vie (mais ils veulent la changer, j'imagine) : mais pourquoi essayer de se rapprocher de la vie dans les endroits qui sont le plus éloignés d'elle. Passer des examens, c'est, d'après Sartre et ces jeunes gens, une fumisterie : mais pourquoi diable alors s'inscrire à des facultés ? Si un élève de seconde a lu et compris à sa façon Montaigne, je ne vois pas ce qui l'empêche de lire et de comprendre Marx, mais je vois ce qui empêchera son professeur de lui en parler : c'est que, en général, il ne l'a jamais lu et qu'il est trop vieux, trop débordé maintenant pour le lire et le comprendre. Cet attachement des élèves à leur professeur, cette croyance que c'est le père, le bon Dieu, et ce déchirement et cette fureur lorsqu'ils découvrent que ce n'est pas un aigle, me paraît bien singulière ! Mais enfin, vous savez pourquoi un professeur a choisi de l'être ? Pour gagner (mal) sa vie, c'est l'évidence, mais surtout pour rester un enfant toute sa vie, bref pour éviter de vivre. Il sera d'abord un élève et, par le biais des examens, il le restera. Rien de blâmable à cela, mais encore faut-il savoir de qui l'on parle, à qui l'on parle. Les lycéens, les étudiants (et les professeurs qui les encouragent) ont l'air d'avoir oublié cette évidence dans leur réforme. Bien sûr, il y a des professeurs qui passent pour avoir franchi la ligne : ils publient des articles dans des journaux, ils sont présidents du conseil, ils écrivent des romans, ils ont même parfois le Goncourt, mais qu'est-ce que ça change ? Toute personne qui a tenté d'acquérir un diplôme a voulu prendre une assurance *contre la vie*. Il a voulu régler sa situation une fois pour toutes. Il importe peu que l'on soit un professeur intelligent ou un professeur obtus. Entre un enfant et un professeur, il n'y a pas de différences essentielles : choisir d'être professeur, c'est tenter de socialiser l'enfance, lui donner son droit à la retraite, aux Allocations familiales, c'est en somme troquer le charme des premières années contre la sécurité.

L'Auvergne, mon souci, m'ennuie aujourd'hui. Il faudrait que la chambre où j'écris fût tapissée de cartes et de plans. Où les trouver, dans cette maison sans livres, où trouver le guide Michelin ? C'est bien ma chance : quand je suis d'humeur travailleuse, je n'ai rien sous la main. Je dois biaiser, contourner l'obstacle, me servir d'un matériel usagé. Narcissiste, moi ? Si vous voulez, mais c'est que je suis pauvre : riche, croyez-vous que je prendrais ces sentiers, tous ces chemins détournés et qui souvent n'aboutissent nulle part ?

Me voici donc à Vic-sur-Cère, pendant cet été 1939. L'invasion de la Pologne, la déclaration de guerre furent, je crois m'en souvenir, le cadet de mes soucis. J'allais avoir dix ans, ce furent des vacances heureuses. Vic-sur-Cère était une petite ville d'eaux très fraîche grâce à sa rivière, ses sources, ses cascades. Mon père avait choisi le bon hôtel, *le Manoir* du père Morel, sorte de grand château avec son jardin en fouillis, un tennis, des ping-pongs. Je me souviens de l'escalier en colimaçon, en pierre, très sombre. Au quatrième étage se trouvait notre appartement. Je n'avais connu que des chambres d'hôtel : ces trois ou quatre pièces avec des dalles, des canapés, des commodes, des vieux tapis, des vieilles horloges m'enchantèrent. Mes parents, ma sœur étaient là, et j'étais seul, ce que je préférais, ce que j'ai toujours préféré : que la personne aimée ne soit pas absente, mais pas trop près de moi. Vic-sur-Cère avait un casino-cinéma et un stade doté d'une piscine. Cette piscine fut le souci de mes vacances. Le maître-nageur m'attachait à une poulie et ne s'occupait plus de moi, trop occupé à séduire des filles. Cet imbécile avait un truc impayable pour déclencher leurs gloussements. Avant de plonger, il se touchait le nez : « Oh ! voyez mon nez froid. » Pendant que Joli Cœur pinçait les cuisses de ces demoiselles, je dégustais, en trépignant, bouillon sur bouillon. Au bout d'une heure, il avait la bonté de venir me détacher. Ma leçon de natation ayant lieu à onze heures, je pris l'habitude de me réfugier avant dans les toilettes de notre appartement, sous prétexte de coliques, restant sourd aux appels de mes parents qui me cherchaient partout. Il n'était pas question que je m'imbibe d'eau sale. C'est dommage, car j'aime la mer et je nage comme un chat. J'aime surtout ses grosses vagues qui vous emportent et qui vous rejettent. Je l'aime glacée. Je l'aime, la nuit, l'été, dans le Midi, quand je suis soûl. Je me glisse lentement en elle, ayant l'impression de surprendre un noir et doux secret, prêt à mourir sans bruit. Comme j'ai pu haïr les plages ! Cette bidoche qui se tourne et se retourne comme si elle était percée de part en part par une broche me déprime, tout arrosée qu'elle est d'ambre solaire. Comment désirer ces corps pharmaceutiques ? Mais peut-être suis-je le renard de la fable qui trouverait, cette fois-ci, les raisins trop dorés ? Peut-être cette intolérance aux corps des autres vient-elle du peu d'intérêt que je porte au mien ? C'est possible. Je retrouvai Gilbert, un garçon dont j'avais fait la connaissance dans les Vosges ou à Lyons-la-Forêt en Normandie, à l'hôtel de la Licorne, qui existe toujours. Je revis ce garçon sans déplaisir, car il m'admirait. J'appris avec mépris qu'il habitait un meublé de deux pièces avec ses parents, dans la ville. Bon prince, je ne lui en voulus pas et je l'invitai à se faire battre par moi à l'un des ping-pongs du manoir. D'où me venaient des sentiments aussi répugnants ? Pas de mes parents. De moi tout seul, il faut le croire. Rassurez-vous, je ne suis plus ainsi. Je ne suis plus hélas ! aussi charmant et aussi intelligent que les grandes personnes me trouvaient alors. Ces six ans d'Auvergne furent mon service militaire. En 1946, j'étais vraiment un autre, méconnaissable. Ce qui m'intéressait plus que Gilbert, c'était une fille qui avait douze ou treize ans et qui se prenait pour *Toura, déesse de la jungle,* qui fut le grand triomphe de Dorothy Lamour, une vedette de la Paramount. Dorothy Lamour, dans mon souvenir, était une sorte de Viviane Romance, avec une poitrine abondante, de très longs cheveux et, paraît-il, beaucoup de *sex-appeal.* Je me demande pourquoi la fille du manoir, blonde, aux cuisses assez lourdes, tenait à lui ressembler. Elle avait distribué à cinq ou six filles et garçons moins âgés qu'elle des rôles divers. Elle se réfugiait dans une petite grotte où le jardinier déposait ses outils, par paresse d'aller les ranger dans la cabane qui se trouvait au fond du jardin. Je devais attendre dix minutes — « Imagine », me disait-elle, avant de me laisser la rejoindre. Je la retrouvais étendue sur le ventre, les jambes écartées, la robe aussi relevée que possible, le derrière proéminent. Elle m'ordonnait de lui mordre les cuisses, de lui enlever sa petite culotte, ce que je faisais sans conviction. Mais la vacherie de cette personne m'intimidait. Cela durait trop longtemps, à mon gré. Elle se relevait, déboutonnait ma chemise Lacoste agrémentée d'un crocodile vert, me faisait des pinçons dans le cou, ce que je trouvais bien douloureux. Je n'osais lui dire que j'avais peur que mes parents ne me posent des questions, s'ils s'apercevaient de toutes ces marques. Ensuite, elle s'allongeait à moitié sur un lit de feuilles et de fleurs, la tête et le dos appuyés sur un coussin qu'elle avait dérobé je ne sais où. Elle m'obligeait à me coucher entre ses jambes (elle avait remis sa culotte) et me caressait les cheveux, tout en promenant sur mon torse une badine qu'elle avait confectionnée elle-même à l'aide d'un gros canif suisse. Après, elle appelait les autres. Les filles l'entouraient respectueusement, les garçons, eux, se mettaient à genoux devant elle. J'avais, certes, le beau rôle, j'étais le favori ; malheureusement ça tombait mal : si ce n'est que je trouvais cette fille belle, impérieuse, je ne ressentais pas ce que j'aurais dû ressentir. Toura aurait dû consulter Piaget sur les âges de l'enfance : plus jeune ou plus tard, j'aurais eu certainement l'imagination plus vive. Pourtant, comme vous vous en rendez compte, je ne l'ai pas oubliée, et Dieu seul sait peut-être le mal que cette fille a pu me faire ! Cela me fait songer — mais tout a changé depuis — comme, de mon temps, l'existence était mal faite. On a rarement l'âge pour jouir des occasions qui se présentent, et quand on a le bel âge, ce sont les occasions qui font défaut. Tenez, à quatorze ans, j'aurais été, sans me vanter, un excellent parti pour des femmes qui auraient eu entre quarante et cinquante ans, si elles avaient été plaisantes et qu'elles m'eussent paru bien habillées. J'aurais eu pour elles une reconnaissance infinie. Eh bien non, je devais garder mes pensées pour moi, mes ardeurs pour mon lit. De mon enfance, j'ai gardé le souvenir, la croyance que les filles étaient des friponnes, des effrontées. Sans vous casser les pieds avec des récits sur les amours enfantines, qui n'avaient rien d'ailleurs d'amoureux ou d'enfantin, je dirais que ces filles me dégoûtaient, toujours là à se cramponner à vos jambes (au sens littéral du mot), à vous montrer leurs fesses, à avoir envie d'être battues. A la fin du mois de septembre 1939, mon père, avant de rentrer à Paris, nous conduisit dans notre appartement d'Aurillac. Des glaces baissées de sa voiture, lorsque nous commençâmes la descente, Aurillac, que je voyais dans sa totalité, me parut une ville immense ; bizarrement, je la crus industrielle. Cette impression fausse venait de ce que, ayant toujours habité le XVIIe, ou la campagne, la montagne et la mer pendant les vacances scolaires et n'ayant jamais vu des cheminées de cette taille, je les avais prises pour des hauts fourneaux. En fait, en 1939, Aurillac ne fabriquait que des parapluies. Le lycée Émile-Duclaux, qui n'était pas situé dans la rue du même nom, dominait la ville. Quand, plus tard, j'habitais rue du Buis, il ne fallait pas être fainéant pour s'y rendre. C'était une grande bâtisse, grise, qui aurait pu servir de décor à un film inspiré du *Château* de Kafka. Le lycée fut pour moi une révolution que je pris très bien. Je n'avais jamais connu que des cours particuliers et des demoiselles. En octobre 1939, et de justesse, puisque j'entrais en septième, j'appris ce qu'était la laïque. M. Combelles correspondait à l'instituteur que Jules Ferry avait voulu créer. Il était grand, il était juste, il ne plaisantait pas, il inspirait le respect, il était vêtu d'un tablier gris rêche. Son fils était, cette année-là, son élève et n'avait droit à aucun égard particulier. C'était un bon élève, plutôt chétif et osseux, à l'époque. J'imagine qu'il est devenu professeur. S'était vite installé à ma droite un « Parisien » taquin, toujours prêt à faire des niches, Poirier, qui fit à la diable ma connaissance, sur le dos des paysans de notre classe dont il se moquait, ayant l'esprit malicieux. En fait, ses parents étaient des Auvergnats qui avaient des maisons de campagne dans le Cantal, où j'ai séjourné à la Libération, mais son père étant juge à Paris, ils habitaient l'avenue du Roule à Neuilly. Plus tard, Poirier, après avoir longtemps hésité — on sentait que son Orient secret était la licence de géographie et l'ethnographie —, finit par devenir juge comme son père. La dernière fois que je l'ai rencontré — on ne s'était pas vu depuis dix ans —, c'est en 1959, lors d'une signature de livres où je figurais à la demande des élèves de la rue Saint-Guillaume. Je n'avais pas une passion particulière pour l'École des sciences politiques ni pour les séances de signatures, mais j'habitais rue des Saints-Pères, qui est parallèle — je donne en détails, pour les Canadiens français — à la rue Saint-Guillaume et je m'étais dit que jamais je ne retrouverais une occasion pareille : signer des livres (peu), voir mes confrères et, si le vertige me prenait, être à deux minutes de chez moi, de mon frigidaire, de ma bouteille de whisky. Ce jour-là, un garçon fit scandale en achetant un livre de Robbe-Grillet et en le déchirant devant ses yeux ravis. Personne ne m'a donné cette joie. A la limite, Bernard Pingaud, l'un des directeurs des *Temps modernes,* qui, ayant lu, dans *Arts,* des bonnes (pour lui mauvaises) feuilles de la *Panoplie littéraire,* où je disais, en note, Dieu sait pourquoi, des choses désagréables sur l'un de ses romans et qui, lorsqu'il reçut son service de presse, me renvoya le livre non découpé avec sa carte de visite et ce mot : « Aucune chance pour le prix de Mai » dont il était le président. Pingaud, il aura beau faire : ce sera toujours un petit fasciste au bord de l'exaspération. C'est un garçon qui se contient, une nature sèche, pauvre. Je ne le connais pas, mais ça se voit. Ça se sent. Quoi, vous croyez à une nature humaine préétablie ? Vous croyez que l'essence est première. Mais vous n'avez pas lu... ? — Mais si, je l'ai lu. Et je crois parfois que nous sommes vaguement libres. Très vaguement. Mais pas Pingaud. Ce n'est pas parce qu'il a fait enlever son nom du livre qu'il avait écrit jadis avec Boutang : *Sartre est-il un possédé ?* qu'il est devenu plus libre pour autant. De toute façon, Boutang a infiniment plus de talent que Pingaud. Ce n'est pas si mal d'être un possédé et Boutang en est certainement un. Comprenez-moi bien, je ne reproche pas à Pingaud son accès de mauvaise humeur : c'était une réaction normale. De mon livre, il pouvait faire des cocottes, si ça lui détendait les nerfs, s'en torcher les fesses, allumer le feu, etc., mais pas prendre la peine de me le renvoyer non découpé avec ce petit mot ridicule. L'homme aux lèvres pincées, à la tête étroite, le malheureux qui, pour l'éternité, aura toujours eu quatre voix au Goncourt de 1951 redevenait par ce geste le totalitaire qu'il n'a jamais cessé d'être, même en grande Sartrie. Ce faisant, comme dirait Simone de Beauvoir, Pingaud n'était plus qu'un « sous-homme ». La punition fut immédiate. Le pauvre bougre se vit dans l'obligation de m'envoyer une lettre plate, très plate, pour que je lui adressasse sans tarder ma photo et une notice biographique, parce qu'il s'occupait avec d'autres critiques de confectionner une sorte de dictionnaire des écrivains contemporains — nous fûmes, je crois m'en souvenir, quarante élus. Le seul intérêt de ces palmarès toujours mal faits, c'est d'irriter ceux qui n'en sont pas, sans faire plaisir pour autant à ceux qui trouvent naturel de s'y trouver, mais fort désagréable de s'y trouver en pareille compagnie. La maison d'édition qui avait eu l'idée de ce palmarès — mais, au fait, c'est la mienne, si elle ne l'était pas au moment où parurent les résultats du concours — de cela je suis sûr. Inutile de vous dire que, si j'avais été auteur chez Grasset, j'aurais prié Pingaud de balayer les escaliers : c'est ainsi que je conçois la révolution culturelle en France, et j'aurais demandé à mon ami Yves Berger de parler de moi en termes un peu plus vifs (dans la louange) — avait dû m'envoyer plusieurs lettres écrites dans le même sens, auxquelles j'étais resté insensible. Aussi Pingaud, pour me décider : « Ne faites pas l'enfant, Bernard Frank ; rassurez-vous : ce n'est pas moi qui m'occuperai de vous... » Pauvre Pingaud ! comme il se peint ! pas une seconde il n'avait pu lui venir à l'idée qu'il m'était relativement égal d'entrer ou non dans son panier à salade. Que je me faisais de la postérité une idée différente de la sienne et de celle dont se moque Simone de Beauvoir. Que, pour moi, la postérité, c'était cette marotte sans fondement qui nous poussait à rechercher le vrai, quel que fût le prix que nous dussions payer. A vrai dire, ce prix n'est pas exorbitant. Que risquons-nous ? de ne pas être compris de nos contemporains, ni même des générations futures ? Soit : c'est triste, mais on en a vu d'autres. Quelle récompense que de ne plus devoir prendre ces ennuyeuses précautions qui seraient nécessaires aux carrières littéraires, même les plus glorieuses. J'entends Chardonne me dire : « Mon cher ami, une vie, c'est court, mais une carrière littéraire, vous n'imaginez pas comme c'est long. Vous, c'est différent, vous êtes un monstre, mais vous êtes aussi une bergère. » L'idée de me voir métamorphosé en bergere me semblait si incongrue qu'elle me faisait pouffer de rire, corpulent comme j'étais ; mais à la réflexion, comme c'était un compliment d'un écrivain pour qui j'avais amitié et estime, elle me faisait plaisir.

Poirier ne s'intéressait pas aux livres. C'était un esprit pratique, méticuleux, qui était au-dessus de la moyenne en tout sauf en français. Tout en n'ayant pas grand-chose à nous raconter, nous nous entendions bien. Nous étions rieurs et aimions bien faire sauter les cartables des autres. Cette nature si antipoétique me convenait à merveille. J'ai toujours eu, dans les lycées ou les facultés où j'ai traîné ma paresse, un camarade de ce genre, à la grande fureur de camarades plus littéraires qui ne comprenaient pas de quoi nous pouvions parler. Je l'avoue maintenant : de pêche, de chasse — même si je n'ai jamais chassé de ma vie —, de timbres-poste, de politique, mais d'une façon très prose. Quand je lui fus présenté, Mme Poirier sembla ravie de moi, de mes façons, de mes parents et de notre appartement. Je sentais cela. Il y a toujours eu chez moi quelqu'un d'enfantin, et puis un autre, immobile, qui regarde, qui juge, qui trahit. Poirier m'invitait souvent chez lui pendant la drôle de guerre. Il habitait un appartement pas trop mal placé. En face de la Société générale. Nous jouions aux billes. Un jour, notre instituteur, M. Combelles, dans sa leçon de sciences naturelles, s'occupant du corps humain, parla du petit juif. Au début, personne ne me regardait et le mot ne me fit pas rougir. J'étais endormi par mes années de cours particuliers. Sans doute, beaucoup de parents de mes camarades d'avant-guerre étaient antisémites, mais avant d'être juif, à leurs yeux, j'étais élève du Cours Hattemer. Dans les grandes occasions, on venait me chercher en voiture. Je n'avais rien à voir avec Léon Blum. Le mot juif n'avait ricoché dans ma tête que deux ou trois fois à Paris, lorsque je contemplais le mur qui faisait face à ma chambre. Je n'étais pas catholique, je n'étais pas chrétien. Brusquement, ça m'avait frappé. Mais qu'est-ce que j'étais ? J'étais français. Ça, pour l'être, je l'étais, et mes parents aussi, et mes grands-parents aussi, et les pratiques religieuses de ma mère étaient trop restreintes pour me persuader que j'avais une religion différente. Et comme ces pratiques ne touchaient que deux ou trois jours de l'année et qu'elles consistaient en un jeûne suivi d'un très bon dîner, elles me semblaient participer aux fêtes de Noël, au jour de l'an, aux thés, le dimanche, chez mon grand-père. La religion de ma mère, si discrète, sans pittoresque, faisait partie des cérémonies qui marquent l'année. Pourtant, j'étais juif. Israélite. Je caressais ces deux mots, ne sachant lequel prendre. La majorité des personnes que je voyais n'étaient pas affublées de cette épithète invisible que je portais. J'aurais certainement plus souffert d'être noir ou bossu en 1937, car j'aurais *vu* ma différence, et plus ou moins bien admis les conséquences qu'elle entraînait. Mais le fait d'être juif (ou israélite) au sein d'une famille non pratiquante, quand ça me passait par la tête, me semblait une bizarrerie de l'esprit. Je ne voyais à cette époque personne qui me reprochât de l'être, mais alors pourquoi l'étais-je ? A quoi ça rimait, si ce n'était rien ? J'aurais voulu toucher quelque chose de solide. J'allais être servi. C'était comme ce cauchemar qui s'emparait de mes nuits, tous les six mois peut-être, et qui me réveillait en sanglots depuis des années, m'obligeant à courir dans la chambre de mes parents pour retrouver mon identité. Il s'agissait toujours de rideaux, de tringles et de chiffres. Il y avait quelque chose d'impossible dans ce rideau, et dans les chiffres ; ce rideau n'était pas, puisqu'il supportait des chiffres qui n'étaient pas de ce monde. Mais cette impossibilité, ce qui faisait qu'on ne pouvait compter sur rien, s'accrocher à rien, c'était si évident, dans mon cauchemar, que je hurlais de peur. Dans une certaine mesure, ce rêve supprimait ma réalité. Et, même réveillé, même dans la chambre de mes parents, je n'avais pas repris possession des qualités et des défauts qui faisaient qu'il existait un petit Bernard sur terre, aussi évident que la commode du salon. Mes parents me nourrissaient pendant plusieurs minutes de paroles rassurantes qui me faisaient peu à peu revenir à moi, c'est-à-dire à eux. Après ce goutte-à-goutte, j'étais bien le petit garçon à sa maman et à son papa qui avait fait un mauvais rêve et qui allait dormir bien sagement, et demain tout serait oublié. Et c'était la vérité.

En partie. Parce que j'acceptais que, ma vérité, ce fût mes parents qui en eussent la clef. Un homme, ce n'est pas une histoire gaie ; quand les parents ne servent plus à rien pour échapper à ses peurs, il s'invente des passions, des occupations, des jugements ; il s'intéresse à ce qu'on dit de lui ; il fait savoir à tue-tête ce qu'il pense des autres. Et puis, pour finir, il y a les maladies pour le distraire. La mort, l'enfer, c'est quand on doit être de nouveau seul avec soi, seul avec rien, que l'on est séparé de l'être, que l'on est une malfaçon pour l'éternité. Ce n'est pas possible ? Croyez-vous que ce soit possible d'être une fourmi ? Je reste persuadé que ce sont les cauchemars qui sont dans le vrai. Regardez comme le mal est à l'aise sur cette terre, comme tout lui sert et comme il se sert de tout ce qui n'est pas à son service. Le bien a vraiment l'air ridicule, et surtout, si on se donne le mal de le suivre dans ses derniers retranchements, on s'aperçoit vite qu'il est devenu démoniaque dans ses vieux jours. Enfant, je n'ai jamais compris que mes parents, qui voulaient mon bonheur, se fussent arrangés pour que leur petit garçon ne fût pas comme les autres. Passons : on n'a déjà que trop parlé de ce sentiment qui vous pousse à vous croire différent de vos semblables. J'avais déjà eu d'autres alertes, si je mettais entre parenthèses ce mot bizarre qui me choquait la tête et si j'oubliais ces horribles cauchemars. Plusieurs fois, ma mère m'avait perdu dans des grands magasins, et même si ça n'avait duré que quelques instants, qu'elle se fût trouvée au rayon parfumerie, alors que j'étais encore avec mon ballon au rayon d'alimentation, de ne plus la voir me rendait fou de peur. La petite machine si obéissante, si douce, n'était plus rien. Pendant ces quelques instants, tout devenait une comédie et il n'y avait que la peur de vrai. A six ans, les crises existentielles sont terribles. Je crois que, si on les a vraiment connues, l'on peut supporter assez gaiement l'horreur de l'existence.

Au premier rang de la classe, un garçon à la tête blonde se retourna et, me montrant du doigt à son voisin, ricana : « Le petit juif, le petit juif, c'est lui. » Il se nommait Lassagne. J'espère qu'il est toujours vivant et qu'il n'est plus antisémite. Il faisait partie d'une famille de gentilshommes-verriers. C'était l'un des rares emplois qu'un gentilhomme, dans les temps reculés, avait le droit de pratiquer sans déchoir. En 1943 ou en 1944, ce Lassagne, le plus sérieusement du monde, vint me serrer la main : « Nous sommes du même côté ; maintenant mon père est dans le maquis, il fait partie de l'A.S. Il n'y a plus désormais qu'un seul ennemi, l'Allemand. Tous les deux, nous le chasserons. » Cette poignée de main eut les effets que vous savez. Poirier lui cria : « Espèce de crétin, Frank est aussi français que toi, sinon plus. » Peu importe ; toujours est-il qu'à la récréation je le boxai de bon cœur et j'eus le dessus, car, je me demande pourquoi, en septième, j'étais courageux et volontiers bagarreur. Poirier et moi, nous étions même de vrais casse-pieds. Non seulement nous nous en prenions à nos camarades, mais nous allions dans d'autres préaux à la recherche d'innocentes victimes parmi les sixièmes et les cinquièmes. Ça finit mal. Exaspérés par nos intrusions perpétuelles, un commando de grands décida d'y mettre bon ordre en nous flanquant une correction méritée. Ma belle culotte de golf de Robinson fut déchirée au genou, car j'avais tenté de me dérober à ce commando par une fuite éperdue et j'avais glissé dans un escalier qui m'était inconnu et menait à la salle de chimie. Poirier, dans l'affaire, avait perdu son foulard jaune, qui bien roulé lui servait de matraque contre nos victimes. Je cachai à ma mère les causes de cet accroc en lui disant la vérité, que j'avais manqué une marche. Poirier fut moins courageux, ou plus sollicité par sa mère. Il finit par tout lui raconter. Indignée, cette excellente dame se rendit chez mes parents pour qu'ils fissent bloc avec elle dans sa future démarche et leur révéla comment deux enfants de Jésus avaient été martyrisés par des garçons plus forts, plus grands, plus nombreux. Ça ne se passerait pas comme ça. Elle irait voir le proviseur et conseillait fort à ma mère d'en faire autant. Ma mère se souvint du large accroc, mais mon père comprit qu'il n'était pas question de me ridiculiser par une intervention intempestive, ce que craint par-dessus tout un enfant. L'idée que mes parents auraient pu aller se plaindre en mon nom pour une histoire dont j'étais le seul responsable m'aurait rendu malade de honte. Et puis, je me faisais du lycée déjà une haute idée, c'était mon club, et les parents ne devaient pas y entrer comme dans un moulin. Je ne sais ce que dit Mme Poirier au proviseur, mais ses paroles n'eurent pas l'effet escompté, si j'en juge par l'arrivée du censeur dans notre classe quelques jours après : « Frank et Poirier, je vous ai à l'œil. Vous embêtez les autres. Et après, vous vous plaignez de recevoir ce que vous avez mérité. » Je ne peux pas porter un jugement sur l'enseignement de M. Combelles : je l'ai oublié. Je devais être un bon élève. Je me fais confiance. Ce qu'il m'intéresserait beaucoup plus de me rappeler, c'est de savoir où nous avons passé ce dernier Noël de Français. Au troisième trimestre, je fus, pour la dernière fois, premier en mathématiques. Au début de ce mois de mai 1940, je tombai subitement malade. J'avais déjà eu plusieurs otites. Mais, cette fois-ci, c'était plus grave. Une mastoïdite avec un début de paralysie faciale. On craignait le pire, une méningite. Le docteur Dodinet fit son apparition. On devait m'opérer d'urgence, le soir même. A cette époque, les antibiotiques n'existaient pas. A part le fait que ma bouche se tordait d'une façon désagréable, je n'étais pas inquiet. Mais, brusquement, je vis ma sœur quitter la chambre en larmes. J'avais une fièvre de cheval et je commençais à me sentir très mal. Déjà, l'année dernière, j'avais perdu mon grand-père et un de mes oncles, agent de change : j'avais les larmes aux yeux à mon tour à l'idée que ce petit Bernard, si doux, si précieux, que sa sœur aimait tant, pourrait mourir à dix ans, laissant une famille inconsolable. Enfin, les préparatifs de mon départ distrayèrent mon attention. Bien que ce mois de mai fût très beau, comme vous le savez et comme mes éventuels lecteurs allemands s'en souviennent peut-être, on me couvrit de couvertures comme si j'allais au pôle. Mon père me prit dans ses bras quand je fus sur le point de descendre l'escalier. Sa voiture m'attendait. Ma mère répétait ce que répètent les mères dans ces cas-là : « Surtout ne te découvre pas. » La clinique du docteur Dodinet tenue par les sœurs n'était pas éloignée de la Jordanne. Il y avait un parc qui n'était pas déplaisant et ma chambre était immense. J'eus le cœur gros quand je quittai mes parents. Ce qui me rassurait, c'est que ma mère avait un lit à l'autre bout de la chambre. Que je ne serais pas seul après l'opération. Des sœurs bien intentionnées, mais iconoclastes, m'enlevèrent la majeure partie de mes cheveux. J'avais peur, mais je ne pleurais plus. Après, elles me posèrent sur une chaise roulante et me poussèrent jusqu'à la salle d'opération où m'attendaient le docteur Dodinet et ses aides avec leurs sourires, leurs panoplies d'assassins. On me coucha sur la table d'opération ; jamais je n'avais veillé aussi tard. « N'aie pas peur », me répétait-on. Et je n'avais pas peur, je ne pleurais pas. J'étais sage comme une image. « Dis-moi quelques mots, ouvre la bouche — Bonne nuit, docteur. » Et c'était l'horreur, le masque, l'éther, les fameuses voix lointaines, des locomotives qui allaient en tous sens sur des rails extraordinairement visibles. Ce n'est pas parce qu'on vous force à dormir qu'on ne souffre pas. C'est bien conçu, leur histoire. On ne peut pas se réveiller, on ne peut pas crier, on ouvrira les yeux bien plus tard, donc ni vu ni connu, le tour est joué. Tout ce qu'ils ont inventé, c'est de vous faire oublier qu'ils vous ont torturé. Je vous épargnerai — je m'adresse à des âmes sensibles — le réveil, la mère qui accourt, les pleurs, les vomissements, les tisanes. Les lendemains où l'on va mieux. Les surlendemains où l'enfant n'écoute et ne parle plus, se tourne vers le mur, en boule, ne veut plus rien manger. Même pas cette belle sole. Où la fièvre grimpe. Où le chirurgien, enfin soucieux, propose aux parents consternés une consultation. Il est temps. Les bonnes sœurs rôdent autour de la porte du petit malade et adressent des prières au ciel pour la guérison de « notre petit Bernard bien-aimé ». Je vous épargnerai toutes ces simagrées, car, après tout, je suis là. Les sulfamides. Et quelle opération ! Dodinet, pendant des mois, a montré mon oreille à des collègues de passage. « A Paris, ils auraient fait un trou énorme. » Le cinquième jour, je m'aperçus qu'on chuchotait encore, mais que je n'étais plus le seul centre d'intérêt. Les Allemands avaient commencé leur promenade militaire, et ni la ligne Maginot, ni Malraux, ni Sartre, ni Bost n'arrivaient vraiment à la troubler. Sans me prévenir, on était en train de me voler ma bourgeoisie, alors que j'étais au fond de mon lit avec 40° de fièvre. A dix ans, j'étais en train de perdre mon héritage, de commencer cette longue ascèse qui ferait de moi un bon à rien. On m'avait caché le 10 mai, sachant mon goût pour les batailles et que ce n'était pas bon pour la fièvre. J'allais me rattraper. Je réclamais des journaux, *le Figaro* surtout. Je compris vite que cette offensive était celle-là même que Gamelin attendait de son quartier général depuis de longs mois moroses. Les Allemands étaient tombés dans le piège : refaire 1914, en passant par la Belgique. Dodinet et mon père semblaient moins réjouis que moi. Je persiste à penser que Gamelin avait raison. Notre seul général républicain. On a commis une abominable erreur en lui retirant le commandement avant qu'il n'ait donné les preuves de sa virtuosité. On ne me fera jamais croire qu'il n'avait pas une idée derrière la tête. Ce n'est pas possible. Cet homme si confiant, si paisible, si souriant, et qui avait lu Bergson, allons donc ! C'était l'occasion rêvée de donner sa chance à la guerre-durée contre la guerre-éclair, présocratique. Reynaud a tout gâché. Les civils sont fous : ils croient vraiment que, si l'on change de général, ça change quelque chose. Admettons le pire, que Gamelin n'ait pas été à la hauteur : quelle délectation sadique, pour le président du Conseil, de le garder jusqu'au bout, de se croiser les jambes, de se tourner les pouces, tandis que le généralissime, abasourdi devant une attitude qu'il ne comprend pas — ce n'est qu'en temps de paix, pendant les grandes manœuvres, qu'on feint, dans une armée civilisée, de se battre contre l'armée ennemie : en temps de guerre, le principal ennemi, pour le commandant en chef, ce n'est pas l'ennemi (ses soldats sont là pour s'en occuper), c'est le pouvoir civil, qui, en lui rognant les ailes, l'empêche de faire ce qu'il veut —, se serait enfoncé tristement dans sa défaite. Ah ! si j'avais été Reynaud, comme je me serais amusé : « Eh ! Gamelin, ça va ? Content ? C'est votre guerre ; je vous la laisse. Non, non, elle est à vous. Manœuvrez, mon ami, manœuvrez comme vous l'entendez. Vous avez toute la France pour ce faire et l'Allemagne, si ça vous chante. Vous avez toute ma confiance et celle du pays. Mais perdez cette habitude de me téléphoner à tout bout de champ. Prévenez-moi seulement en cas de victoire ou le jour où vous verrez qu'il est vraiment nécessaire que je m'envole pour Londres ou que je vogue avec les Chambres, Lebrun et la flotte vers l'Afrique. » Comprenez-moi : quand un général en chef sait qu'il ne sera pas relevé de son commandement, quelque bourde qu'il ait commis, si endormi soit-il — et je ne prétends pas que Gamelin l'était —. il fait un effort, il essaie de se rappeler ce qu'il avait prévu en cas d'attaque de l'ennemi, et petit à petit ça lui revient. Je destine plus particulièrement ces lignes au général Fourquet, notre actuel chef d'état-major ; mais tout le monde peut les lire et en tirer profit, car je suis persuadé que la stratégie ne doit pas forcément être l'affaire de quelques-uns, mais du peuple tout entier. En attendant — mais Fourquet peut rester (et qu'on me pardonne cette parenthèse — la dernière) —, notre campagne de 1940, si stupidement interrompue par l'armistice que Weygand, ce jean-foutre, imposa au gouvernement, nous priva de la plus belle des victoires. Ces quarante jours sont l'admirable illustration de la pensée de Mao, que tout le monde connaît : l'armée doit se sentir au milieu de la population qu'elle défend comme un poisson dans l'eau. Et notre rapide marche (en Chine, ça s'appelle la Longue Marche, mais les Français sont vifs et les Chinois lents) aurait pu être donnée en exemple au monde entier. Souvenez-vous : les officiers déchiraient leurs galons, les soldats jetaient leurs fusils pour ne pas se distinguer du peuple des routes, ce que Malraux appelle le métro. C'était admirable, cette masse immense de réfugiés, qui cherchait recours dans la marche. Les Allemands, éperdus, n'arrivaient pas à savoir qui, dans ces quarante millions de Français, étaient militaires ou civils. Weygand, en stoppant net notre ruée vers la frontière espagnole, sauva — sans le savoir, je veux bien l'admettre — l'armée allemande. Les Français se seraient rabattus à droite et à gauche de la frontière, si vite que les Allemands, imaginant eux aussi qu'il n'y avait plus de Pyrénées, se seraient retrouvés prisonniers en Espagne. A ce moment-là, nous nous serions élancés, avec nos matelas sur le bras, vers le Nord et les marches de l'Est, ramassant au passage toutes les armes que nous avions feint d'abandonner, dans une France délicieusement vide. J'insiste encore sur ce point, général Fourquet. Quand on laisse à un général le temps qu'il faut pour qu'il se remette de ses premières émotions, quand il est enfin intimement persuadé qu'il n'y a vraiment que l'ennemi dont il doive se méfier, à moins d'être une moule — ce général joue sur du velours. La seule idée de l'Allemand — elle est vieille comme le monde —, c'était d'attaquer le premier : cette idée en vaut une autre, mais elle a ce défaut que, une fois éventée, l'Allemand ressemble à une guêpe qui aurait perdu son dard ; il ne lui reste plus qu'à tomber dans le piège que Gamelin avait prévu, au cas où l'ennemi aurait eu la sottise d'attaquer. Mais que fait Reynaud ? Que fait cette tête de linotte ? Parce qu'il n'aime pas Daladier, qu'il vient de remplacer à la présidence du Conseil, mais qu'il doit conserver à la Défense nationale — les radicaux-socialistes étant nécessaires à la victoire —, et se souvenant que Gamelin était le protégé de Daladier, il le limoge, au moment où Gamelin, précisément, avait besoin de toute sa tête et, pour l'écœurer davantage si c'est possible, glapit à tous les azimuts que son successeur sera Weygand, la doublure de Foch, comme lui, Gamelin, était la doublure de Joffre. Ainsi, non seulement on l'empêche de gagner la guerre de 1940, mais on a l'air d'insinuer que son patron Joffre aurait perdu celle de 1914 si on ne l'avait pas remplacé. Aussitôt, et avec beaucoup de dignité, Gamelin songe à ses *Mémoires*. C'est normal. J'aurais agi comme lui. Si Reynaud joue la convention, il n'y a pas de raison que Gamelin n'en fasse pas de même. Certes, tout général en chef espère bien que, dans la confusion des batailles, à la faveur de la nuit, ses troupes attraperont le ballon de la victoire, iront marquer le but, dans le cas qui nous occupe, Berlin ; mais, si la mêlée n'apporte pas ce qu'il attendait d'elle, si son président du Conseil flanche, le même général en chef, avec le flegme et la courtoisie d'un soldat qui, dans sa longue vie, en a vu d'autres, se prépare sans impatience, sans ennui à être relevé de ses fonctions. Il fume ses meilleurs cigares, téléphone à sa femme, se désintéresse d'une histoire qu'il ne commande déjà plus et retire de la carte du front ses épingles et ses drapeaux. Il n'y a aucune raison qu'il en fasse cadeau à son successeur. Chacun a ses manies. Limoger un général qui n'a pas encore remporté de victoire, c'est révéler à l'ennemi qu'il a gagné une bataille — alors que l'ennemi vit toujours dans la crainte d'un renversement de situation —, c'est encore ce que le pouvoir civil a trouvé de mieux pour empêcher un général de réaliser la défaite : en le limogeant, on lui vole une victoire certaine qui prenait ses aises. Reconnaissons qu'il aurait été inhumain de demander à Gamelin, qui *sait* que, pour lui, la guerre est finie, de préparer une contre-offensive qui, si elle avait réussi, n'aurait pu que servir le roi de Prusse, je veux dire Weygand. Ce à quoi songe Gamelin, c'est comment Weygand va s'en tirer. Si Weygand ne fait pas mieux que lui — et tel qu'il le connaît, ça lui semble bien parti et, si patriote soit-il, Gamelin ne peut que l'espérer —, dix ans plus tard, Gamelin publiera ses *Mémoires,* en trois volumes, de préférence. Un soldat de carrière a toujours dans sa musette deux bâtons : celui de maréchal et Plon (l'un n'empêchant pas l'autre). Dans le premier tome, le général limogé signale poliment que l'armée que la République lui avait confiée ne valait pas tripette. Ce n'était pas la faute des hommes, ni des officiers et des sous-officiers, bien souvent admirables, c'était la faute à la politique. Il exposera ensuite les progrès vraiment extraordinaires qu'il a fait accomplir à cette armée, dans le trop court laps de temps que lui a laissé l'ennemi. Il a créé réellement un instrument de combat. Dans le deuxième tome, il évoquera les raisons, toujours politiques, qui l'ont contraint à engager ses meilleures troupes — le fer de la lance — en Hollande et en Belgique, et pas toujours d'une façon heureuse : à ces raisons politiques se mêlaient des considérations plus hautes, qui engageaient l'honneur de la France. Dans le tome III, le général est à son affaire ; il jubile ; il nous montre, à l'aide d'un tas de petites cartes, de grosses flèches noires et rouges, l'état, la situation des armées ennemies et celles de ses propres armées le jour où le président du Conseil l'a relevé de ses fonctions. Eh bien, on peut dire que le président du Conseil aurait mieux fait de téléphoner plus longtemps à sa maîtresse, ce jour-là. Un enfant de quatre ans peut en effet comprendre que, si l'on avait suivi la directive numéro 27, tragiquement annulée par ce limogeage intempestif, tout changeait, l'ennemi était fichu. Maintenant, si son successeur, par extraordinaire, fait mieux que lui, c'est simple : il ne fait que cueillir les lauriers que, avec une folle galanterie, son prédécesseur lui avait coupés. Au passage, Gamelin ou un autre fait la remarque que la victoire aurait pu coûter moins chère en vies humaines, en vies françaises et qu'elle aurait pu surtout être plus vivement enlevée. Depuis toujours, les présidents du Conseil savent les embarras dans lesquels leurs généraux veulent les fourrer : alors, c'est vraiment Jupiter qui les rend fous lorsqu'ils se prêtent à leurs manigances. N'importe qui aurait compris que l'arrivée du général Weygand ne pouvait qu'aggraver la situation en 1940. Voilà un homme qui arrive encore abruti par le soleil de la Syrie, qui, dans les premiers jours, ne comprend rien à ce qui se passe, qui perd un temps précieux à se procurer de nouvelles épingles et de nouveaux drapeaux, et, lorsqu'il commence à s'être fait une vague idée du front, on lui apprend que les drapeaux et les épingles doivent être déplacés à une allure absolument pas académique ; vous voudriez que cet homme ne devienne pas fou de colère et qu'il ne retourne pas sa colère contre ceux qui l'ont appelé ? Il sait que, si le gouvernement part pour l'Afrique, son compte est bon, on le déchargera de son commandement, et c'est Gamelin qui rigolera bien. Gamelin, lui, après tout, n'avait perdu qu'une bataille, mais lui, Weygand, c'est toute la France qu'il va livrer à l'ennemi, à l'allure où ça va. Périsse cette gueuse de République plutôt que soit taché son honneur de soldat. C'est à ce moment que la doublure de Foch cligne de l'œil à l'ombre de Pétain, pendant que l'éminence grise de Clemenceau, Mandel, prend des notes, persuadé qu'il faudra bien un jour fusiller ces deux imposteurs. Reynaud, dégrisé, qui aurait tant voulu incarner le Père la Victoire, commence à ressembler de plus en plus à un agent de change en faillite que le syndicat ne voudrait pas couvrir. Nerveusement et en vain, il appuie sur la sonnette pour trouver en de Gaulle quelque réconfort, mais son homme de confiance est déjà loin, et jamais plus Reynaud n'arrivera à mettre la main dessus. L'incroyable, c'est que Gamelin ne se remit jamais d'une défaite qui n'était que provisoire, qui n'était qu'un piège tendu à l'ennemi. Et pourtant, quelle dignité au procès de Riom, pendant ces longues années d'emprisonnement et de déportation. C'est que Gamelin répétons-le, était un général républicain. La carrière de Weygand, elle, prit toute sa dimension après cette défaite dont il avait été l'artisan. L'Académie, la *Vie de Turenne, le Figaro.* S'il ne s'était pas fracturé le coccyx, il m'aurait enterré, il nous aurait tous enterrés. Et pourquoi, je vous le demande, Gamelin ne fût-il jamais de l'Académie française ? Et pourtant qui a perdu la guerre ? C'est Gamelin ? Non. C'est Weygand ? Oui. Les hommes, au fond, ne m'intéressent pas. Mais, si j'avais le talent nécessaire, la documentation, j'aimerais écrire une vie de Gamelin. Tenez, je vous ai déjà parlé du livre d'histoire que me réclame Flammarion sur Henri III. Troquons, monsieur Henri [1] : c'est Gamelin qui m'intéresse. Ce qu'il a pu penser entre 1939 et sa mort. Pourquoi ne l'a-t-on pas chargé de réorganiser nos armées après la Libération. Il était touché par la limite d'âge ? La bonne blague : des bonshommes comme ça, ça n'a pas d'âge ! On sait tout d'un général victorieux, on en sait trop, même. Quand on y regarde de près, on est déçu. Mais ce général en demi-teinte, en demi-deuil (comme la poularde du même nom), qui a eu des responsabilités écrasantes, dont on sait qu'il ne fût pas un traître comme Bazaine, un boucher comme Mangin, un prévaricateur comme Masséna, un défaitiste comme Pétain, dont on ne sait rien finalement, on aimerait avoir la plume onctueuse de Sainte-Beuve pour le bien décrire. Impossible de me souvenir ce qu'en a dit de Gaulle, si, même, il en parle dans ses *Mémoires.* Il me semble que Gamelin avait la tête et les gestes d'un prélat. Notre rue Émile-Duclaux, en juin 1940, fut envahie par toute la famille qui n'était pas aux armées ; malgré l'absence de quatre cousins germains et de deux oncles, l'immense appartement se rétrécit. Ce bruit fatiguait mon oreille convalescente. L'armistice fut mal accueilli par mon père, mieux par les épouses et les mères. On pleura beaucoup et on dîna de conserves, que j'adorais. Depuis sa défaite, je détestais l'armée française. Elle n'avait eu que ce qu'elle méritait. Lecteur de Plutarque, je trouvais que nous avions peu de morts et trop de prisonniers. Ça faisait un moment que je l'avais à l'œil, cette armée. Avant-guerre, sans vouloir

1. On sait sans doute que l'actuel Flammarion a pour prénom Henri.

jouer aux devins, quand je la voyais défiler aux actualités ou lors du 14-Juillet, je lui trouvais un air d'armée vaincue, comparée à l'armée allemande avec son pas de l'oie. Ce que je devais apprendre plus tard sur son comportement pendant l'affaire Dreyfus et sa manière d'agir pendant les guerres coloniales n'augmenta pas ma sympathie pour elle. Évidemment, il y avait eu cette guerre de 1914-1918 ; mais mon père m'avait affirmé que c'était les simples soldats qui l'avaient gagnée et Clemenceau. De toute façon, à dix ans, je n'aimais pas le relâchement, et ces soldats français fringués comme l'as de pique, qui trouvaient moyen de faire un saut à Aurillac pour embrasser leurs parents, baiser leurs femmes et manger un bon bifteck-pommes frites, avant de regagner ce qui restait de leur régiment à Perpignan, me répugnaient. Pour nous consoler, mon père et moi, nous partions en promenade, nous prenions la route qui mène à Vic-sur-Cère. Je lui parlais beaucoup, cette année-là. Surtout de géographie. J'avais déniché, avant de partir en vacances, dans l'appartement de mon grand-père, des tas de livres de classe datant de 1895 ou 1900, que j'avais précieusement emportés. Ce qui me permettait de noter, en les comparant avec des livres de géographie plus récents, l'augmentation de la population des principales villes de l'Amérique du Sud et que Sucre avait été, avant La Paz, la capitale de la Bolivie. Plus tard, je reportais cette passion sur les principaux producteurs de matières premières et je savais leur rang exact, d'après de frêles brochures suisses qui paraissaient chaque année. Jeanne, notre bonne, une Basquaise, grande, charnue, attendait des nouvelles de son fiancé, un matelot qui était l'ordonnance d'un amiral qui habitait juste en face de chez nous, avenue de Wagram, toutes voiles dehors. Le matelot, qui avait promené son amiral sur les routes de France, après l'avoir solidement amarré à Vichy (qui croquait l'amiral, à cette époque, comme d'autres le chocolat au lait et aux noisettes), fit un saut à Aurillac et épousa sa Jeanne avec mes parents comme témoins. Certains dimanches d'été, quand Jeanne, l'après-midi, se reposait sur son lit, vêtue d'une combinaison rose — Jeanne n'avait pas encore retrouvé son matelot —, j'allais la fesser, par ennui et pour mettre en pratique ce que m'avait appris la blonde Toura. Jeanne, la tête cachée dans ses bras, riait lourdement à chaque tape ou gémissait, mais ces gémissements ne s'adressaient pas à moi. Quand elle nous quitta au début de l'année 1941, elle pleura : « Je vous aime tant », nous dit-elle. C'était faux, car, quelques mois plus tard, nous lûmes une lettre qu'elle avait adressée à son matelot ou à sa sœur et qui, après un long voyage, nous était revenue ouverte et déchirée. Cette lettre était haineusement antisémite[1]. (Y aurait-il donc une façon non haineuse d'être antisémite ?) Mais ce qui me frappa, c'était que cette haine et cet antisémitisme semblaient irréels, surajoutés. Elle ne racontait pas des détails vrais ou faux sur mes parents : on aurait cru la lettre d'une jeune fille noble (pas dans le vocabulaire, du moins pas celui qu'une bonne presse prête à ces jeunes filles) qui aurait été séquestrée par de vils usuriers qui la faisaient travailler comme une folle, la maltraitaient, en lui donnant, pour tout potage, du pain sec et de l'eau sale. Sans doute avait-elle lu un roman de chevalerie et l'avait-elle recopié tel quel, par paresse ? Ça me surprit, comme ce que racontait la radio. Jeanne du moins n'étalait pas au grand jour mes turpitudes, qu'elle favorisait de grand cœur.

Il y avait, avenue de la République, l'artère principale d'Aurillac, qui allait vite changer de nom, dans une librairie qui s'appelait *Usha,* un livre vert que je poussai mon père à acheter. C'était le Lanson cartonné, revu, corrigé, abrégé, illustré par un professeur qui s'appelait Truffeau ou Turfeau ou Turfaut, manuel célèbre, fort répandu, mais qu'on demandait rarement comme cadeau d'anniversaire pour ses onze ans. Je ne savais pas ce qu'était un manuel de littérature. J'avais déjà beaucoup lu, mais je n'imaginais pas que l'on pût écrire sur les livres et les écrivains. Avant dix ans, c'étaient les livres qui comptaient pour moi ; après dix ans, ce furent les écrivains. Bien entendu, c'est dans ma jeunesse que j'avais raison ; ce livre m'avait appâté : on y parlait d'ouvrages que j'avais lus, ou, si je ne les avais pas lus, que j'avais vus dans la bibliothèque de mon père ou dans celles de la famille. Ainsi *l'Éducation sentimentale,*

1. Bien fait. Il ne faut jamais lire les lettres qui ne vous sont pas adressées.

Madame Bovary, la Tentation de saint Antoine et *Salammbô*, que mon père avait rapportés de la salle des ventes dans une belle édition, se trouvaient dans ce livre et tous ces romans avaient eu un auteur, Gustave Flaubert, qui, comme mon cousin, comme Napoléon, avait eu une vie. Je ne veux pas me faire plus bête que je n'étais ; bien sûr qu'à huit, neuf ans et même avant peut-être, je savais qu'il y avait eu de grands écrivains français et que ces grands écrivains étaient morts, mais je n'avais pas *réalisé*, avant de feuilleter en douce ce livre, ce que cela signifiait. Cela signifiait qu'ils avaient droit à une notice biographique, à une analyse de leurs œuvres, à des jugements, bref qu'on s'occupait d'eux autant que de Louis XIV ou de Pasteur et, à mes yeux, d'une façon infiniment plus appétissante. Ce qui me surprit, me choqua presque, c'est qu'on parlait, à la fin du livre, d'écrivains qui n'étaient pas morts. De Gide, de Valéry et de Claudel. Mon Dieu, comme il semblait inquiétant, ce monsieur Gide ! J'ai dit plus haut combien devaient me décevoir, par rapport à ce qu'on m'en avait dit, ses *Nourritures terrestres*. Il me fallut attendre la Libération et la réédition de la plupart de ses livres pour retrouver un regain d'intérêt. Qu'il y eût des écrivains vivants, dans cette histoire, me paraissait hardi, osé, une provocation : c'était vraiment un livre à ne pas lire la nuit. Et puis, Proust y figurait, cet écrivain dont ma tante nous rebattait les oreilles. De voir son nom me donnait envie de lire ce manuel. J'aperçus même le mot « madeleine ». La madeleine et Proust aujourd'hui, c'est ce qui fait le plus démodé. Mais, à cette époque, j'avais une passion pour les madeleines, avec le thé ou le chocolat, et je voulais savoir comment on pouvait être écrivain et parler de madeleines. Un enfant est très respectueux. En 1940, que de livres j'aurais envoyés à l'index ! En ce mois de septembre ou d'octobre, j'eus tout mon temps pour me plonger dans la lecture du Lanson. Ce n'était pas encore les classes. La famille de ma mère repartait dans des wagons à bestiaux vers Paris. La famille de mon père se sentait happée par le Midi. Pour moi, c'était la paix. On me laissait d'autant plus tranquille qu'« après sa si grave opération, il a besoin de beaucoup de ménagements ». Avant d'aller rejoindre son deuxième mari aux États-

Unis ou en Amérique du Sud, ma marraine vint nous embrasser. Elle était belle, et j'aimais enfouir visage et cheveux dans son manteau de vison. Elle s'étonnait que nous ne songions pas à quitter la France. Ortiz Echaguë, son mari, qui, après avoir dirigé les bureaux de *la Nacion* à Paris, s'occupait maintenant de ceux de Washington, s'inquiétait de ce qui pourrait arriver à des Français comme nous. Valery Larbaud lui avait dédié *Ce vice impuni, la lecture* en remerciant de l'avoir poussé à publier ses études critiques. Je revis Ortiz Echaguë au début de l'année 1946. Nous n'étions pas beaux à voir, avec nos airs de provinciaux, nos méchants costumes. Que ma mère lui ait préparé un bon déjeuner le déçut. Depuis son arrivée en cette France qu'il aurait voulu douloureuse, émaciée, il ne cessait d'aller d'un bon déjeuner à l'autre ! Il nous parlait surtout de Blum ; je lui parlais de De Gaulle, qui avait, d'après moi, la majeure partie du pays pour lui. Ce ne fut qu'en 1947 que je devins antigaulliste. Deux jours après ce déjeuner, je lus dans *le Monde* qu'il s'était suicidé, en se jetant par la fenêtre de son hôtel. Son suicide sembla bizarre à l'époque, pour des raisons techniques. Comme c'était un Espagnol antifranquiste, on parla d'assassinat politique. Je l'aimais bien ; il avait une tête intelligente, il connaissait beaucoup de choses et beaucoup d'hommes qu'à l'époque j'aurais voulu connaître. Ce qui m'avait humilié, lorsqu'il était venu déjeuner, c'était la laideur de nos meubles, ce bric-à-brac qui venait d'Aurillac. J'en voulais à mes parents d'avoir surchargé d'objets hétéroclites nos pièces vides ; je ne savais pas encore que ces choses n'ont pas l'importance que je leur prêtais. Les rares fois où j'ai suivi les amateurs de brocante, j'ai été étonné de voir comment ces connaisseurs se laissaient avoir et, me rappelant ces meubles que je trouvais si laids, je me suis demandé s'ils ne vaudraient pas aujourd'hui une fortune. En cet automne 40, tandis que je lisais que l'honneur et la foi étaient les deux piliers du Moyen Age, l'État français s'occupait de moi toutes affaires cessantes. La défaite, dont j'étais l'*un* des responsables, était en train de me subtiliser une bourgeoisie nette et franche sur laquelle je n'aurais pas craché. Ou, si j'avais craché dessus, je l'aurais fait d'une façon différente. Et dans le même temps où une bienheureuse curiosité me faisait gober tout rond l'histoire de notre littérature, Xavier Vallat par son statut des juifs m'acculait sans le savoir à la seule issue qui m'était permise — ou plus exactement qui se passait de toute permission —, l'imaginaire. Certes, quand je lisais un roman, un livre d'histoire, je cherchais à m'identifier au héros fictif ou historique en variant les combinaisons à l'infini. Mais le Lanson abrégé, lu sans que j'en comprisse vraiment le sens, lu surtout comme un plaisir inutile et gourmand et non comme un instrument de travail, me convainquit qu'il n'y avait pas en ce monde d'existence plus superbe que celle qui aboutissait à ce cimetière étroit, à ce Jockey-Club de la mort où, obéissant à des règles mystérieuses, on avait droit à une note en bas de page, à trois, à six pages et plus, jusqu'à la fin des temps. J'étais juif, je serais donc écrivain.

Pressez, pressez un peu le mouvement,
Monsieur l'écrivain,
Vous n'avez plus droit qu'à cent pages.
Compris ?

Sans notre intervention, le malheureux n'en finirait pas. Bon. Il allait vous dire sans doute que, à la suite de son opération et des quelques mois qu'il avait manqués, il ne rentra pas en sixième au lycée. On craignait que, s'il se bagarrait, son oreille n'en souffrît. En fait, on voulait lui cacher que la radio gouvernementale devenait de plus en plus menaçante à l'égard des juifs. Qu'un statut des juifs était en préparation. Cette façon de le mettre en couveuse, de le séparer de ses camarades de classe eut des effets désastreux. En lui donnant l'impression qu'il était fragile, douillet, qu'il risquait d'avoir peur, on lui inocula lentement la fragilité et la peur. En septième, comme il était le seul juif de sa classe — son comportement aurait été profondément différent, s'il y avait eu d'autres juifs : il n'aurait pas fabulé, il ne se serait pas cru unique, il aurait fait partie d'un clan (les juifs et leurs amis contre les antisémites), il se serait bagarré pour de bonnes raisons —, ses camarades, à l'exception de Lassagne, ne le trouvant pas différent d'eux, ne voyaient pas ce qu'il y avait d'extraordinaire à être juif. Mais, comme ils ne le revirent pas l'année de la défaite et que, en octobre 1941, le temps avait créé autour de lui une espèce d'*aura*, abusés par leurs parents, beaucoup de ces garçons finirent par le croire différent d'eux et le regardèrent comme s'il était devenu une bête curieuse. Ce qui faisait son affaire, puisque lui-même n'avait déjà que trop tendance à se sentir différent, séparé des autres. Mais après tout, laissons-le parler tout son soûl, puisque ce bavardage semble le soulager. « Sans élever la voix, disons que la bourgeoisie d'une petite ville de province, en 1940, ce n'était pas ragoûtant. Ce qu'ils ont pu être à l'aise, tous ces notables français, dans la défaite ; on ne l'imagine pas aujourd'hui. C'était le beau temps. Ils revivaient, ils s'épanouissaient. Ils étaient gras de bonheur. Rien ne les inquiétait. Pas même une victoire d'Hitler, qui, après tout, n'avait aucune raison de les ménager. La défaite de la France avait été une divine surprise. Ils l'avaient enfin ce régime qu'ils souhaitaient. Dans cette France exiguë, réduite à rien, ils étaient les maîtres. Je n'ai jamais rencontré de personnes aussi peu patriotes que ces notables. Lorsque Malraux dit, d'une façon quelque peu emphatique, que lui et quelques autres ont choisi, pendant l'Occupation, la France, je le comprends. J'étais ivre d'histoire de France contre ces bourgeois sans passé, rendus apatrides par ce traumatisme qu'avait été pour eux le Front populaire. Cette vieille ganache de Pétain leur suffisait. Il avait été le vainqueur de Verdun, il avait emmagasiné en sa personne assez de gloire française pour qu'ils ne se donnassent pas la peine de libérer leur pays. D'ailleurs, ils le libéraient à leur façon : quand le Parti communiste est hors la loi, quand les juifs n'ont plus le droit d'accomplir leur sale besogne, l'on ne pouvait pas leur reprocher de se croiser les bras. L'année 1941 fut leur trèfle à quatre feuilles. Ils n'apercevaient, à l'horizon, *rien de vraiment choquant.* La France était paysanne, bucolique. Elle aimait le grec et le latin, elle envoyait des colis à nos prisonniers qui menaient une vie de pantoufle dans leurs stalags et leurs oflags. L'ambassadeur des États-Unis en France avait de la considération pour le maréchal Pétain. C'est fou, comme l'amitié des États-Unis a compté pour nos apatrides bourgeois : regardez Lecanuet. On avait chassé Pierre Laval, politicien véreux (que je préfère de beaucoup à Pétain) ; on l'avait remplacé par un homme politique de valeur, Pierre-Étienne Flandrin. *Le Figaro* et *le Temps* paraissaient encore. Gide écrivait son *Journal* et se faisait chahuter par la Légion. Morand se félicitait de n'être pas resté à Londres : planqué en 1914, planqué en 1940. Les Anglais savaient enfin ce que c'était de recevoir des bombes sur leurs villes et leur campagne. Ça leur servirait de leçon : il ne fallait pas qu'ils comptassent toujours sur la *furia francese*. Ce n'était pas mauvais non plus que Hitler n'eût pas encore réussi à débarquer chez eux. Il était fou, cet homme, de croire qu'il pouvait mieux faire que Napoléon. Et cette attaque contre l'U.R.S.S., quelle merveille ! Hitler massacrait les hordes rouges et perdait des soldats. Grâce au maréchal Pétain, la France devenait une grosse Suisse, mais une Suisse idéale, sans démocratie, dotée d'un prestigieux passé. Si tout continuait à ce train, si tout le monde se tuait, notre pays pourrait imposer sans violence ses conditions de paix à l'Europe. C'est notre péché mignon de voir notre pays en médiateur désintéressé d'un monde divisé. Sur ce point, de Gaulle vaut Pétain. Le patriotisme de ma famille était sujet à caution. Comme la défaite de l'Allemagne risquait de nous avantager, nous étions suspects en la souhaitant. Les notables, eux, qui prenaient leur parti de la défaite, que la collaboration n'étouffait pas, étaient des patriotes raisonnables. Tenez, ce garçon, dont je vous ai parlé : sa bassesse en cinquième m'épata. Je dis en cinquième, car ce fut et ce doit être maintenant le meilleur garçon du monde. Les propagandes sur de jeunes têtes, c'est terrible. Lassagne cherchait la bagarre. Il m'accusait, moi et les miens, d'avoir mal préparé la guerre, il arguait que, pour un peu d'or, nous autres, nous étions prêts à tout vendre. Je vous épargne la suite : si vous êtes antisémites, vous trouverez des arguments encore plus incisifs dans vos petites cervelles, et si vous ne l'êtes pas, ce rabâchage risque de vous ennuyer. A la récréation, me souvenant des beaux jours d'autrefois, je le boxais comme on boxe à douze ans. Malheureusement cette sixième à la maison, avec une très jeune institutrice, ne m'avait rien valu. Nos coups s'équilibraient, ce qui me rendait rageur, puisque je savais que j'avais raison. Poirier, plus finaud que jamais, surveillait le combat. Au fait, celui-là, il n'était pas venu me voir souvent, quand je m'ennuyais à la maison. J'en sus la raison. Tandis que Lassagne essayait en vain de m'étrangler en me serrant le cou — nous avions abandonné la boxe qui ne donnait rien —, Poirier me prévint, d'un ton rigolard, qu'il était neutre, qu'il ne fallait pas que je comptasse sur lui — eh ! je ne lui avais rien demandé —, qu'il y avait du vrai dans ce que disait Lassagne. Sa neutralité se transforma vite en déclaration de guerre. Il n'y avait que les fils de paysans pour se moquer de ces histoires de juifs. A leurs yeux, j'étais semblable à ces fils de bourgeois : ni mieux ni pire. Je tiens à prévenir les âmes sensibles que, dès la quatrième, j'avais repris du poids ; les parents de mes camarades n'étaient plus aussi sûrs de la victoire de l'Allemagne (octobre 1942-juillet 1943) : avant d'être juif, je redevenais un bourgeois. Certaines personnes bien intentionnées, lorsqu'elles lurent mes premiers livres, s'étonnèrent de la vivacité de mes réactions : « Vous avez donc tant souffert ? » Des parents plus âgés que moi, qui avaient séjourné quelques mois à Aurillac et qui m'avaient vu rieur, s'esclaffèrent : « Mais il a tout inventé. » C'est légèrement plus compliqué. Tandis que le monde tel qu'il est se dévoilait à mes yeux, Dame nature me faisait cadeau d'une paranoïa qui ne demandait pas mieux que de se révéler au premier prétexte venu. Ce prétexte fut de taille : le fait d'être juif. Je savais que je l'étais et je ne savais pas ce que cela signifiait de l'être. J'aurais eu cinq ans de moins ou cinq ans de plus, j'aurais vécu ma situation d'une façon totalement différente. A dix ans, j'appréhendais ma juiverie dans la crainte et l'émerveillement. Elle devint un talisman, une façon de posséder le monde à distance, et dans le même temps un sujet de raillerie. En classe de cinquième, quand mes camarades riaient à l'idée que j'étais juif, ce n'était à leurs yeux guère plus grave que de demander à Poirier s'il avait des poires ou à Charles de Gaulle s'il était la

Gaule et la France. Poirier n'a pas cru qu'il était un arbre à fruits, mais la preuve est donnée que de Gaulle s'est pris pour la France, et quant à moi, mieux vaut n'en pas parler ! D'où ce malaise que j'ai perçu chez des lecteurs et des critiques : « Mais quel plaisir trouve-t-il à parler tout le temps de sa juiverie ? Pourquoi, comme disait le regretté Robert Kemp, réveille-t-il des souvenirs qu'il vaudrait mieux oublier ? Gratte-t-il des plaies qu'il vaudrait mieux calmer ? » Mille regrets, mais quand je tente de rentrer dans ma maison, pour faire l'inventaire de ce qui s'y trouve, je n'ai pas d'innombrables clefs à mon trousseau. Je ne sais même pas si j'en ai une. Mais si j'en ai une c'est toujours la même. On prête à un Rothschild ce mot qui se veut dédaigneux : « Je me demande bien comment on peut être juif si on n'est pas un Rothschild. » Il m'arrive de penser dans mes jours de fatigue que, sans la littérature, je ne serais plus juif. Que cette juiverie dont je me barbouille le visage n'est qu'un masque de houx, ce masque dont Lamiel se couvre le visage pour ne pas être importunée.

Référendum, samedi 26 avril 1969.

Au fond, comme je suis las de mes contradictions, las de soutenir plusieurs idées à la fois et d'autant plus las que, depuis quinze ans, je suis passé par pas mal de nuits blanches et de jours noirs, que je me suis abruti de toutes les façons imaginables dont je vous éviterai le récit pour le moment, que, dans la maison où j'écris, j'ai la chance de n'avoir encore ni télévision, ni radio, ni téléphone, j'ai envie de prendre deux ou trois jours de congé, je décide de voter pour de Gaulle et de la seule façon qu'il me soit permis, dans ce livre même. Lundi ou mardi, en me rendant à Grimaud, je verrai « si le pays m'a suivi ». Ça m'étonnerait : il suffit que je m'occupe d'histoires de clocher pour que mes concitoyens me coupent la parole. En septembre 1958, la seule fois de ma vie où j'ai voté, dans le village de Theil-sur-Vanne, je fus battu à plate couture. Mes parents et moi, à nous seuls, je crois que nous formions le tiers de l'opposition au Général. Quand bien même de Gaulle aurait été l'unique rempart contre les colonels et la droite fasciste, il ne nous paraissait pas convenable d'approuver une constitution qui leur devait beaucoup. Voter non à de Gaulle, c'était voter aussi non à Guy Mollet, à Maurice Faure, à Gaillard, à Pleven, à Lacoste, à Max Lejeune, à Bourgès-Maunoury, à tous ces politiciens dits de gauche, qui se pâmaient d'extase dans les bras du Général, et cela, après avoir été élu en 1956 pour faire la paix en Algérie d'une façon ou d'une autre. Je me souviens de mon relatif étonnement devant le oui de Sirius dans *le Monde,* de mon agacement en mai et juin 1958 lorsque, dans le salon des Galard, je n'entendais que des propos résignés, de tous ces intellectuels, de tous ces journalistes qui avaient fait carrière dans la gauche et qui sirotaient tranquillement leur whisky. Tous ces gens se portent à merveille aujourd'hui. Nos politiciens ont grossi. Ils ont le verbe haut et le non facile. Ils ne demandent pas mieux, ces mollassons, de reprendre de l'active. Eux, ou leurs pareils. Après tout, l'Algérie n'est plus française — on peut même se donner les gants à gauche de déplorer la manière inélégante dont le Général s'en est débarrassé. L'armée est cassée, brisée, et il reste encore assez d'or dans nos caisses pour faire les fous et, si nous plions l'échine, la bonne sœur allemande nous aidera. La vie est belle ! Et pourquoi Alain Poher ou Georges Pompidou ne recevraient pas aussi bien que de Gaulle les grands chefs africains ?

Mais c'est à notre gauche, à ses fidèles, que j'en ai. A vous entendre, il y avait donc, en juin 1958, un général républicain qui depuis vous a beaucoup déçus ? Mais qui vous disait qu'il était républicain alors que plus personne ne se souciait de vous défendre, et qu'il le fût ? Votre petit doigt peut-être ? Non, non, suave Mollet, brillant Billères, c'était la peur, cette vieille compagne qui ne vous quittait plus depuis les tomates d'Alger de 1956. Souvenez-vous, Mollet, quand, pour amadouer les Pieds-Noirs rigolards, vous pleurnichiez que vous étiez un excellent Français, un pupille de la nation. De Gaulle était républicain parce que c'était ça ou la Seine, comme on disait alors. Nos laïcs endurcis le voulaient républicain, comme on en voit d'autres croire subitement au bon Dieu à l'article de la mort. Vos tristes génuflexions, je ne les ai pas oubliées. Je ne vous reproche pas d'avoir été les politiciens de la IVe République — elle était aussi convenable qu'une autre, cette république-là, tous ces changements de ministères m'amusaient beaucoup —, je vous reproche de ne pas l'avoir défendue et, surtout, d'avoir tenu les traînes de la mariée gaulliste. Il s'est passé depuis un phénomène que je trouve amusant, plus les années ont passé, plus de Gaulle vous est apparu comme l'homme de la réaction, un danger mortel pour la République : l'homme à abattre. A la différence de la majorité des Français, vous êtes restés longtemps sous la table ou dans les placards, mais enfin, comme la position à plat ventre ou à quatre pattes est parfois incommode, vous avez fini par prendre l'air et vous n'en n'avez pas cru vos yeux : vous pouviez geindre sans être arrêtés, il y avait des élections, la presse était aussi libre (ou aussi servile) que sous la IVe République, la télévision aussi servile (ou aussi libre), etc., mais alors, mais alors, on était en république (pas celle de mes rêves) et ça changeait tout, de Gaulle n'était plus un républicain puisqu'il était encore au pouvoir et vous pas. Ah ! je sais ce que l'on va me répliquer, le pays était mal informé. Je n'en crois rien, ou plus exactement, je crois que tous les pays sont mal informés. Je ne parle pas des dictatures, c'est l'évidence. Je parle des pays vaguement démocratiques, et si ces pays sont mal informés, ce n'est pas tellement que l'on cache la vérité à leurs habitants — disons qu'on ne la facilite pas —, c'est que, contrairement à ce que pense Jean-François Revel, les citoyens n'ont pas envie d'être des citoyens ; de se tenir *au courant,* de savoir ce qui se passe dans leur pays. Et pourquoi ce refus ? Parce qu'ils aiment pouvoir se plaindre sans dossier, ça soulage. Autrement dit, les agriculteurs et les petits commerçants qui sont, paraît-il, trop nombreux ne tiennent pas tellement à savoir si c'est vrai, ce qui les obligerait à réfléchir d'une façon dramatique sur leur avenir, ce à quoi, avouons-le, rien ne les a préparés, mais préfèrent la grève ou les barrages qui obligent le gouvernement quel qu'il soit à revenir sur ses pas. Mais comme la France n'a jamais passé pour un modèle en matière d'informations, voyons ce qui se passe dans les pays anglo-saxons qui sont toujours cités en exemple. Les États-Unis, où, sans désemparer, d'innombrables chaînes de télévision présentent ou ont présenté les informations les plus réalistes sur la guerre du Viêt-nam. Croyez-vous que ces images aient bouleversé la quiétude des foyers américains ? Pas du tout. Cette guerre était horrible, certes, et il fallait en finir au plus vite avec ces sales Viets. Une réaction à la Charles IX, au moment où il laissa faire la Saint-Barthélemy : « Qu'on les tue, mais qu'on les tue tous. » Quand bien même les familles américaines n'auraient pas eu dans leur majorité des réactions aussi tranquillement sauvages, leur regard était depuis longtemps dépoli, usé par tout ce qu'elles avaient vu d'horreurs vraies ou imaginées à la télévision. Les horreurs de Goya entre deux films publicitaires, ça ne tient pas le coup. Venons-en à l'admirable B.B.C. avec son statut et sa légendaire objectivité. Croit-on que le massacre des Biafrais, patronné, du moins accepté, blanchi, si je puis dire, par le gouvernement de ce sacré gros malin de Wilson, a empêché de dormir les syndicats ou les membres de la Ligue pour la protection des hiboux dans le Devon ? Les Anglais, si bien renseignés soient-ils, ont des soucis d'un autre ordre : la mort des Biafrais dont ils sont responsables (ils ne sont pas les seuls, c'est ce qui leur permet de garder ce flegme dans le crime, flegme dont ils étaient si fiers et qui d'ailleurs les abandonne) les intéresse moins que le sort de la livre sterling. Ils avaient renoncé à leurs colonies avec une stupéfiante désinvolture, mais la livre, ça ne passe pas. Et je comprends que leur situation les préoccupe, mais je me demande si le fait que leur livre impériale, dernier dominion, dernier joyau de S.M. Élisabeth II, soit devenue une espèce de sous-franc ne contribue pas à leur agacement. S'il n'y avait que la livre pour mettre leurs nerfs en boule, mais il y a plus grave. Ces racistes distingués risquent de perdre leurs belles manières. Ils sont envahis par toutes sortes de Malais, de métis, de peaux cuivrées qui risquent de contaminer le robuste corps rouge et blanc de Mrs. Brown, et, juste ciel, de souiller la pelouse de l'honorable Mr. Brown ! On oublie toujours que l'Angleterre est le pays de la quarantaine pour les animaux qui n'ont pas eu la chance de naître dans ses vertes prairies. L'Angleterre, paradis depuis des siècles des démocrates français, est d'ailleurs très franche : « Contingentons, contingentons si nous voulons éviter d'être aussi odieux que les Américains. » Quand on sait que la quasi-disparition des juifs en Pologne n'empêche pas les Polonais d'être plus antisémites que jamais, j'éprouve des doutes sur l'efficacité de cette méthode. Les exemples que j'ai mis en avant ne sont pas là pour suggérer la suppression de la liberté de presse, le rétablissement de la censure, comme le souhaite Michel Cournot dans *l'Observateur* (à propos des faits divers et de leurs exploitations, il est vrai. Mais l'exemple de la presse des pays “ socialistes ”, où les faits divers sont à peine mentionnés, n'est pas fait pour me rassurer, puisque cette presse est la plus mensongère du monde), ni davantage pour que notre télévision soit encore plus niaise qu'elle n'est (je regrette au contraire que lors des événements de mai-juin, les oppositions ne se soient pas enracinées sur cette question pour arracher à Pompidou ce fameux statut qu'il aurait, sur sa lancée de Grenelle, accordé comme le reste à l'époque). On s'est beaucoup trop préoccupé alors, et depuis, de la réforme de l'enseignement, poudre aux yeux mystificatrice. Cela dit, on n'empêchera jamais les « réformes de l'enseignement », elles passionnent les ministres qui les suscitent — c'est la noble tâche par excellence — pour peu qu'ils aient l'esprit agile — ce qui est le cas, on le sait, de M. Edgar Faure. Elles passionnent d'ailleurs tout le monde, moi le premier. Chacun a son idée. On se croirait au P.S.U. ! Et pourtant, on ne devrait pas oublier que, depuis soixante ans (j'ai bien dit soixante ans), les réformes de l'enseignement n'ont finalement abouti qu'à une dégradation de l'enseignement. C'est que les réformes chassent les réformes. Il est comique de voir des élèves qui apprennent de moins en moins de choses se plaindre de travailler de plus en plus. « Mais, monsieur le réactionnaire, monsieur Qui-voulez-arrêter-le-progrès, vous n'y comprenez rien, nos enfants ne veulent pas apprendre n'importe quoi. Être des perroquets. Les livres suffisent. Ce qui ne les intéresse pas, pourquoi s'en farciraient-ils la tête ? » Messieurs les visionnaires, je vous répondrai ceci : « D'abord, je ne crois pas à la bonté de l'enfant, à la sagesse de l'enfant. Les enfants sont des monstres et si l'on s'étonne que des adultes aient pu commettre jadis et maintenant les atrocités que l'on sait avec un si grand naturel, c'est qu'on oublie qu'ils ont été des enfants et qu'ils le sont restés. Je crains les villes dont les princes sont des enfants. En 1968, les enfants des lycées — dernier mouvement de la dialectique marxiste — ont découvert qu'ils étaient tout et le professeur rien. Qu'ils étaient, s'ils le voulaient, les maîtres de la classe, et le maître, le plus souvent un pauvre type. Ils ont compris qu'ils pouvaient invoquer la démocratie, la gauche, la révolution pour créer le bordel, et cela sous les applaudissements frénétiques et quelque peu dégoûtants d'aînés illustres qui se sont politiquement tellement trompés qu'ils ne sont plus à une erreur près. Pour ces derniers, Louis-le-Grand, Michelet, les lycées de Paris ont remplacé l'U.R.S.S., la Chine qui, après tout... Cuba qui n'a pas condamné en termes assez fermes l'agression russe en Tchécoslovaquie, les pays arabes trop gaullistes, le Viêt-nam mieux défendu par les intellectuels américains que par les nôtres. Que des dirigeants du S.N.E.P. Sup. ou de l'U.N.E.F. aient pu couvrir les brutalités de certains élèves envers les professeurs me paraît un scandale. Que des juifs comme Geismar ou Herszberg n'aient pas trouvé dans le simple fait d'être juifs l'envie, la force, la nécessité de dénoncer ces pratiques ignobles m'en paraît un autre. Certes, j'ai demandé le droit pour les juifs d'être bêtes, laids et méchants comme les autres hommes, mais ce droit reconnu, à mes yeux, si des juifs en tirent parti, ils ne sont plus des juifs, mais des salauds. C'est ce qui me distingue (entre autres détails) de l'antisémite. Je vois bien qu'on pourrait en effet s'étonner de mes propos, et me laisser entendre que je frise l'antisémitisme, ce qui serait le comble pour un juif, lorsque j'ai l'air de vouloir que les juifs se conduisent de telle façon en telle circonstance, ce qui postulerait une essence, une spécificité juive. N'ai-je pas écrit que je considère comme antisémite toute personne qui voit *juif* lorsqu'on lui parle, par exemple, d'un commerçant juif avare ou malhonnête au lieu de *voir* d'abord malhonnêteté ou avarice. Mais *moi* qui suis *juif,* j'ai le droit de rappeler à certains juifs qui se piquent d'être des intellectuels que, lorsque par leurs paroles ou leur silence ils couvrent des violences physiques exercées sur des faibles — violences qui me rappellent davantage les débuts de l'Allemagne hitlérienne que les journées d'octobre 1917 —, ils oublient leurs morts, ils déshonorent la souffrance des leurs, ils renient leur passé. Il est très difficile, presque insensé de rester juif, lorsque Jéhovah vous intéresse autant (ou aussi peu) que Jupiter ou Jésus et que l'on n'a pour l'État d'Israël que de la sympathie — un malheur qui aurait pu vous arriver ; la seule raison de rester juif, c'est de se souvenir et de trouver dans ces souvenirs la force de ne pas hurler avec les loups quelle que soit la couleur de leur pelage. Le juif à la mode nazie, le juif-poing facile (« Descends ! si tu es un homme ») n'aura jamais mes faveurs. On ne se venge pas de ceux qui vous ont persécutés en les prenant comme modèle, même de loin. J'exagère ? En tout cas moins que ceux qui prennent de Gaulle pour Hitler. Pour conclure, si je ne crois pas à une essence juive, je crois que notre passé de juifs nous contraint peu ou prou à ne pas nous conduire d'une façon aussi basse, aussi grégaire que nos semblables. Où alors appelons-nous Dupont et n'en parlons plus. Et qu'on ne me parle pas de l'État d'Israël. Les cent millions d'Arabes, fous de haine ou de misère, qui entourent ce petit État et qui justifient de sa part bien des précautions, n'ont rien à voir avec ce malheureux troupeau de professeurs menacés à tout moment de crises cardiaques. Le seul rapprochement possible serait celui-ci : aux qualités que les Nations unies exigent de l'État d'Israël, quel État serait digne d'en faire partie ? Aux qualités que les élèves exigent de leurs professeurs, et sur-le-champ, combien d'élèves mériteraient-ils de tels professeurs ? La jeunesse a déjà assez d'esprit de sérieux sans que l'on se donne la peine de la trop prendre au sérieux. Et si vous me dites qu'elle a ébranlé un régime politique, comme ça, au passage, sans bien y regarder, un régime sur lequel toutes les oppositions s'étaient cassé les dents depuis dix ans, j'abonderai dans votre sens, vous faisant pourtant la remarque qu'un régime peut prévoir bien des choses, sauf d'être débordé, ignoré bruyamment par ceux qui, à tort ou à raison, n'avaient pas encore le droit à la parole. Depuis 1789, les révolutions, qu'elles aient réussi ou pas (de toute façon, elles ont toujours échoué), en France ont toujours été faites par des privilégiés qui se considéraient comme tenus à l'écart, comme n'étant pas assez privilégiés par rapport à d'autres privilégiés qui l'étaient davantage. L'Age, effectivement, l'Age (des lycées et des facultés) était la seule classe qui n'avait pas encore son syndicat. Il fallait que ça change, et toutes affaires cessantes, que le pays se préoccupât du futur salaire de nos futurs sociologues. L'Age, comme chaque fois qu'il y a une révolution, demanda à la classe ouvrière de lui fournir son précieux combustible, décida que la vie allait devenir merveilleuse, que les rivières de France deviendraient des rizières, nos coteaux modérés, des centres de guérilleros. Quelle consternation chez nos sagaces étudiants de voir les ouvriers se laisser prendre au piège des *augmentations de salaires*. « Dix ans, c'est assez. » C'est une phrase qui n'a pas seulement vieilli de Gaulle, mais nous tous. C'est ce qu'on feint d'ignorer. Mais oui, le grand écrivain de gauche, mais oui, l'hebdomadaire de la gauche ! Je ne vois que l'appareil du Parti communiste français pour avoir réagi avec vigueur et santé, je veux dire dans le sens de sa propre préservation. Mais quand un pays n'est pas la Chine, quand, dans son ensemble, c'est un pays de bourgeois et de repus et qu'une partie de sa jeunesse fait mine de l'ignorer, qu'elle se trémousse toute seule, toute nue devant la glace de la salle de bains des parents, imitant je ne sais quelle danse tropicale, je dis que ce pays est malade. Je dis que cette jeunesse n'est pas capable de faire la révolution dont elle rêve (et que d'ailleurs il n'y a pas de révolution mais des apprentissages). Je dis qu'il faut la réveiller, lui crier, par exemple, que c'est peut-être malheureux mais que nous sommes en France et que nos voisins ne s'appellent pas Cuba, la Bolivie, le Viêt-nam, Saint-Domingue mais plus prosaïquement l'Allemagne, l'Angleterre, l'Italie, que, lorsqu'on casse les vitres sous prétexte que l'on se croit dans un pays du tiers monde, le drapeau noir fait vite place au drapeau rouge, lui-même vite supplanté par une variante tricolore de la croix gammée. Mai 1968 n'a pas été une victoire de la gauche, il serait temps qu'on finisse par le comprendre à gauche, par exemple. Mai 1968 a été la victoire éphémère de l'irrationnel [1] et ce n'est pas parce qu'un Sartre a perdu confiance dans le personnel de la gauche — il n'est pas le seul, j'imagine — qu'il doit confondre magie et révolution, et s'il a besoin d'un calmant, je le renvoie à son excellente *Esquisse d'une théorie des émotions.*

A ce moment-là, il s'aperçut en regardant des pages inachevées, des pages maudites, qu'il avait recommencées trop souvent à son gré, sous prétexte qu'elles étaient raturées, et jadis il ne pouvait souffrir une page où il y avait des ratures, qu'il avait laissé tomber plusieurs pistes. « Le gazon de l'honorable Mr. Brown » ne lui avait pas porté bonheur. Pas davantage : « On s'est trop occupé alors et depuis de la réforme de l'enseignement. » Il sentait bien qu'il aurait fallu tout recommencer. Mon Dieu, comme il avait vieilli, quelle difficulté dans les transitions ! Malgré ses dénégations, il se prenait toujours pour un jeune homme. Il avait cru qu'il pouvait écrire comme à vingt ans, d'après un plan qui se réduisait à un petit bout de papier sale qu'il laissait traîner dans sa poche, au milieu de mégots, d'allumettes inutilisables et de pièces de monnaie. Mais il était bien tard. Si tard que ça ? Au fond rien ne pressait. Il était libre : ses éditeurs quels qu'ils fussent n'avaient jamais compté. Cette idée le ravit. Pour une fois, il trouva qu'écrire c'était merveilleux. Il avait presque des larmes à la Jaboune. Les éditeurs ne comptaient pas, les lecteurs n'avaient pas besoin de lui, c'était le rêve. Il pensa aux malheureux écrivains qui étaient attendus. Comme il avait eu raison de s'arrêter d'écrire, si maintenant il était décidé à ne plus jamais cesser de le faire. Même si on le sifflait, même si on refusait de publier ses livres. Sournois, chafouin, voilà ce qu'il était délicieusement à ses propres yeux, au moment même où il vidait la boîte aux ordures dans une fosse située à quelques centaines de mètres de sa maison. Il devait se dépêcher d'expliquer, dans cette maison

1. C'est ce qui gêne Revel dans ses articles de *l'Express,* lui qui, le premier, a dénoncé en 1958, dans *le Style du Général,* le nominalisme de De Gaulle (oubliant que lorsque la magie agit sur l'autre, on ne peut plus dire qu'elle soit inefficace) et lui fait tourner et retourner trente-six fois sa plume dans l'encrier lorsqu'il s'agit d'approuver sans réserve le mouvement étudiant.

qu'était son livre, pourquoi il avait voté pour de Gaulle avant d'être devancé par les résultats. Ce jeu absurde l'amusait : que, lorsqu'on le lirait, ses opinions n'auraient plus d'importance, sinon peut-être de se retourner contre lui. Les événements étaient ses vraies contrariétés. Ils *tranchaient,* ils voulaient lui couper la parole. Ces hommes politiques qu'il avait décidé depuis longtemps d'enfermer dans des bocaux, il avait l'impression de les croiser et recroiser sans cesse, tandis qu'il se cramponnait à la rampe d'un escalier roulant. Ils le regardaient d'un air de plus en plus jovial et même non dépourvu de goguenardise, alors que sa plume, tressautant comme une folle, tentait de garder le bon cap. Pour alléger sa besogne, pour ne pas l'obliger à de perpétuels retours en arrière, nous vous livrons ces variantes inachevées en vrac.

« Une autre raison m'incite à croire (je n'oublie pas les résultats de la S.O.F.R.E.S. qui donne le non, gagnant) que de Gaulle aura du mal à l'emporter cette fois-ci, c'est que lorsque j'ai pris son parti en 1965, il s'en est fallu de peu qu'il ne fût pas président de la République. Je ne porte pas chance. Mes oui sont rares, et annoncent le plus souvent que les élus à qui je les accorde sont en passe de devenir minoritaires, c'est d'ailleurs, si je réfléchis, la seule excuse que je me donne pour les avoir formulés. “ Prendre son parti. ”: ces mots sont fort et gais ! Que mes futurs lecteurs ne s'y trompent pas. Je ne m'agite pas tant. Et si je m'étais agité, je n'aurais pas pour autant remué grand monde : tout ce que je pouvais faire, c'était tenter de persuader Françoise Sagan, déjà réticente — mauvais signe —, de dire qu'elle votait pour de Gaulle. Les écrivains ont le oui ou le non facile, mais sur place. C'est si vrai que je vois Sartre prêcher aujourd'hui l'abstention, sous prétexte que voter c'est faire le jeu du régime. En fait, il ne veut pas se déranger. (Tiens, si Sartre s'abstient, de Gaulle va partir, car si Sartre s'abstient c'est qu'il croit que de Gaulle va l'emporter, autrement il aurait voté non. Et comme en politique il se trompe toujours, je crois que de Gaulle est mûr pour Colombey. Me revient à l'esprit le mot de mon ami le consul : “ La seule preuve de l'existence de Dieu c'est que Sartre n'y croit pas. Si les manuels de philosophie de tendance catholique étaient malins, ils feraient sauter toutes les autres qui ne valent pas tripette, et ils ne garderaient que la *preuve par Sartre.* ") Sagan accepta encore une fois de prêter son nom à mes envies. Mais je me demande si, sans Mitterrand, je l'aurais convaincue. Ma seule consolation c'est que notre campagne électorale et notre vote ne nous coûtèrent pas d'efforts. Un soir, vers les 6 heures, nous nous rendîmes dans un des salons de l'hôtel du Pont-Royal où la fine fleur du comité pour le soutien au Général papillonnait autour d'un buffet. (Non, Kanters, ne pensez pas en vous-même que fine fleur et papillon ça s'accorde mal, c'est VOULU.) Maurice Clavel dont les yeux ne s'étaient pas encore ouverts jouait dans ces lieux le rôle de la maîtresse de maison. Il s'agitait beaucoup. Françoise Sagan fut aussi entourée que si elle avait été le Général. Il est vrai que ça manquait d'écrivains. Je me réfugiai tristement près du buffet où la vue de petits éclairs au café me dérida. Presque aussitôt, un gentil jeune homme, un écrivain peut-être, qui avait un poste à *Notre République,* l'hebdomadaire pour moi toujours mystérieux des gaullistes de gauche — il faut dire que si *le Monde* n'existait pas, la presse gaulliste de droite ou de gauche serait inconnue en France, mais grâce soit rendue à Beuve-Méry, ma tête est farcie des éditoriaux de Jacques de Montalais —, vint me demander si je ne voulais pas écrire dans son journal un de ces articles *percutants* dont j'avais le secret et si j'allais bientôt sortir un livre. Ce que mon silence, depuis plus de dix ans, a pu désoler de personnes en France vous ne l'imaginez pas, vous êtes comme moi. On n'est jamais moins seul que lorsqu'on n'écrit plus. On vient tout le temps vous demander de vos nouvelles, tâter votre pouls. J'aurais dû prendre le nom et l'adresse de tous les braves gens qui, sans m'avoir lu dans la plupart des cas, souhaitaient tant me lire, quand ce livre aurait enfin paru, j'aurais été sûr de voir mon premier tirage s'épuiser en un temps record. Nous écoutâmes debout avec beaucoup de respect et d'ennui un petit discours d'André Chamson qui, pour le lire, s'était donné la peine de s'asseoir, et puis, Sagan et moi, nous allâmes chacun de notre côté vers la nuit. Clavel ne m'avait pas plu, que je voyais pour la première fois. Je ne l'aime toujours pas. Qu'il soit gaulliste, qu'il écrive à *l'Observateur* (c'était souvent la même chose d'ailleurs), qu'il soit à l'écoute de la parole de Dieu — pas exactement la parole de Dieu, la parole de l'Être — ou à l'écoute de Mai 1968 (la radio pirate qui a remplacé Radio-Caroline), ce qu'il dit me gêne. Et la façon dont il le dit. Sa sincérité a traîné partout, on dirait une vieille actrice qui a joué trop de rôles pour s'y retrouver. Elle aurait besoin de garder la chambre. Je suis peut-être injuste — une fois n'est pas coutume — après tout, ces " bouillantes natures " au teint livide et aux yeux glauques, c'est excellent pour les hebdomadaires, ça déclenche des lettres de lecteurs. Cette espèce de fausse vierge énervée qui vibre sur commande me fait songer à ces juke-boxes où il suffit de mettre dix pièces de vingt francs pour déclencher de la musiquette à ne plus savoir qu'en faire. Je regrette de lire sous la plume de Revel des propos qui infirment les miens : " Maurice Clavel que l'attitude équivoque du pouvoir dans l'affaire Ben Barka a lancé dans une courageuse réforme après des années d'une fidélité héroïque et désintéressée [1]... " La platitude du style m'invite à croire que Revel pensait à autre chose lorsqu'il citait Clavel à l'ordre du régiment, qu'il rêvait, et que c'est l'ex-candidat à la députation de Neuilly qui avait pris sa place et sa plume, se croyant toujours en train de " dominer l'auditoire " dans un préau d'école. Quand on parle de réforme de l'enseignement, on veut nous persuader que nous sommes en plein XVIe siècle, que 1968 c'est la Renaissance et Edgar Faure, Budé. On se trompe toujours de Bastille : les colles n'étaient pas des tortures, le système de notation était une idée raisonnable et les examens ce qu'on avait trouvé de mieux pour renvoyer aux champs les plus divers ceux qui ne voulaient pas travailler. Ce pauvre latin que l'Église abandonne était une discipline aussi charmante que les mathématiques. De toutes les façons, les professseurs de mathématiques dans leur majorité ignorent tout des mathématiques modernes, et langue morte pour langue morte je préfère le latin. Il est d'ailleurs idiot de croire qu'un médiocre élève en mathématiques (et même un bon) est plus proche d'Einstein qu'un garçon

1. *In* Jean-François Revel, *Lettre ouverte à la droite* (Albin Michel).

qui a fait du latin. Après sept ans de latin, on a certes des chances d'être incapable de traduire la version la plus facile. Mais on risque d'être légèrement, légèrement plus civilisé, un rien, qu'un garçon qui n'en a jamais fait et à qui on a répété lors de ses études : “ Hein, tu t'accroches au réel, tu t'accroches au réel, petit ? ” Et si on n'est pas plus civilisé, on peut s'imaginer l'être, ce qui est déjà énorme.

« Passons sur les comédies larmoyantes des agrégés révolutionnaires qui sont furieux d'avoir été de bons élèves et qui en 1969 tentent de réaliser leurs rêves de cancres qu'ils n'ont pas osé être, il y a quarante ans. Tous ces scouts, tous ces vieux scouts en chaleur — car bien entendu, il faut être un scout pour être un professeur — essaient de nous faire croire qu'ils sont des “ anars ”. Mais regardez vos cous, vieux chiens qui vous prenez pour des loups. Un élève qui ne veut pas apprendre ni comprendre a tort et aura toujours tort. On a parfaitement le droit d'avoir tort, de refuser d'apprendre, mais il ne faut pas transformer ce refus, cette paresse, cette mauvaise volonté en système d'éducation. Tout le monde ne mérite pas zéro de conduite. Il y a des derniers qui sont presque aussi répugnants que les premiers de la classe. Cette réforme de l'enseignement c'est un mot pompeux pour camoufler la dévaluation sauvage de l'enseignement. Ah ! s'il n'y avait pas ces bagarres, ces tracts, comme les parents français seraient heureux ! Après avoir obtenu le certificat pour tous, le brevet, le bachot, dans les années qui viennent, ils espèrent obtenir pour leurs chers petits la licence, et pourquoi pas l'agrégation. Mon Dieu, quelle pagaille ! Vous avez d'un côté les révolutionnaires qui se disent qu'après tout, si l'enseignement se déglingue complètement, il finira bien par se passer quelque chose. Toujours du côté de la jeunesse, vous avez les réformistes (rien à voir avec Faure) qui sont contre la réforme, mais pas pour le *statu quo*. Ils sont infiniment sérieux. Ils croient à tout ce qu'ils disent ou pensent, et à rien de ce qu'on leur dit. Ils sont gentils, charmants et stupéfaits lorsqu'on leur affirme qu'ils ne travaillent pas tant que ça et qu'il n'y a pas tellement de façons d'enseigner. Il y a le ministre : le ministre pense essentiellement à la rentrée et à la sortie. Et à son plan. “ Si M. Edgar Faure était fou... ”, disait déjà de Gaulle. Le ministre est facilement irrité ! Personne ne le comprend. Tous ces professeurs réactionnaires. Tous ces députés complètement idiots. Tous ces petits imbéciles qui sabotent sa réforme. Il y a bien entendu la masse, le marais, le centre : les paresseux, les pas-très-doués, les un-peu-faibles qui subodorent la bonne affaire. (L’importance donnée au livret scolaire où le 8 se rapproche du 10, ce 10 n’ayant rien de très farouche, pas plus que le 12 d’ailleurs.)

« L’erreur de base c’est de vouloir que l’enseignement soit appétissant. Le gai savoir en self-service. Pour savoir ce qu’il aime, ce qu’il veut, un lycéen doit rejeter avec dégoût, et sans en avertir les populations, mille connaissances inutiles, ou qui lui semblent telles. Un professeur médiocre peut vous en apprendre autant sur le sujet qu’il traite qu’un professeur à numéros. Il vous fait prendre conscience de ce qu’il y a de faux dans le fait d’enseigner, dans tout enseignement. (Malheureuse époque qui croit aux *bons* prix, à l’information *objective,* aux chefs d’État qui disent la vérité, à l’enseignement débarrassé de ses scories inutiles. Peu à peu, dans le mesure où ce que l’on vous proposera sera présenté comme le seul produit valable, on désarmera la critique, la méfiance la plus légitime. Au nom de la vérité, de la rigueur scientifique, nous serons plus moutons, plus floués que jamais.) Cette pièce de Racine si lamentablement hachée, charcutée pendant un long trimestre par le professeur qui est en face de vous, on finit par la reprendre à son compte, on finit, si enfant soit-on, par s’apercevoir que ce pauvre homme ne sait rien des passions, ni de la littérature ni de Racine. C’est dans le doute, le refus, qu’une enfance se crée. Si l’anarchie règne partout, elle n’est plus. Et puis, perdons notre pudeur, employons les gros mots, on nous parle d’un tronc commun et aussitôt les insultes fusent, alors qu’avec ou sans réforme la question c’est d’abord l’argent. De savoir combien on construira de lycées ou de facultés dans les dix prochaines années. (Et si c’était vraiment nécessaire d’en construire tant ? Mais c’est accessoire.) »

Lundi 28 avril.

De Gaulle a perdu et il ne m'a pas laissé le temps de dire pourquoi je votais pour lui ! Naturellement, dans la préface de mon livre, j'indiquerai sans trop insister que je suis le seul écrivain à n'avoir rien publié sous son règne. A n'avoir participé à aucune émission de télévision. Je n'ai pas davantage parlé à la radio, etc. Ah ! ce n'est pas comme..., ni comme... Tous des collabos. Tous à fusiller. J'excepte Blondin, il a bien dû publier un roman en 1959, mais 1959 passe encore[1] ! De toute façon, quand j'épurerai, j'aurai besoin d'un greffier. Je relis avec émotion les dernières lignes[2] de mon dernier livre : « La vérité, c'était toujours *ailleurs* et *plus tard.* Eh bien, rendons à cette admirable méthode l'hommage qu'il convient car, ici et *maintenant,* c'est le fascisme. Nous avons voulu une société plus juste et, pour ne pas perdre de temps, nous avons sauté l'escale France. Nous avons abandonné ce pays aux plus bêtes. Les plus bêtes ont bien pris le pouvoir, et nous n'avons pas pour autant une société plus juste, etc. » Je regrette d'être le seul à le dire, mais il fallait un sacré courage ou une sacrée lucidité pour écrire ça. J'ai durement payé mon opposition. On m'a tout pris. L'Occupation, ce n'était rien par rapport à l'oppression gaulliste. On m'a interdit de rien publier. Pratiquement, je n'avais plus le droit d'habiter Paris. Dix ans d'exil.

Mardi 29 avril.

Réjouissante lecture de mes deux hebdomadaires favoris. La couverture de *l'Observateur* est superbe : « La France réveillée. » Avec du bleu layette, comme si un poupon venait de naître. « Triste fin de règne, écrit Jean Daniel. Le naufrage n'est pas somptueux : on croyait que le plus grand chêne de la forêt française s'abattrait dans un fracas historique. Il a été congé-

1. Je ferai voter une loi Blondin comme il y a eu la loi Brisson qui permit au *Figaro* de reparaître.
2. Écrites en septembre 1958.

dié… dans un combat indigne de son passé, où la présomption a une fois de plus frisé la mégalomanie, il a médiocrement sombré. » C'est fou de lire ça. Qu'espérait donc Daniel ? Un coup de force ? Comment un démocrate de gauche peut-il dire qu'un homme politique est congédié quand il quitte le pouvoir après avoir été battu au suffrage universel ? Évidemment, de Gaulle, à la différence de Mendès France, n'a pas tenté de s'emparer du micro pour rester dix minutes de plus au pouvoir ! Je vois ce qui gêne Daniel et ce qui va gêner toute cette gauche malade. C'est que de Gaulle était pratique. Un remède à sa lâcheté ! Elle était libre sous son règne de s'exprimer comme elle le voulait, tout en faisant semblant d'être prisonnière. La gauche, pendant dix ans, a joué la comédie de la résistance. On allait l'arrêter d'un moment à l'autre. Et au fond d'elle-même, elle est si peu sûre de pouvoir gouverner qu'elle aurait préféré que de Gaulle lui donnât raison en se conduisant pour finir comme un dictateur. Maintenant, c'est plus embêtant : de Gaulle est parti, ce n'est pas la France qui est orpheline, c'est la gauche. Si de Gaulle était au pouvoir, c'était par la volonté du peuple, et rétrospectivement, les frissons de la gauche apparaissent comiques. La gauche est seule. Elle ne peut plus japper après de Gaulle. « Cette fois, ajoute Daniel, le combat sera clair. » Mon pauvre ami, je sais bien ce que c'est un éditorial, mais comme je vous trouve jeune, les voiles qui se déchirent, le pays mis en face de ses responsabilités, que de cocoricos la gauche a-t-elle poussés dans sa chienne de vie et pour aboutir à Vichy, à d'éternels Vichy ! La France ne s'est pas du tout réveillée, elle en a voulu à de Gaulle de ne pas s'être conduit envers les étudiants gauchistes comme Versailles avec la Commune. Soyez contents que de Gaulle soit battu, c'est votre devoir, mais n'y voyez pas une victoire de la gauche. Maintenant que de Gaulle est parti, c'est la droite qu'il avait réussi à subjuguer qui bâille d'aise. Pas la droite des colonels, mais la bonne grosse droite française, presque toujours majoritaire, et qui va l'être désormais pour longtemps. Il me semble évident que le pays, ayant écarté de Gaulle parce qu'il n'était plus assez rassurant, qu'il représentait avec ses confuses histoires de participation, l'aventure, pour se remettre de son « sacrilège », va faire frileusement confiance à tous les godillots, qu'ils soient gaullistes ou centristes. Quant à Servan-Schreiber, son article commence par une provocation : « Pour la première fois dans la vie d'un homme de ma génération, on peut être fier de son pays. Ce que la France vient de faire, aucun pays jamais ne l'avait fait avant elle. Et cette victoire sur lui-même — la plus difficile de toutes — que notre pays vient de remporter peut enfin effacer dans notre conscience le souvenir de tant de défaites, d'affaissements, d'abandons, qui n'ont cessé de nous marquer depuis 1939. » J'ai l'impression que Servan-Schreiber n'oubliera pas de sitôt sa tirade. Qu'elle bourdonnera à ses oreilles pendant de longues années. Quelle fantastique myopie chez l'un et chez l'autre ! Encore une fois, je ne leur reproche pas d'être satisfaits du départ de De Gaulle, mais je suis stupéfait de voir qu'ils ne comprennent pas que cette défaite a une tout autre signification que celle qu'ils lui prêtent. Et puis, cette façon que Servan-Schreiber a d'identifier la France à Vauvenargues, de la métamorphoser en jeune moraliste incorruptible, très nouvelle vague, on aura tout vu. Il n'y a pas que les hommes politiques que le temps use. Beaucoup de journalistes devraient se demander si, après avoir écrit depuis plus de vingt ans des articles, leurs réflexes sont restés sains. Mais ni Servan-Schreiber, ni Daniel, ni Beuve-Méry, pour ne citer que les meilleurs, n'ont l'air de se poser ce genre de question[1]. Les régimes, les républiques passent, mais eux, mon Dieu, pondent sur les événements avec la même tranquille assurance. Ils se sentent toujours aussi jeunes, comme le narrateur de Proust à la fin du *Temps retrouvé.* Dans trente ans, si Dieu leur prête vie, ce que j'espère, les derniers Salazar, les derniers Franco, ce seront nos directeurs de journaux, toujours sur la brèche. Et les écrivains ? C'est selon. Le style donne de belles rides. On sait que la gauche a l'habitude de laisser les communistes à l'office, les jugeant trop compromettants, et qu'elle ne s'en sert que pendant les périodes

1. Erreur, Beuve-Méry se l'est posée et a démissionné. Un petit effort, Daniel (décembre 1969). Servan-Schreiber se l'est également posée ! Mais Daniel s'entête ! (Mars 1970.)

électorales où ils fournissent les gros bataillons. C'est ce qui vient de se passer. La droite vient d'utiliser la gauche tout entière pour qu'elle lui serve d'infanterie en vue de se débarrasser d'un homme singulier dont elle craignait les dernières foucades. « Vous n'y êtes pas. Ce n'est qu'un début. La vie commence demain. » Je serais déjà plus rassuré sur l'avenir brillant qui nous attend si vos analyses n'étaient pas déjà fausses. De Gaulle m'amusait. Il m amusait depuis longtemps. Il n'a jamais eu beaucoup d'atouts dans ses mains ni de dons exceptionnels. Tant d'éléments jouaient contre lui. C'était ça qui m'intéressait. Un grand homme qui ne l'était pas, mais qui a fini par le devenir. Il aurait pu sombrer dans tant d'aventures mesquines. Dès le début, ça se présentait mal pour lui. Sa taille qui, par certains côtés, l'empêchait d'être un militaire. On l'a vu en 1914-1918. Il ne pouvait être que prisonnier. Son mariage. Toute cette bourgeoisie du Nord. Les idées les plus étriquées, j'imagine. Entre les deux guerres, il publie ses deux ou trois livres devenus fameux, mais dont je comprends qu'ils n'aient pas beaucoup attiré l'attention. Il a prévu la guerre éclair, l'importance des blindés, mais comme il a tout prévu d'une façon lâche : la décolonisation (discours de Brazzaville), ce nationalisme particulier au XXe siècle, etc. Il a une vision floue des choses, empêtré qu'il est par une rhétorique pseudo-latine. Son style l'empêche d'être précis et permet toutes les interprétations. Quant à ses variations sur le caractère, si elles n'avaient pas été écrites par ce de Gaulle que nous avons bien connu, elles nous apparaîtraient comme des exercices scolaires que la librairie Berger-Levrault aurait dû pilonner un jour ou l'autre. Aucun charme. Je me rappelle ma déception lorsque l'un de mes camarades m'avait montré sa photo en 1943. Ces discours de Londres m'ennuyaient. On les écoutait déjà parce que c'était de Gaulle. Mais quelle bizarre façon de les prononcer ! De Gaulle, c'était toujours un homme qui décevait, mais je ne sais pourquoi, cette façon de décevoir finissait par vous toucher. Et puis, sans avoir l'air de rien, il y avait eu cette énormité à laquelle ses ennemis ont été plus sensibles que ses premiers fidèles ou la future foule de ses adorateurs : le général fraîchement de brigade, qui désobéit radicalement aux ordres de chefs prestigieux que les Français, dans leur presque totalité, considéraient comme des sauveurs. Je prie les jeunes gens d'aujourd'hui, pour qui tout semble permis, de tenter d'imaginer ce que ça devait représenter pour un officier qui n'a pas de dettes, de folles maîtresses, qui n'est pas, aussi fou fût-il, une tête brûlée, d'accepter de passer pour un traître aux yeux de ses pairs, et alors même que Vichy, grande source Pétain, allait arroser la France de réformes politiques, qui ne pouvaient en rien lui déplaire, à lui vieux lecteur de Maurras, dans le même temps où les grands partis français et leurs secrétaires généraux se couchaient comme ils devaient se coucher en 1958, d'ailleurs. C'est pour ça que Servan-Schreiber devrait remuer sa plume trente-six fois dans l'encrier — ce que c'est que d'écrire à la machine ! — avant de claironner : « Pour la première fois dans la vie d'un homme de ma génération... » Ce jeune homme qui est mon aîné semble avoir oublié à quel point on nous serinait dans les mois qui suivirent juin 1940, comme nous pouvions être fiers d'avoir signé l'armistice, que jamais un pays avant la France n'avait su si bien tirer parti de sa défaite. Comme maintenant, la France avait remporté une victoire sur elle-même. La plus difficile de toutes. Mais je n'ai pas le cœur à polémiquer, et de Gaulle n'est pas si pressé, j'imagine, de savoir ce que je pense de lui. En tout cas, j'espère que Malraux ne bluffait pas lorsqu'il affirmait avant les résultats du référendum qu'il ne fallait pas espérer fonder l'après-gaullisme sur une défaite du gaullisme. Quelle horreur si nous devions avoir Pompidou sept ans, et pourquoi pas quatorze ans, comme président de la République ? Enfin, Guy Mollet trouvera quelque astuce pour nous éviter cela, ce serait trop injuste si les malins ne servaient à rien, même pas à se détruire les uns les autres.

Lundi 26 mai 1969.

Si prévenu soit-on, la plume m'est tombée des mains. On ne devrait pas, lorsqu'on est vaguement écrivain, se mêler de politique. On ne sert à rien, on s'énerve pour rien. La gauche a été admirable, jamais elle n'a montré à ce point son dédain du pouvoir, un pouvoir qui s'était mis en quatre pour se rapprocher d'elle. Après tout, Pompidou, si bon candidat fût-il, est en train de montrer que le meilleur candidat gaulliste à la République, comme le disait jadis Mitterrand, était et est encore le général de Gaulle. On ne fera pas mieux. Après tout, la candidature Poher, si prévisible [1], était une chance sublime pour ce qu'on nomme la gauche, même si elle faisait les délices de Mollet. Il n'y avait rien d'incroyable à imaginer que, lorsque le centre et la droite se partagent en deux camps, le candidat de la gauche puisse arriver second au premier tour et ait une chance de l'emporter au second. Mais c'était oublier que la gauche se craint, se hait, se méprise. Encore que l'Union soviétique n'ait plus rien d'Octobre, et ne devrait susciter aucun respect particulier, sauf celui que la peur, seule, peut inspirer, les vieux cadres du Parti ont toujours les yeux béatement fixés à l'Est. Je me demande s'ils ne font pas exprès de passer pour les derniers moscoutaires pour effrayer l'ensemble des partis français. Ces vieux cadres savent bien qu'ils sont incapables de gouverner ce pays, car dans une France où Duclos serait président de la République, ce ne serait pas seulement les libertés « bourgeoises » qui seraient menacées (et comment des Duclos, des Waldeck Rochet, qui en bénéficient depuis plus d'un demi-siècle, pourraient les voir disparaître sans les pleurer), mais la prospérité de ce pays, et celle toute relative de sa classe la plus défavorisée. Pour être clair, je crois que les vieilles potiches du Parti communiste français préfèrent faire encore peur à l'ensemble du pays, plutôt que d'avouer leur honteux secret, qu'à force d'être restés dans l'opposition, ils ne sauraient pas comment diriger ce pays, se servir du pouvoir. Certains déplorent qu'ils pensent par slogans, mais ils ont perdu l'habitude de penser autrement. L'appareil du Parti communiste n'envoie Duclos à la bataille que parce qu'il est certain que ce dernier ne sera pas élu. Pour éviter tout risque, une partie de l'électorat communiste semble, d'après les sondages, avoir pris le large et ne regagnera

1. Après l'échec du Général.

le port qu'après la défaite, quand le Parti communiste mènera de nouveau le bon combat « pour les libertés républicaines, pour plus de justice sociale et l'union de la gauche et de tous les travailleurs ». Sartre, lui, vote Krivine, se roulant vicieusement dans ces groupuscules qu'il affectionnait à la Libération. C'est encourager les étudiants les plus éveillés à se complaire dans leurs erreurs de mai. Si les étudiants souhaitaient vraiment changer les choses, il leur faudrait adhérer massivement au Parti communiste pour en changer de l'intérieur les structures. Pour des raisons qui sont inhérentes au caractère français, on boude le tandem Defferre-Mendès France, lui préférant Pompidou ou Poher ; forcément, pensent nos gauchistes, après eux, ce sera la révolution. On n'est pas des petits-bourgeois réformistes, nous. Et comme le disait ce ridicule professeur d'histoire, membre du P.S.U., Heurgon, inspirateur de Sauvageot à propos de Mendès France : « Les Kerenski, ça sert le temps qu'il faut, mais après, on s'en débarrasse. » Heurgon en Lénine, c'est drôle, non? Gentils messieurs, pour écarter Kerenski-Mendès, encore faudrait-il que les 10000 Lénine que vous êtes virtuellement ne lui barrent pas le pouvoir. Mendès vous paraît cossu, impur, je le crois, pauvre en partisans, et maladroit comme il n'est pas permis ; ce que vous ne comprendrez jamais, je le crains, c'est que les lecteurs du *Monde,* de *l'Express* et de *l'Observateur,* qui d'ailleurs ne s'additionnent pas, ça ne pèse pas lourd dans une élection présidentielle.

Samedi 31 mai 1969.

Au fond, si je votais, pour qui voterais-je? Pompidou? pourquoi pas? Je l'ai rencontré quelquefois, ce sont des choses qui comptent. La vanité, et c'est utile un président de la République, quand on mène une existence aussi irrégulière que la mienne, toujours à la merci des lois. Quand il parle de la littérature, il n'en parle pas bien, mais il en parle. Il écrit mal, mais il écrit. Son *Anthologie de la poésie française* chez Hachette est sans objet, mais on n'imagine pas Albert Lebrun la composant. Il n'est pas aussi intelligent, aussi malin, à mon sens, qu'on le prétend. Mais après tout, s'il l'était, il ne serait pas un homme politique. C'est pauvre ce monde-là. Si, comme je le pense, la gauche traditionnelle est une rêverie morte et, de toutes les façons, ennuyeuse, si nous sommes voués à des cliniciens empiriques que le monde qui s'annonce effraie, démocrates autant qu'ils le peuvent, par raison, sinon par tempérament, alors pourquoi ne pas voter Pompidou ? Ce jovial défaitiste ; voter pour lui sans remords, *grassement* ! Je dois trop admirer Chateaubriand. En politique, on ne peut pas être du côté du bonheur. Mon vieux roi Charles X, c'était de Gaulle. L'un nous avait donné l'Algérie, l'autre nous en a débarrassés, ainsi soit-il. On aura beau m'expliquer les mérites de Louis-Philippe, celui-là je n'ai jamais pu le souffrir. M. Pompidou, je ne doute pas de votre honnêteté, mais vous êtes tout de même le plus fripon des *kings*. Je vous souhaite, si vous êtes élu, tous les Krivine du monde. En malices, vous singez correctement votre ancien maître, mais vous n'avez pas le mérite d'être fou comme lui, cette espèce de fou qui ne perd la tête que lorsqu'il veut trop mimer la raison. Votre manière à vous de flouer les Français me rend littéralement enragé. Si vous êtes élu, je ne cesserai pas de souhaiter votre échec, de vous harceler à ma façon, et si vous êtes battu, je me dirai sans doute que les Français ont été des sots de ne pas vous avoir élu, qu'ils vous méritaient bien. Poher, pourquoi pas ? Il serait dans la logique des choses que les Français, après avoir dit non à de Gaulle, ne s'empêtrent pas dans les finasseries de son homme à tout faire. Il est vrai que Pompidou n'a aucun 18 juin 1940 sur la conscience, ce qui le sert. La jeunesse de Pompidou c'est pendant l'Occupation d'avoir été un Français comme les autres, ni collaborateur ni résistant, fonctionnaire. La IVe République c'était charmant, avec Poher, je serais servi. Je ne sais ce qui m'arrête, probablement Lecanuet aux Affaires étrangères, et qu'après tout Poher ne passera pas. C'est difficile malgré toute ma bonne volonté de me passionner pour un médiocre qui va échouer.

Entre le 31 mai 1969 et la fin du mois d'août de cette même année, il cessa d'écrire, quittant sans raison un Midi qu'il n'aimait pas, pour une Normandie qu'il n'aimait guère. Il prit comme prétexte que son éditeur avant de partir en vacances avait oublié de lui envoyer l'argent qu'il lui avait promis. Il se remit sans entrain à boire et à jouer au casino. Il fit lire les pages que sa maison d'édition avait tapées à deux personnes qui l'encouragèrent à terminer son livre. On ne peut pas dire que les compliments qu'on lui fit le réveillèrent beaucoup. Seules les critiques avaient le don de l'irriter. Il rentra à Paris après un bref séjour à Biarritz. De temps en temps, il lui fallait se déplacer pour se persuader qu'il existait. Mais il était trop frileux pour quitter la France. Il relut son journal politique avec un certain dégoût. C'était décousu, plein de rabâcheries. Et puis, qu'est-ce qu'il lui avait pris de s'enthousiasmer pour de Gaulle ? Il songea à ce journaliste libéral du Second Empire, Prévost-Paradol, condisciple de Taine à Normal-sup, qui avait tonné avec superbe contre Napoléon le Petit pour finir par se rallier à lui en 1869, un an avant sa chute. Nommé par l'Empereur ambassadeur de France aux États-Unis l'année de la débâcle, il se suicida, le nigaud, à Washington en juillet 1870, désespéré d'apprendre que nous avions commis la folie de déclarer la guerre à la Prusse. Dieu merci, il avait, lui, sa paresse pour le sauver. Elle lui servait de décence et lui évitait d'écrire des tribunes libres dans les journaux. Il fallait laisser ça aux Cau, aux Stéphane, aux Clavel. Rentré à Paris, il décida une fois de plus de cesser de boire, ça l'occupait. Et puis ça l'amusait de constater que l'alcool qui avait tenu, tenait, tiendrait, aura tenu une si grande place dans son existence, c'était aussi du *chiqué.* Comme les dames, comme la littérature, que la seule occupation vraiment drôle, qui méritait le voyage, c'était d'entrer dans le temps, comme on s'assied en plein milieu de la route, sans craindre les automobiles, le cœur battant, mais rigolard quand même, tout en sachant qu'on finira bien par se faire écraser. Paroles de vaincu, se dit-il, en se remettant à écrire. Mais l'élection de Pompidou à la présidence de la République méritait que l'on passât la ligne. Que l'on ouvrît un chapitre neuf, tout blanc, le treizième, le dernier d'après son plan primitif. Ce chapitre qui devait tout sauver, tout réunir ou tout perdre, tout disloquer. Tu parles, n'en déplaise aux littérateurs qui prennent leur fatigue pour la nécessité, le classicisme, il ouvrirait autant de chapitres qu'il lui plairait. Même sans clients, il détestait les grands palaces à moitié fermés.

XIII

Mesdames, messieurs, je vous remercie de votre attention.

Bernard FRANK.

P.-S.

1. *Constat.* Si j'en crois les derniers chiffres qui m'ont été communiqués par l'Institut de la consommation, et compte tenu des variations saisonnières, *Un siècle débordé,* depuis mai 1970, aurait été lu par 1 Français sur 18 000. C'est dire l'effort que devra fournir la Librairie si nous voulons sortir notre pays de son sous-développement culturel !

Flaubert, le plus sérieusement du monde, voyait dans l'échec de *l'Éducation sentimentale* l'une des causes principales de la chute du Second Empire et de notre défaite de 1870. Devant les ruines des Tuileries, il s'exclamait : « *Et dire que cela ne serait pas arrivé si l'on avait compris mon roman !* » Il en voulait à Napoléon III et à son personnel dont la critique littéraire faisait partie — Sainte-Beuve en tête qui avait eu le temps avant de mourir d'en lire les bonnes feuilles — de n'avoir pas saisi la vraie leçon de *l'Éducation sentimentale,* à savoir que les conservateurs étaient des salauds, et les républicains, des imbéciles. Je n'invente rien, il a écrit une phrase de ce genre dans ce que l'on a appelé *Souvenirs, notes et pensées intimes.* Après l'ultime flambée sartrienne et l'occupation des bâtiments publics par Malraux — simple mesure conservatoire ! —, nous sommes devenus modestes. 1970, c'est vraiment la fin des illusions. Mais il y a toujours des attardés d'avant-garde. En littérature, des gens qui veulent croire que la modernité n'a pas dit son dernier mot. M. de Beaumarchais, celui du *Dictionnaire des littératures* de Bordas, qui est un aimable garçon, déplore à propos du *Siècle débordé* que « *le récit se déconstruit en forme de chronique d'humeur sur la vie politique et littéraire sans toujours le recul qui, du quotidien, ferait surgir l'idée ou le type* ». M. de Beaumarchais voudrait que je prenne mon temps dans une France qui prendrait son temps et dans un univers qui prendrait son temps. Il a raison. C'est ce que nous souhaitons tous depuis qu'il y a une littérature et des littérateurs : que les choses ne bougent pas. Promis, dans mon prochain livre, s'il y en a un, je ne déconstruirai plus mon récit, je créerai du solide, du durable.

Le lecteur qui m'achètera pourra le faire en toute confiance. De la belle ouvrage. Du tissu garanti inusable. Quand le fils de mon lecteur s'en servira à son tour, le livre n'aura pas rétréci, il n'aura pas pris un pli. Il en sera de même pour les petits-enfants, et ainsi de suite jusqu'à la fin des temps qui sera par la force des choses la fin du récit !

2. *Retour à Corneille.* Comme Corneille qui, la cinquantaine passée, scrutait, plume d'oie à la main, avec cette fierté naïve que nous aimons chez lui, les trois gros volumes in 8° de son théâtre, vais-je dire à mon tour après avoir épousseté le *Siècle* : « *Je n'en dissimulerai point les défauts, et, en revanche, je me donnerai la liberté de remarquer ce que j'y trouverai de moins imparfait. Balzac* (c'est de Guez dont il parle) *accorde ce privilège à une certaine espèce de gens qu'ils peuvent dire par franchise ce que d'autres diraient d'eux-mêmes par vanité. Je ne sais si j'en suis, mais je veux avoir assez bonne opinion de moi pour n'en désespérer pas* » ?

Quand je pense qu'il y a longtemps, très longtemps, dans une chronique des *Temps modernes* que je n'ai pas sous les yeux d'où le flou de mes souvenirs, je m'étais moqué — oh ! ce n'était pas méchant — de Jean Schlumberger, l'ami de Gide, celui qui jouait à son égard le rôle dévolu au confident dans la tragédie classique. Et le pourquoi de cette insolence envers un ancien si respectable ? Jean Schlumberger, dans la verdeur de ses soixante-seize ans — il a fallu tout le souffle de Mai 68 pour l'emporter — venait de publier, dans le premier numéro d'une N.R.F. qui renaissait des cendres où Drieu l'avait réduite, des considérations qui par leur componction m'avaient fait rire aux éclats. Schlumberger commentait avec une tendresse appliquée *Le Lion devenu vieux,* son essai sur les derniers moments du cardinal de Retz. Et comme Corneille qu'il avait présenté d'une façon magistrale dans son *Plaisir à Corneille,* Schlumberger se livrait à l'*examen* de son livre, parlait de ses travaux comme si c'était ceux d'un autre. J'en suis là aujourd'hui ! C'est que pour l'homme de lettres, bavarder sur son œuvre, c'est la récompense du métier. Et si l'on n'était pas contraint de passer par cette épreuve qu'est la relecture, se commenter serait pour nous, sinon le bonheur, du moins après cette dure étape dans la montagne qu'est la création, la descente en roue libre ! Une satisfaction d'amour-propre entre deux besognes peu glorieuses, écrire et se relire, telle m'apparaît, brièvement résumée, la vie de l'artiste ! Il faut comprendre que l'écrivain qui ne sait pas ce qu'il a fait, ni même ce qu'il a voulu faire, qui n'accorde du crédit aux compliments qu'on lui adresse que lorsqu'il est trop vivement mis en question, considère ce qu'il a écrit comme un rêve confus. Et cet examen, cette préface, cette postface, appelez ça comme vous voudrez, est une tentative assez désespérée, pour ancrer son livre au port, à la terre ferme.

3. *La retraite à quarante ans.* Après quinze ans de fête, juste récompense pour qui vient d'éparpiller six livres dans la nature — il me faudrait expliquer ce que c'est la fête, ce qu'elle demande de patience, d'énergie. Ah ! je ne permettrais à personne de dire que c'est le bonheur ou la facilité, et ce n'est pas davantage le malheur, l'ascèse, c'est peut-être une façon de mettre à la porte l'existence et son gros museau de bête — aux bords de la quarantaine, je quittai Paris pour un couvent près de Grimaud dont la mère supérieure était une Anglaise d'une grande beauté qui m'apprit la frugalité, les vertus du silence et le plaisir, partagé avec des fouines et des renards, d'avoir des poules. Et forcément je me remis à écrire, qu'aurais-je fait d'autre ? C'était à la fois le même bazar, un écrivain n'a pas de plume de rechange, et un peu différent : j'étais à la retraite. J'avais dit tout ce que j'avais à dire. Quand on a écrit six livres à

vingt ans, que l'on a mis le paquet et que l'on a eu la chance ou la disgrâce relative d'être à l'abri du succès comme de l'échec, la retraite n'attend pas les soixante ans. D'où, dans ce récit, monologue à plusieurs voix, cette passion et cette distraction de l'homme qui envisage les événements de son banc du Café du commerce ou, si ça vous paraît plus noble, de la chaise longue de sa terrasse. J'ai écrit mes premiers livres sur fond de cinéma. A partir d'*Un siècle débordé,* il est clair que la télévision s'est installée à la papa dans nos foyers !

En échappant à Paris, j'ai eu de la chance. D'abord, ça m'a permis de survivre. Mais surtout j'ai évité les aigreurs de la quarantaine, maladie typique de l'écrivain qui n'a pas franchi les petits tirages de sa jeunesse et qui voit arriver au galop une flopée d'écrivaillons qui seraient bien capables, les bougres, de lui dévorer au passage sa déjà maigre pitance. Quand on en vient à comparer, sur les plateaux de la balance, la minceur de sa renommée et le poids des ans, de ces foutus kilos qui s'amoncellent, l'amertume est proche !

4. « *Peut-être* ». Mes corrections se sont bornées à barrer, ce qui n'était d'ailleurs pas un mince travail, des « peut-être », des « un peu », des « vraiment », des « encore », des « tout au plus », des « plutôt », des « souvent », des « tout de même », bref à faire la chasse aux adverbes. J'ai tenté de couper autant que possible tout ce qui pouvait faire double emploi, de donner un sens à des phrases que je ne comprenais pas bien. Je n'ai pas cherché, on s'en doute, à incliner mes opinions passées vers celles d'aujourd'hui, en admettant qu'elles eussent changé ; les unes et les autres me semblant aléatoires.

5. *Pêle-mêle.* Il n'y a pas grand-chose à dire sur *Un siècle,* ou alors, ce serait un autre livre. Il suffit de le lire et, si l'on éprouve en chemin quelque plaisir même contrarié, c'est que ce livre avait quelque intérêt. C'est la seule critique valable. L'embêtant, c'est que cela ne fait pas l'affaire des intermédiaires. Il y en a de charmants qui miment à ravir l'écrivain. J'ai toujours souhaité écrire le roman d'un de mes livres. Pas *le Journal des faux-*

monnayeurs. Pas ce journal de bord qui accompagne le travail de l'écrivain, qui noterait en marge ses déceptions, ses trouvailles, qui nous ferait entrer en somme dans l'atelier de l'artiste lorsqu'il est devant sa toile. Non, ce dont je rêve est beaucoup plus futile : ce qui se passe au jour le jour quand le livre fait ses premiers pas dans le monde. L'accueil qui lui est réservé. Les articles qu'il suscite. Les lettres des lecteurs. Ses ventes. Les rapports entre l'écrivain et son éditeur : les fureurs et les joies de vanité de l'artiste. Il y a des ouvrages plus nombreux que vous ne l'imaginez qui font tapisserie pendant la durée du bal. Et puis qui s'en vont le cœur lourd. Ce sont les vieilles filles de la littérature. Certaines sont admirables. On découvre leur beauté quand elles sont mortes. On les aime d'autant plus que, n'étant plus là pour contrarier nos désirs, on fait d'elles ce qui nous passe par la tête ! J'avais songé à vous raconter ce qui m'était arrivé entre *Un siècle* et *Solde,* à bride abattue ! une autre fois.

Ce qui m'amuse aujourd'hui, c'est que mon éditeur n'a toujours pas le moindre exemplaire de mes livres depuis dix ans qu'il en a racheté les droits. Il ne lui est pas venu l'idée de les faire photocopier à la B.N. Alors, dans tous les services de la maison, quand on s'est décidé à rééditer *Un siècle,* on s'est passé et repassé l'exemplaire vraiment dégoûtant que Salim Jay, qui avait écrit un *Bernard Frank* aux éditions Rupture, a bien voulu nous confier. Après, en renfort, nous nous sommes servis de l'exemplaire de Dominique Gaultier, le libraire-éditeur de la rue Barrault dans le XIIIe. Très propre, celui-là. C'est sur cet exemplaire que j'ai gribouillé ces corrections. Vous n'imaginez pas le bonheur qu'il y a à martyriser un pauvre ouvrage qui ne vous a pourtant rien fait ! Dans ces propos décousus, ne voyez pas malice. J'aimerais que vous saisissiez le côté farce, bout de ficelle, de ce métier. Mes livres sont réédités dans le plus grand désordre, ce qui me donne l'illusion d'être un de ces écrivains américains que Gallimard traduisait au petit bonheur la chance dans les années 30. Dans l'ignorance des dates, la critique française multipliait les contresens. Cette comédie, hélas, aura une fin. Et je connaîtrai le désenchantement d'être jugé sur pièce.

Tout de même, *Un siècle débordé* me tenait suffisamment à cœur pour que, de passage à Paris lors des journées de Mai 68, je prisse en hâte le dernier avion pour Nice et mon refuge. Cette dérobade devant l'histoire en marche me valut un mot de Malraux, une lettre de Mitterrand qui n'était pas encore premier secrétaire du PS et de figurer in extremis dans le *Bloc-notes* de Mauriac qui, me prenant pour lui, me croyait mort. J'allais oublier le principal : un grand papier — le premier — dans le *Monde des livres.* Il n'avait fallu que vingt ans à mon journal favori pour me découvrir ! Comme un bonheur n'arrive jamais seul, *Un siècle débordé,* sur sa lancée, obtint le prix des Deux-Magots 1971. Que peut souhaiter de plus, en vérité, un écrivain ?

Août 1987.

Achevé d'imprimer en novembre
sur presse CAMERON
dans les ateliers de la S.E.P.C.
à Saint-Amand-Montrond (Cher)

— N° d'édit. 11429. — N° d'imp. 2059-1537. —
Dépôt légal : novembre 1987.

Imprimé en France

